Date: 1/24/22

SP 154.4 KOT
Kotler, Steven,
Robar el fuego : cómo las
grandes empresas de Silicon

ROBAR EL FUEGO

La información contenida en esta obra tiene una finalidad estrictamente educativa. Este libro no pretende sustituir el consejo médico, legal o pastoral de los profesionales acreditados. Si el lector desea aplicar cualesquiera ideas contenidas en esta obra, lo hace bajo su exclusiva responsabilidad.

Título original: Stealing Fire: How Silicon Valley, the Navy SEALs, and Maverick Scientists Are
        Revolutionizing the Way We Live and Work
Traducido del inglés por Francesc Prims Terradas
Diseño de portada: Editorial Sirio, S.A.
Maquetación de interior: Toñi F. Castellón

www.editorialsirio.com
sirio@editorialsirio.com

I.S.B.N.: 978-84-18531-42-2
Depósito Legal: MA-911-2021

Impreso en Imagraf Impresores, S. A.
c/ Nabucco, 14 D - Pol. Alameda
29006 - Málaga

Impreso en España

Puedes seguirnos en Facebook, Twitter, YouTube e Instagram.

 El papel utilizado para la impresión de este libro está **libre de cloro** elemental (ECF) y su procedencia está certificada por una entidad independiente, no gubernamental, que promueve la sostenibilidad de los bosques.

Steven Kotler & Jamie Wheal

Autores *bestseller* de **The New York Times**

ROBAR
EL
FUEGO

Cómo las grandes empresas de Silicon Valley, los ejércitos
y los científicos inconformistas están revolucionando
la forma en la que vivimos y trabajamos mediante
los estados alterados de conciencia.

EDITORIAL
SIRIO

A Julie, Lucas y Emma, por ser imprescindibles.
J. W.

A William James: tú llegaste ahí antes.
S. K.

Índice

Introducción

La historia interminable

lgunas revoluciones comienzan con un disparo y otras lo hacen con una fiesta. Esta empezó un viernes por la noche en el centro de Atenas, en el año 415 a. C.[1] Alcibíades, un destacado general y político griego, había invitado a un pequeño círculo de amigos a su villa para que participasen en la que iba a ser una de las bacanales más famosas de la historia. Enfundado en una túnica con capucha que había robado a un sumo sacerdote, Alcibíades bajó por la escalera de mármol, recitó un encantamiento prohibido y sacó una vistosa jarra. Acto seguido, vertió cuidadosamente una pequeña cantidad de un líquido oscuro en el vaso de cada invitado. Hubo unas pocas palabras más y un brindis eufórico, y todos los presentes apuraron el contenido de su vaso.[2]

En menos de una hora se manifestaron los efectos. «Vienen y nos abruman miedos, terrores, temblores, sudores mortales y un estupor letárgico —relató más tarde el historiador Plutarco—. Pero tan pronto como salimos de ahí pasamos a unos prados encantadores, donde se respira el aire más puro, donde se oyen conciertos y discursos sagrados; donde, en resumen, uno queda impresionado por un conjunto de visiones celestiales».[3]

Al amanecer, esas visiones se habían desvanecido, y se vieron reemplazadas por una serie de repercusiones en el mundo real. La fiesta ilegal de Alcibíades desencadenó una cadena de eventos que lo impulsaron a huir de Atenas, eludir una sentencia de muerte, traicionar a su Gobierno y poner en marcha el juicio y la ejecución de su amado maestro, Sócrates.

Los defectos de Alcibíades, que tenía fama de ser guapo, elocuente y ambicioso, eran tan abundantes como sus cualidades. Le ofreció sexo a Sócrates a cambio de los secretos más profundos del filósofo. Antes de que su esposa pudiera divorciarse de él por ser un mujeriego, la arrastró fuera de la corte agarrándola por el pelo. En el plano político, manipulaba los dos bandos en conflicto en su propio beneficio; solo era fiel a su propia carrera. Cuando sus rivales se enteraron de esa velada escandalosa, lo delataron ante la instancia judicial más alta de Atenas por robar el *kykeon* ('ciceón'), el elixir sagrado que había compartido con sus invitados. Fue sometido a un juicio en ausencia por un delito punible con la muerte: blasfemar contra los misterios. Y no contra unos misterios cualesquiera, sino ni más ni menos que contra los misterios eleusinos, un ritual de iniciación que se celebró durante unos dos mil años y que tuvo un impacto descomunal en la filosofía occidental; algunos de los ciudadanos más famosos de Grecia lo practicaron. Estos ritos constituyeron la base de ideas fundamentales como el mundo de las formas de Platón y la música de las esferas de Pitágoras.[4] «Nuestros misterios tenían un significado muy real —explicó Platón—; el que ha sido purificado e iniciado [en Eleusis] morará con los dioses».[5] Cicerón fue más allá y afirmó que esos ritos eran el punto culminante de los logros griegos:

Entre las muchas instituciones excelentes y, de hecho, divinas que [...] Atenas ha creado y con las que ha contribuido a la vida humana, ninguna, en mi opinión, es mejor que los misterios. [...] [En ellos] percibimos los principios reales de la vida y no solo aprendemos a vivir con alegría, sino también a morir con mayor esperanza.[6]

En términos más contemporáneos, los misterios eleusinos eran un elaborado ritual de nueve días diseñado para apartar los marcos de referencia convencionales, alterar profundamente la conciencia y despertar un mayor grado de comprensión. Específicamente, los misterios combinaban una serie de técnicas que inducían un cambio de estado de conciencia –el ayuno, el canto, el baile, los tambores, los disfraces, la narración dramática, el agotamiento físico y el ciceón (la sustancia que Alcibíades robó para su fiesta)– para provocar una experiencia catártica de muerte, renacimiento e «inspiración divina».

Esta experiencia era tan potente y estas revelaciones tan significativas que los misterios persistieron durante más de dos mil años. Un ritual de menor calado se habría diluido o, al menos, se habría convertido en un acto vacío desprovisto de su poder original. Según los historiadores, Eleusis resistió el tiempo y las turbulencias por un par de razones clave: en primer lugar, porque los iniciados preservaron el misterio; revelar cualquiera de sus secretos, como hizo Alcibíades, era un delito capital. Y en segundo lugar, porque el ciceón, ese líquido oscuro que era central en el ritual, tenía un gran efecto.

Para los antropólogos, descubrir los ingredientes del ciceón se ha convertido en una especie de búsqueda del Santo Grial. Es una búsqueda que está al mismo nivel que la identificación de los ingredientes del *soma*, la bebida ritual india que inspiró la droga de la felicidad grupal sobre la que escribió Aldous Huxley en *Un mundo feliz*. El químico suizo Albert Hofmann y el filólogo y especialista en el mundo clásico Carl Ruck, formado en la Universidad de

Harvard, argumentaron que la cebada del ciceón pudo haber sido alterada por la acción del cornezuelo del centeno, un hongo que genera ácido lisérgico (LSA), un precursor del LSD que Hofmann sintetizó en su laboratorio farmacéutico, Sandoz.[7] Cuando se consume accidentalmente, el cornezuelo del centeno provoca delirios, quemazón en las extremidades y las alucinaciones conocidas como *fuego de san Antonio*.[8] Cuando se toma a propósito, en el contexto de un ritual de iniciación intenso, tenemos todos los ingredientes de una herramienta extática altamente efectiva; tan efectiva (y, presumiblemente, tan agradable) que Alcibíades estuvo dispuesto a arriesgar su vida para robarla con el fin de incluirla en una fiesta.

¿Por qué contamos todo esto? Porque hasta donde podemos remontarnos en la historia de la civilización occidental, enterradas entre las narraciones que matan de aburrimiento a los escolares, encontramos historias de rebeldes presuntuosos dispuestos a arriesgarlo todo para lograr un estado alterado de conciencia. El caso de Alcibíades no es un incidente aislado. Es solo un indicador temprano de un patrón perenne escondido dentro de la historia, entre los nombres y las fechas que conocemos tan bien.

En el centro de esta dinámica se encuentra el mito de Prometeo, el rebelde presuntuoso original, que robó el fuego de los dioses y lo compartió con la humanidad. Y no se limitó a obtener una caja de cerillas, sino que consiguió el poder de poner en marcha la civilización, pues robó el lenguaje, el arte, la medicina y la tecnología. Enfurecido porque los mortales pasarían a tener el mismo poder que los dioses, Zeus encadenó a Prometeo a una roca y lo dejó expuesto a que las águilas le arrancaran las entrañas durante la eternidad.[9]

Esta historia no ha dejado de repetirse a lo largo de los siglos. Por lo general, un rebelde, un buscador o un tramposo roba el fuego de los dioses. El «fuego robado» puede ser un potente rito de celebración, una nueva escritura herética, una práctica espiritual desconocida o una tecnología secreta revolucionaria. En todos los casos, el rebelde saca la llama del templo y la comparte con el mundo. Y funciona. Las cosas se ponen emocionantes. Se acumulan ideas y revelaciones. Entonces, inevitablemente, la fiesta se descontrola. Los guardianes de la ley y el orden, llamémoslos sacerdotes, detectan el fuego hedonista, persiguen al ladrón y ponen fin al espectáculo. Y las cosas siguen así hasta que empieza el siguiente ciclo.

El libro que tienes en tus manos cuenta la historia de la última ronda de este ciclo y, potencialmente, es la primera vez que tenemos la oportunidad de que el final sea diferente. Es la historia de un tipo de «Prometeos» muy modernos (ejecutivos de Silicon Valley, miembros de las fuerzas especiales de los Estados Unidos y científicos rebeldes, por nombrar solo algunos) que están utilizando técnicas extáticas para alterar la conciencia y aumentar el desempeño. Y lo más extraño es que se trata de una revolución que está oculta a plena vista.

Prometeos accidentales

Si una revolución es algo con lo que uno se puede topar, entonces nosotros (estos autores, Steven y Jamie) nos topamos con esta hace unos años. Y, realmente, deberíamos haberla visto venir.

La razón de ello es que en el Flow Genome Project[*] estudiamos la relación existente entre los estados alterados y el desempeño máximo, centrados principalmente en la experiencia conocida como *flow*.[**] Definido como un «estado óptimo de conciencia

---

[*]   www.flowgenomeproject.com.
[**] N. de la E.: La traducción literal sería 'flujo' y en muchos textos se habla de «estado de flujo», «estado de fluidez» o «estado de fluencia». Este último es el que, en nuestra opinión, sería más ajustado y menos ambiguo, pero también es el más minoritario. Fi-

donde nos sentimos y desempeñamos lo mejor posible», el *flow* hace referencia a esos momentos en los que nos encontramos «en la zona»; el enfoque se vuelve tan intenso que todo lo demás desaparece. La acción y la conciencia comienzan a fusionarse. Nuestro sentido del yo se desvanece. Nuestro sentido del tiempo también. Y todos los aspectos del desempeño, tanto los mentales como los físicos, se disparan.

Los científicos conocen la relación existente entre el *flow* y el desempeño máximo desde hace más de un siglo, pero la verdadera comprensión de esta relación ha tardado en llegar.[10] El principal problema era la disparidad en cuanto a las motivaciones: las personas realmente buenas en encontrar este estado, artistas y deportistas sobre todo, rara vez estaban interesadas en estudiarlo. Y a las interesadas en estudiarlo, pertenecientes principalmente al ámbito académico, rara vez se les daba bien encontrarlo.

Fundamos el Flow Genome Project en un intento de resolver este problema. Nuestro objetivo era adoptar un enfoque multidisciplinario para determinar la neurobiología de «la zona», y luego ofrecer los resultados. Pero para hacer esto, tuvimos que establecer un lenguaje común en torno a estos estados. Entonces Steven escribió *The Rise of Superman* [El ascenso de Superman], un libro sobre la neurociencia del máximo desempeño y los deportes de acción.

Tras el lanzamiento del libro, nos encontramos hablando de «la zona» con un grupo cada vez más amplio de personas. Lo que comenzó como reuniones con individuos y organizaciones que tenían un interés personal en la competición de alto nivel (deportistas profesionales y militares) se expandió a empresas incluidas en la lista Fortune 500, organizaciones financieras, empresas tecnológicas, universidades y proveedores de servicios de salud. La idea

---

nalmente hemos optado por mantener el término inglés original que es el que también se suele emplear en la mayoría de las plataformas de habla hispana.

de que los estados de conciencia no ordinarios podían mejorar el rendimiento se estaba extendiendo desde un extremo hacia la sociedad en general.

Pero lo que nos llamó la atención fueron las conversaciones que tuvimos *después* de esas presentaciones. En demasiadas ocasiones para que podamos contarlas, había personas que nos llevaban a un lado para decirnos algo sobre los experimentos clandestinos que estaban llevando a cabo con «tecnologías extáticas».[*] Nos encontramos con oficiales militares que participaban en retiros de meditación de un mes, corredores de bolsa que aplicaban electrodos a su cerebro, abogados litigantes que se atiborraban de fármacos de venta libre, famosos fundadores de empresas tecnológicas que visitaban festivales transformacionales y equipos de ingenieros que tomaban microdosis de psicodélicos. En otras palabras: adondequiera que fuéramos, alguien intentaba robar el ciceón.

Quisimos saber con precisión dónde se originó esta tendencia y cómo estos líderes estaban alterando su estado mental, exactamente, para mejorar su desempeño y su rendimiento. Así que seguimos el rastro de estos Prometeos modernos. En los últimos cuatro años, este viaje nos ha llevado por todo el mundo: a la sede del SEAL Team Six en Virginia Beach, a la sede de Google en Mountain View, al festival Burning Man ('hombre en llamas') de Nevada, al escondite caribeño de Richard Branson, a lujosas casas de campo a las afueras de Moscú, a la sede de Red Bull en Santa Mónica, al equipo de innovación de Nike en Portland, a las conferencias sobre

---

[*] N. de los A.: La denominación *tecnologías extáticas* es una actualización de la descripción clásica del historiador Mircea Eliade, de la Universidad de Chicago, quien habló de las *técnicas arcaicas del éxtasis*. Eliade usa esta denominación para referirse a todas las maneras originales en que los chamanes alteraron su conciencia. Hemos reemplazado *técnicas* por *tecnologías* debido a la variedad de procedimientos y aparatos que hay actualmente disponibles para fomentar un cambio de estado de conciencia: la neurorretroalimentación, los tanques de aislamiento sensorial, la estimulación magnética transcraneal, etc.

piratería biológica de Pasadena, a cenas privadas con asesores de las Naciones Unidas en Nueva York, etc.* Y las historias que escuchamos nos sorprendieron.

A su manera, con diferentes lenguajes, técnicas y aplicaciones, cada uno de estos grupos ha estado buscando, discretamente, lo mismo: la mayor información e inspiración que proporcionan los estados alterados. Están cultivando deliberadamente estos estados para resolver desafíos determinantes y superar a sus competidores. No es solo el coraje, o unos mejores hábitos, o más horas de dedicación lo que separa a los mejores del resto. Según cuentan estos pioneros, las percepciones que reciben en esos estados son las que marcan la diferencia. Y al contrario de lo que ocurría en épocas anteriores, en las que había que ir con mayor cautela, hoy están

---

* N. de los A.: En esta lista debería haber dos historias que no llegaron al libro por razones editoriales, pero de todos modos queremos compartirlas. Hace unos años, fuimos invitados a Moscú para asesorar a una empresa educativa increíblemente progresista de cien millones de dólares fundada por un antiguo líder del Partido de la Juventud Comunista (quien nos explicó que, en aquellos tiempos, la única forma de evitar el yugo del partido era liderarlo). Cenábamos a medianoche en los restaurantes favoritos del Politburó y trabajábamos rutinariamente hasta las cuatro de la mañana. Nuestros anfitriones nos dijeron que gran parte de su inspiración provenía de ceremonias regulares de ayahuasca en las que participaba toda su empresa (¡lo cual no es siempre la idea más inteligente!). De hecho, tenían un chamán peruano favorito a quien hacían volar por todo el mundo para que se reuniese con ellos en lugares sagrados y dirigiese ceremonias en determinadas épocas del año. Su proeza más increíble fue que movieron los hilos entre funcionarios del Gobierno egipcio para poder colarse en la Gran Pirámide de Giza y celebrar una ceremonia con ayahuasca en el centro exacto de esta construcción en el equinoccio vernal. En el verano de 2016 fuimos invitados a hablar en la sede de las Naciones Unidas en Nueva York en un encuentro mundial de jóvenes líderes y empresarios sobre el papel del *flow* en el cambio social. La noche anterior, asistimos a una cena privada sobre el papel de las plantas enteógenas en el liderazgo, el gobierno y los cambios políticos. Todo el encuentro se llevó a cabo bajo la regla de Chatham House, lo que significa que los participantes podían actuar según la información compartida, pero no identificar quién dijo o hizo qué. Con ese fin, todos quienes estaban en la mesa exploraban los psicodélicos y aplicaban los conocimientos adquiridos para afectar al trabajo de organizaciones no gubernamentales y gobiernos de la región del Caribe, el desarrollo económico asiático y los esfuerzos de reforestación del Amazonas. No es casualidad que dos tercios de los asistentes al encuentro se reunieran también, al mes siguiente, en Burning Man.

hablando abiertamente sobre sus aventuras. El éxtasis está saliendo del armario.

Si consideramos todas estas experiencias en su conjunto, da la impresión de que nos encontramos en medio de un nuevo alzamiento prometeico. Los avances en los campos de la ciencia y la tecnología nos están dando un acceso y una visión sin precedentes sobre el rango superior de la experiencia humana, posiblemente el ámbito más controvertido e incomprendido de la historia. En todo el mundo, fiesteros, soldados, científicos, artistas, empresarios, tecnólogos y líderes empresariales están aprovechando esta ventaja para un objetivo común: echar un vistazo por encima de las nubes. Primero lo hicieron de forma aislada, después cada vez en mayor número, y ahora, si sabemos dónde buscar, nos damos cuenta de que esto está ocurriendo prácticamente en todas partes. Estamos presenciando un movimiento creciente dispuesto a asaltar el cielo y robar el fuego. Es una revolución de las posibilidades humanas.

Y este libro trata de esta revolución.

PRIMERA PARTE

El caso del éxtasis

La alternativa es la inconsciencia, la configuración predeterminada, el ajetreo competitivo, la constante sensación de haber tenido y perdido algo infinito.

David Foster Wallace[1]

Capítulo uno

¿Qué es este fuego?

El interruptor

U no de los aspectos más difíciles de ser un Navy SEAL* no es saber cuándo disparar; es saber cuándo *no* disparar.[1] Y sabemos por qué. Si pones a una docena de tipos en una habitación oscura y les proporcionas armas automáticas, alguien hará un movimiento involuntario. O tendrá un tic nervioso. Entonces empezará la fiesta. Eso es lo que hizo que capturar a Al-Wazu** fuera todo un desafío: por encima de todo, los SEAL lo necesitaban vivo.

Eran los últimos días de septiembre de 2004, y el lugar, una base operativa avanzada en el noreste de Afganistán. Un par de docenas de miembros del grupo de élite SEAL Team Six (Sexto

---

* N. del T.: La denominación *Navy SEAL* designa los equipos Mar, Aire y Tierra de la Armada de los Estados Unidos (en inglés, United States Navy Sea, Air and Land). Constituyen la principal fuerza de operaciones de la Armada estadounidense. (Fuente: Wikipedia).

** N. de los A.: A petición del DEVGRU (ver la nota siguiente) y por razones de seguridad, *Al-Wazu* no es el verdadero nombre de este protagonista. La historia de la captura de Al-Wazu nos la contó el comandante Davis, quien la confirmó con el departamento legal de la Armada (ya que gran parte de la historia real sigue clasificada).

Equipo SEAL) (o, como prefieren denominarlo, DEVGRU)* estaban destacados ahí, reuniendo información y organizando misiones. Unos seis meses antes, un operador de radio había detectado un aumento de las conversaciones de Al-Wazu. Quizá se estaba escondiendo en el bosque al sur de donde se encontraban. O posiblemente estaba más al norte, en las montañas. Hasta que los rumores se convirtieron en hechos. Al-Wazu en realidad estaba tanto en el bosque como en las montañas: se hallaba escondido en un bosque montano a unos ciento trece kilómetros al oeste de la base operativa del grupo de élite.

Para los SEAL, estas no eran buenas noticias. Hacia el oeste, el terreno era un desierto elevado, árido y difícil. No se podía contar con la suficiente cobertura para llevar a cabo una misión sigilosa. En estas condiciones, no había forma de entrar en la zona sin que se produjese un tiroteo, y esto hacía que no tuviesen garantías de poder capturar a Al-Wazu con vida.

Aunque había sido un personaje de relevancia mediana, la notoriedad de Al-Wazu se había disparado después de haber realizado una hazaña que ningún otro operativo de Al Qaeda había llevado a cabo: escapar de un centro de detención estadounidense. Este solo acto lo catapultó a las más altas esferas de la organización, lo que le valió un grupo de seguidores comprometidos y un supremo honor yihadista: una carta de recomendación personal de Osama Bin Laden.

Desde entonces, Al-Wazu había estado ocupado reclutando, asaltando y matando. Los SEAL lo necesitaban vivo porque su valor como activo en el campo de la inteligencia se había cuadruplicado.

---

* N. del T.: Más formalmente, Grupo de Desarrollo de Guerra Naval Especial de los Estados Unidos; es una de las dos Unidades de Misiones Especiales y contraterroristas de primer nivel del Mando de Operaciones Especiales de los Estados Unidos. (Fuente: Wikipedia).

Había suficiente información en su cabeza como para acabar con la mayoría de las células que quedaban en la zona. Además, los SEAL querían mandar un mensaje.

Y ese día de septiembre tuvieron su oportunidad. La llamada de radio llegó por la tarde: Al-Wazu se había puesto en marcha. Había salido del bosque y bajado de las montañas. Se dirigía directamente hacia ellos.

Para los SEAL, esto lo cambiaba todo. Con un objetivo en movimiento, las variables se multiplicaban exponencialmente. Podía pasar cualquier cosa. El equipo se unió y revisó la misión. Pusieron en marcha planes de contingencia y memorizaron los detalles. Se hizo de noche y fue pasando el tiempo.

Solo faltaban cinco horas para el amanecer, y aún no tenían localizado el objetivo. Los SEAL necesitaban la oscuridad. Su misión se volvería mucho más complicada durante el día. Habría más personas despiertas, más tráfico en las carreteras y demasiadas formas en las que un sospechoso podría desaparecer entre la multitud.

Después de toda esa espera, de repente apareció el objetivo. Al-Wazu se había detenido. Solo quedaban unas pocas horas de oscuridad y los SEAL no pudieron creer la suerte que tenían de pronto: Al-Wazu se había escondido a aproximadamente un kilómetro y medio de la posición en la que se encontraban. Literalmente, podían llegar hasta ahí caminando.

El comandante Rich Davis (por seguridad, no es su nombre real) no estaba seguro de que eso fuera suerte. Como líder de esa unidad, sabía lo mucho que sus hombres querían capturar a Al-Wazu. Estaban ansiosos. Y una caminata de un kilómetro y medio no era mucho. Davis habría preferido que hubiesen tenido que esforzarse yendo cuesta arriba durante tres horas. Un esfuerzo así no resultaría agotador, pero podría calmarlos. Podría ayudarlos a concentrarse. Podría ayudarlos a *fusionarse*.

Los griegos tenían una palabra para referirse a esta fusión que a Davis le gustaba bastante: *ékstasis*, el acto de 'ir más allá de uno mismo'.* Pero Davis tenía también su propia denominación, *el interruptor*, para designar ese momento en el que dejaban de ser hombres individuales con unas vidas, unas esposas y unas cuestiones que les importaban. Era ese momento en el que pasaban a ser... Bueno, no hay una manera fácil de explicarlo, pero ocurría algo.

Platón describió el éxtasis como un estado alterado en el que nuestra conciencia normal de vigilia se desvanece por completo y es reemplazada por una euforia intensa y una conexión potente con una inteligencia mayor. Los científicos contemporáneos usan unos términos y descripciones ligeramente diferentes. Llaman a la experiencia *flow grupal*. Así la describe el psicólogo Keith Sawyer en su libro *Group Genius* [Genio grupal]:

> [Es] un estado pico, un grupo que se desempeña al máximo nivel de su capacidad. [...] En situaciones de cambio rápido, es más importante que nunca que un grupo pueda fusionar la acción y la conciencia, adaptarse de inmediato por medio de la improvisación.[2]

Comoquiera que se describa este estado, el caso es que para los SEAL, una vez que se había activado ese interruptor, la experiencia

---

* N. de los A.: Obviamente, se pueden encontrar traducciones de esta palabra en todas partes, pero el autor Jules Evans la explica especialmente bien en su sitio web, Philosophy for Life, donde escribe: «Éxtasis proviene de la palabra del griego antiguo *exstasis*, que literalmente significa 'estar en pie fuera', y más figurativamente significa 'estar fuera de donde habitualmente se está'. En la filosofía griega, en Platón y en neoplatónicos como Plotino, acabó por significar aquellos momentos en que una puerta se abre en la mente o el alma y experimentamos una sensación de expansión del propio ser, un sentimiento intenso de alegría o euforia, y nos sentimos conectados con un espíritu o con Dios. En Platón, esta palabra está estrechamente relacionada con otra, *enthousiasmos*, que significa 'el Dios que está dentro'. Entonces, en los momentos de éxtasis, según Platón, estamos (de pie) fuera de nosotros mismos y Dios aparece en nuestro interior». Fuente: http://www.philosophyforlife.org/modern-ecstasy-or-the-art-of-losing-control/

era inconfundible. Su conciencia cambiaba. Dejaban de actuar como individuos y empezaban a operar como una sola entidad, con una mente colectiva. En la zona peligrosa en la que se desenvuelven en su trabajo, esta conciencia colectiva es, como nos dijo Davis, «lo único que les permite realizar con éxito lo que deben hacer».

Esto significa que en la noche en cuestión, en el contexto de una misión muy importante en la que había que capturar a un hombre (evitando matarlo), un estado alterado fue lo único que se interpuso entre Al-Wazu y un doble disparo preventivo a su pecho. Como individuos aislados, con los dedos en el gatillo, alguien iba a contraer el músculo inapropiado. Pero ¿qué tal si eran un equipo y pensaban y se movían juntos? La inteligencia se multiplicaría y el miedo se dividiría. El todo no era solo mayor que la suma de sus partes; también era más inteligente y más valiente. Por lo tanto, el comandante Rich Davis no solo esperaba que «accionaran el interruptor» esa noche, sino que contaba con ello. Según nos explicó él mismo: «Los SEAL dependen de esta fusión de la conciencia más que de cualquier otra habilidad. El *verdadero* secreto para ser un SEAL consiste en ser capaz de accionar este interruptor».

El alto coste de los asesinos *ninja*

Cuesta veinticinco mil dólares convertir a un tipo corriente en un marine estadounidense listo para el combate.[3] (Hay varias formas de calcular esta cantidad y combinamos varias estadísticas para obtener nuestro total; para referencias, ver la nota 3, al final del libro). Formar a un SEAL cuesta mucho más. Se estima que las ocho semanas de entrenamiento básico en la Armada, los seis meses de entrenamiento físico y en el combate marítimo y terrestre, los seis meses de entrenamiento en habilidades avanzadas y los dieciocho meses de entrenamiento en pelotón previo al despliegue (es decir, lo que se necesita para preparar a un SEAL para el combate) suman un total de unos quinientos mil dólares por cabeza.[4] Es decir, los Navy SEAL son uno de los conjuntos de guerreros más caros jamás reunidos.

Y este es solo el coste de la formación tipo «jardín de infancia» de estos asesinos *ninja*. Conseguir llegar a la unidad de élite DEVGRU requiere haber rotado a través de varios otros equipos SEAL (hay nueve en total). Como cuesta alrededor de un millón de dólares anuales mantener a un submarinista sobre el terreno, y se tarda unos dos años en terminar estas rotaciones, podemos añadir otros dos millones y medio de dólares a la cuenta, aproximadamente. Finalmente, hay unos meses adicionales de entrenamiento en el rescate de rehenes, que es la especialidad del DEVGRU, cuyo coste es de más de doscientos cincuenta mil dólares por persona.[5] En total, esas dos docenas de hombres que estaban bajo el mando de Rich Davis, la unidad SEAL encargada de capturar, y no matar, a Al-Wazu, constituían una máquina de ochenta y cinco millones de dólares excepcionalmente bien engrasada.

Y ¿qué obtienen los contribuyentes estadounidenses a cambio de su dinero?

Un buen lugar para empezar a abordar esta cuestión es la descripción del trabajo en sí o, más bien, la ausencia de dicha descripción. Los SEAL son multiherramientas multitarea. Así se explica en su sitio web oficial:

No hay un típico «día en la oficina» para un Navy SEAL. Los SEAL están constantemente aprendiendo, mejorando y perfeccionando habilidades trabajando con sus compañeros de equipo. Su oficina no solo trasciende los elementos del mar, el aire y la tierra, sino también las fronteras internacionales, los extremos de la geografía y el espectro del conflicto.[6]

El término técnico que usan los SEAL para describir estas características es *VUCA*: *volatile* ('volátil'), *uncertain* ('incierto'), *complex* ('complejo') y *ambiguous* ('ambiguo'). Dominar este tipo de caos requiere un grado asombroso de destreza cognitiva. Como nos dijo Rich Davis, «la parte más cara de estos guerreros ya de por sí caros son los mil cuatrocientos gramos de materia gris que se encuentran dentro de su cráneo».

Por supuesto, normalmente no pensamos en los SEAL en estos términos. Lo que mejor sabemos sobre estos operadores especiales es lo duro que entrenan su cuerpo, no su mente. La *semana del infierno*, por ejemplo, que supone el comienzo del famoso proceso de selección, consiste en cinco días y medio de esfuerzo físico constante y privación radical del sueño que derrumbarían a los mejores deportistas del mundo. Pero incluso esta prueba tan dura tiene más que ver con el cerebro que con el resto del cuerpo. Como dijo hace poco Mark Divine, el fundador del programa de ejercitación integral SEALFit, a la revista *Outside*, «la prueba está diseñada para encontrar a los pocos que tienen la fortaleza mental necesaria para llegar a ser un SEAL».[7]

Grit ('agallas', 'determinación', 'coraje') es el término que usan los psicólogos [de habla inglesa] para describir esta dureza mental; es un término genérico para hacer referencia a la pasión, la persistencia, la resiliencia y, en cierta medida, la capacidad de sufrir. Y si bien esto es exactamente así (los SEAL son tremendamente determinados), esta es solo una parte del cuadro completo. El concepto *grit* únicamente hace referencia a la resistencia individual, y el secreto para llegar a ser un SEAL tiene mucho que ver con el equipo. Como nos contó Davis, «en cada paso del entrenamiento, desde el primer día del BUD/S [el entrenamiento básico] hasta el último día del DEVGRU, estamos descartando a los candidatos que no pueden efectuar un cambio de conciencia y fusionarse con el equipo».

A primera vista, por supuesto, esto parece ridículo. *Ékstasis* es el precedente de éxtasis, palabra que, si podemos superar la evocación a la droga recreativa, describe un estado profundamente inusual, una experiencia que va mucho más allá de nuestro sentido del yo habitual, y definitivamente no es un término tradicionalmente asociado con las fuerzas especiales de élite. Ciertamente, no aparece en los folletos de reclutamiento.

Sin embargo, todo lo que consideramos que es el entrenamiento para llegar a ser un SEAL es en realidad un sistema de selección brutal que, más allá de evaluar las habilidades tácticas y la perseverancia física, está interesado en determinar una sola cosa: un soldado de élite que se encuentre en dificultades ¿se retraerá en sí mismo o se fusionará con su equipo? Es por eso por lo que se subraya sin descanso el concepto de *compañero de natación* (el compañero al que nunca se puede dejar atrás, pase lo que pase) en el entrenamiento básico. Incluso en los despliegues en Afganistán, donde no hay ninguna extensión de agua en miles de kilómetros, se mantiene el concepto de *compañero de natación*. La idea de la fusión también sirve para distinguir entre los aspirantes buenos y los sobresalientes en la legendaria Kill House ('casa de la muerte'), la instalación especialmente diseñada para el entrenamiento en el rescate de rehenes, en la que se evalúa la capacidad de los equipos de moverse como uno al milímetro; el éxito requiere una conciencia colectiva casi sobrehumana. Nos explicó Rich Davis:

> Cuando los SEAL inspeccionan un edificio, es peligroso ser lento. Se trata de moverse lo más rápido posible. Con esta finalidad, solo hay dos reglas. La primera es hacer exactamente lo contrario de lo que haga el tipo que está frente a ti; si él mira hacia la izquierda, tú debes mirar hacia la derecha. La segunda es más complicada: la persona que sabe qué hacer a continuación es el líder. Esto implica

una ausencia total de jerarquías. En un entorno de combate, en que las décimas de segundo lo son todo, no hay tiempo para cuestionamientos. Cuando alguien da un paso al frente para convertirse en el nuevo líder, todos, de forma inmediata y automática, se alinean con él. Esta es la única forma en que ganamos.

Esta «subordinación dinámica» en la que el liderazgo es fluido y aparece definido por las condiciones del momento es la base del accionamiento del interruptor. Incluso cuando los líderes de los equipos entendían esta idea mucho menos que hoy en día, ya tenían como una prioridad máxima el establecimiento de esta base. Richard Marcinko, el fundador de Team Six, escribió en su autobiografía, *Rogue Warrior* [Guerrero inconformista], que «el sistema de castas de la Armada tiene la reputación de ser tan rígido como cualquier otro del mundo».[8] Para superar esas divisiones, Marcinko acabó con los estrictos protocolos navales. Hizo que los SEAL renunciaran a los códigos de vestimenta estándar y las divisiones entre oficiales y reclutas; todos pasaron a vestir como querían y casi desaparecieron los saludos militares. También empleó una técnica de unión avalada por el tiempo: la borrachera. Antes del despliegue, llevaba a su equipo de juerga a un bar de Virginia Beach. En caso de que hubiese tensiones entre los miembros, invariablemente afloraban después de unos tragos. Por la mañana, los hombres podían tener resaca, pero estaban unidos y listos para funcionar como una unidad perfecta.

A pesar de los métodos especiales de Marcinko destinados a darle al interruptor en los años ochenta y de los enfoques más refinados de Davis en la actualidad, sigue habiendo un problema fundamental: la capacidad de desconectar la propia individualidad y fusionarse con el equipo es un talento excepcional y peculiar. Es por eso por lo que los SEAL se han pasado varias décadas desarrollando un proceso de selección tan riguroso. «Si realmente entendiéramos este fenómeno —nos dijo Davis— podríamos entrenar [a los reclutas] en él, no limitarnos a detectar [qué reclutas pueden dar la talla a este respecto]».

Desafortunadamente, la detección es costosa y no muy eficiente. Casi el ochenta por ciento de los aspirantes a SEAL son excluidos. Se pierden una tonelada de soldados capaces en el proceso. Mientras que entrenar con éxito a un SEAL cuesta medio millón de dólares, el coste de los descartes es de decenas de millones de dólares al año. Por supuesto, algunos aspirantes no dan la talla en el aspecto táctico (disparan a un rehén de cartón en la Kill House o se les cae un arma desde un helicóptero), pero lo que ocurre en muchos más casos es que no se sincronizan colectivamente. Y esto no debe sorprendernos. Ningún manual de campo explica cómo alcanzar este éxtasis. Es un punto en blanco en sus mapas que no pueden definir la mayoría de los cartógrafos, que se encuentra más allá del ámbito de conocimiento de la gente racional.

Pero para los SEAL que tenían el encargo de capturar, y no matar, a Al-Wazu, ese éxtasis sincronizador no estaba más allá de su ámbito de conocimiento. Fue justo lo que experimentaron allí, en esa noche de finales de septiembre, y con rapidez. Nos contó Davis:

> El interruptor se activó tan pronto como salimos al exterior. Pude sentirlo, pero también pude verlo: el mecanismo invisible que quedaba fijado, el grupo sincronizándose mientras patrullábamos. El líder mirando hacia delante y cada hombre que tenía detrás alternando el punto hacia el que dirigía la atención: uno mirando a la izquierda, el siguiente a la derecha, y los de más atrás cubriendo al resto. Nunca caminaban hacia atrás, sino que se detenían, se giraban, escudriñaban el entorno y después aceleraban el paso para

alcanzar al grupo, antes de hacerlo de nuevo. Visto desde la distancia, habría parecido una coreografía.

Pero no lo era.

La patrulla avanzó rápido. En menos de veinte minutos llegaron al complejo: cuatro edificios rodeados por un alto muro de hormigón. Se detuvieron un momento y efectuaron unas comprobaciones finales, se reorganizaron un poco y se pusieron nuevamente en marcha divididos en cinco grupos de cinco. Un grupo cubrió el oeste y el norte, otro el este y el sur, y un tercero se quedó atrás para cubrirles las espaldas. Los dos grupos finales efectuaron el asalto principal. Todos sabían lo que tenían que hacer. El silencio era clave. Estaba prohibido llamar por radio. «Hablar es [un proceso] demasiado lento —nos dijo Davis—. Complica las cosas».

Los equipos de asalto superaron el muro y entraron en los edificios a toda velocidad. La primera habitación estaba vacía, mientras que la segunda estaba llena de personas y a oscuras. Había guardianes armados mezclados con mujeres y niños desarmados. En estas condiciones, los resultados positivos falsos son más la regla que la excepción, y saber cuándo *no* disparar es la diferencia entre una misión de éxito y un incidente internacional.

La mente consciente es una herramienta potente, pero es lenta y solo puede gestionar una pequeña cantidad de información cada vez. El subconsciente, en cambio, es mucho más eficiente. Es capaz de procesar más datos en plazos mucho más cortos. En el estado de éxtasis, la mente consciente se toma un descanso y el subconsciente asume el mando. Cuando ocurre esto, el organismo se ve inundado por una serie de sustancias neuroquímicas que mejoran el rendimiento, entre ellas la noradrenalina y la dopamina. Ambas sustancias mejoran el enfoque, el tiempo de reacción muscular y el reconocimiento de patrones. Cuando el subconsciente está al mando y estas sustancias neuroquímicas están actuando, los SEAL pueden leer microexpresiones en cuartos oscuros a gran velocidad.

Por lo tanto, cuando un equipo entra en un lugar hostil, puede dividir los retos complejos en segmentos manejables. Con mucha rapidez, dividen el espacio de batalla en situaciones familiares que saben cómo manejar (como guardianes a quienes deben desarmar o civiles a quienes deben acorralar) y situaciones desconocidas que pueden ser o no una amenaza (como una forma oscura en un rincón lejano). Al estar sus mentes y movimientos estrechamente vinculados, todo el equipo procede simultáneamente; fragmentan la situación y desarman al enemigo sin dudar ni cometer errores.

Esa noche no hubo dudas. Los SEAL despejaron esas habitaciones en unos momentos, dejaron a un par de hombres para vigilar a sus prisioneros y luego se desplazaron al siguiente edificio. Fue entonces cuando lo vieron: Al-Wazu estaba allí cuando entraron, sentado en una silla, con un fusil de asalto AK-47 colgado del hombro.

Las reglas convencionales de la lucha armada dicen que los enemigos armados son peligrosos, pero esa situación no tenía nada de convencional. El hombre que tenían delante había escapado de la prisión, había entrenado a otros terroristas y había perpetrado unos ataques brutales. Había matado y, si se le daba la oportunidad, lo haría de nuevo. Pero había un pequeño detalle que todos los SEAL que entraron en la habitación percibieron y procesaron en cuestión de milisegundos, un detalle que determinó sus actos. El detalle era que, justo en ese momento, los ojos de su objetivo estaban cerrados. Al-Wazu estaba profundamente dormido. La captura tuvo lugar sin ningún derramamiento de sangre. No hubo ningún herido ni ningún muerto. Todo fue absolutamente perfecto.

Por supuesto, esta no es la típica historia de guerra. Es poco probable que salga en las noticias o que alguien la convierta en una película. Los estudios de Hollywood prefieren los héroes solitarios a los equipos sin rostro, y sus relatos idealizan los dramas y los desastres. Pero lo que los SEAL lograron en esa redada ilustra mucho mejor la verdadera esencia de la cultura de las operaciones especiales: los mejores resultados siempre se obtienen cuando el que actúa es un equipo anónimo. «No busco reconocimiento por mis actos —se dice en el código SEAL—. Espero liderar y ser liderado [...] mis compañeros de equipo estabilizan mi resolución y guían en silencio cada una de mis acciones».[9] Y este *ethos* se refuerza cada vez que los SEAL activan ese interruptor, momento en que los egos desaparecen y pasan a hacer, juntos, cosas que no podrían hacer solos.

La parte más difícil del trabajo de un SEAL es saber cuándo *no* disparar. Al-Wazu fue llevado de nuevo a la cárcel con vida sin que se hubiese disparado ni una sola bala. El entrenamiento de los SEAL es uno de los sistemas de selección más caros jamás concebidos, y está diseñado, en gran medida, para posibilitar el éxtasis. Entonces, ¿cuál es su valor real?

—Bueno —nos dijo Davis—, cuando sacudimos a Al-Wazu para despertarlo y vio a un grupo de Navy SEAL de ojos acerados y cara negra en su sala de estar, la expresión de su rostro fue indescriptible.

En un alto valle desértico, al otro lado del mundo respecto a los «terrenos de caza» afganos en los que operaron los SEAL, Larry Page y Serguéi Brin, los jóvenes fundadores de Google, se dieron cuenta de que necesitaban un mejor filtro para el «éxtasis».

Y rápido.

Era el año 2001, tres años antes del rudo despertar de Al-Wazu. Page y Brin se hallaban ante la mayor decisión personal a la que se habían enfrentado nunca como emprendedores. A pesar de haber creado uno de los procesos de contratación más notorios de Silicon Valley, en que los aspirantes eran evaluados sin piedad atendiendo a distintos tipos de calificaciones y requisitos, entre ellos su capacidad de resolver cuestiones complejas pensadas para superdotados, los fundadores de Google se dieron cuenta de que no podían basar las contrataciones en estos parámetros objetivos solamente.

Tras varios años de éxito meteórico, la junta de Google había decidido que la compañía se estaba haciendo demasiado grande para ser dirigida por dos hombres (Larry Page y Serguéi Brin) que aún no llegaban a la treintena. Los inversores sintieron que hacía falta un poco de «supervisión adulta» e iniciaron una búsqueda que resultaría ser una de las contrataciones de un director ejecutivo más importantes de la era de la alta tecnología.

El proceso no fue fácil para nadie. Después de casi un año de entrevistas, como dijo Brin más tarde a la prensa, «Larry y yo habíamos logrado ganarnos la antipatía de cincuenta de los más altos ejecutivos de Silicon Valley».[10] El tiempo se acababa. Si no podían lograr pronto su objetivo, se demostraría que la junta estaba en lo cierto en su valoración de que todo eso les venía grande.

En el proceso de elección del director ejecutivo, Page y Brin llegaron a la conclusión de que tenían que ir más allá de su proceso normal de evaluación. Los currículums eran casi inútiles. La parte técnica podía darse hasta cierto punto por supuesta, pues había muchos tipos inteligentes en la zona que podían dirigir a un conjunto de programadores. Pero en un lugar lleno de personalidades descomunales, tenían que encontrar a alguien que pudiera dejar de lado el ego y captar lo que Google estaba tratando de hacer. Alguien que pudiese, en palabras de John Markoff, de *The New York Times*, «disciplinar la cultura extravagante y autocomplaciente de Google sin ahogar el genio».[11]

Si lograban encontrar a ese alguien, dominarían el ámbito de los motores de búsqueda durante una década o más. Si fracasaban, podrían perder el control de su empresa. Y fin del juego; tendrían que regresar a la escuela de posgrado.

Entonces, en un golpe de inspiración desesperada, Page y Brin se encontraron recurriendo a un proceso de selección inusual y contundente, a la vez muy similar y muy diferente del sistema de cribado de los SEAL.

Como en la semana del infierno de los SEAL, los aspirantes seleccionados para ocupar el puesto de director ejecutivo de Google tendrían que pasar cinco días y cinco noches casi sin dormir soportando un sol agobiante, un frío glacial y un aluvión de condiciones tipo VUCA las veinticuatro horas. Llevado a sus límites físicos y psicológicos, el futuro líder no tendría dónde esconderse. ¿Se retraería entonces en sí mismo? ¿O podría fusionarse con el equipo?

A diferencia de la playa de San Diego, donde los aspirantes a SEAL pasaban sus pruebas, la «playa» que Page y Brin tenían en mente llevaba casi quince mil años sin ver agua corriente. Actualmente era el lecho de un lago completamente seco que se encontraba en medio de las montañas Black Rock de Nevada. Era el lugar donde se celebraba el festival Burning Man ('hombre en llamas'), uno de los ritos de iniciación más extraños de los tiempos modernos.

Rito de iniciación es la denominación adecuada. Este carnaval temporal en el que participan decenas de miles de personas cuenta con sus propios disfraces peculiares, unos rituales exóticos y unos seguidores absolutamente entregados. Es una Eleusis moderna, una explosión bacanal, la fiesta del final de los tiempos...; elige la denominación que prefieras. Pero no se puede negar la verdad: algo sucede en ese lugar.

Page y Brin asistían con regularidad, y de forma entusiasta, a ese evento. La compañía que estableció el listón de las gratificaciones ofrecidas a los empleados fletaba autobuses gratuitos al festival. Durante muchos años, el atrio de dos pisos del Building 43 ('edificio 43'), la sede principal de Google, no estuvo decorado con premios y distinciones ni tableros de cotizaciones; en lugar de ello, mostraba imágenes de empleados de la empresa en taparrabos o jugando con fuego y sus eclécticos proyectos artísticos para Burning Man.[12]

De hecho, el primer *doodle* (alteración temporal del logotipo) de Google, publicado a finales del verano de 1998, fue una figura que representaba al mismísimo Burning Man. Compuesta de dos comillas angulares simples situadas «espalda contra espalda» y centradas encima de la segunda «o» amarilla de la palabra *Google*, ese icono críptico significaba, para aquellos que sabían que Page y Brin estaban apagando las luces en Palo Alto e iluminando las tierras baldías de Nevada, que iban a estar ausentes por un tiempo.

Por lo tanto, cuando los fundadores se enteraron de que Eric Schmidt, veterano de cuarenta y seis años de Sun Microsystems e ingeniero informático doctorado, era el único aspirante finalista que había estado en el evento, reajustaron sus *rankings* y le devolvieron la llamada. «Eric era [...] el único que había ido a Burning Man —dijo Brin a Doc Searls, entonces becario del Centro Berkman, de Harvard—. Pensamos que [ese] era un criterio importante».[13]

El sociólogo de la Universidad de Stanford, Fred Turner, está de acuerdo con el argumento de que el atractivo que tiene el festival para Silicon Valley es que brinda la experiencia de la mente colectiva a las masas. «[Transforma] el trabajo de ingeniería en [...] una especie de éxtasis vocacional comunitario». Uno de los empleados de Google entrevistados por Turner en el contexto de su investigación explicó la experiencia que tuvo en un equipo pirotécnico:

[Estábamos] muy centrados y decíamos muy pocas palabras; estábamos abiertos a cualquier cosa [...] sin egos. Trabajábamos muy estrechamente. [...] Me encantó la «sensación de fluidez» que había en el equipo: era un sentimiento extendido y extático de unidad interpersonal e intemporalidad que compartimos todo el rato.[14]

Y como ocurre con los SEAL cuando le dan al interruptor, el «éxtasis vocacional comunitario» del trabajador de Google depende de unos cambios que tienen lugar en el funcionamiento cerebral. «Asistir a festivales como Burning Man —nos explicó Molly Crockett, profesora de Neuropsicología de la Universidad de Oxford—, practicar la meditación, estar en «la zona» o tomar drogas psicodélicas activa unos sustratos neuronales compartidos. Lo que tienen en común muchas de estas rutas es la activación del sistema serotonínico».[15]

Pero no es solo la serotonina lo que está en la base de estas experiencias de colaboración. En esos estados, todas las sustancias neuroquímicas que pueden producirse (la serotonina, la dopamina, la noradrenalina, las endorfinas, la anandamida y la oxitocina) juegan un papel en el vínculo social. La noradrenalina y la dopamina generalmente sustentan el «amor romántico», las endorfinas y la oxitocina vinculan a la madre con el hijo y al amigo con el amigo, y la anandamida y la serotonina hacen que los sentimientos de confianza, apertura e intimidad sean más profundos. Cuando combinaciones de estas sustancias químicas fluyen en el seno de grupos al mismo tiempo, el resultado son unos vínculos más estrechos y una mayor cooperación.[16]

Esta mayor cooperación, este éxtasis vocacional comunitario, era lo que Page, Brin y muchos de los ingenieros de Google habían descubierto en el desierto. Era un estado alterado de conciencia que facilitaba una mejor manera de trabajar conjuntamente, y cualquiera que pretendiera liderar a ese equipo tenía que conocer esa sensación de primera mano. Tal vez, solo tal vez, si pudiera soportar el calor abrasador, las tormentas de polvo, las noches de insomnio y el implacable y extraño sentimiento, fomentado en Burning Man, de que no tiene ninguna importancia quién es uno mismo, Schmidt podría ser el tipo que los ayudaría a expandir el sueño sin matarlo.

¿Funcionó la estrategia? ¿Podía una fiesta que se celebraba en el quinto pino cribar mejor el gran talento que cualquier algoritmo que pudieran codificar? Salim Ismail, embajador mundial de Singularity University y miembro de Silicon Valley, nos lo explicó:

> El objetivo de llevar a Schmidt a Burning Man era ver cómo se manejaría en un entorno agreste. ¿Podría lidiar con ese contexto volátil y novedoso? ¿Y con la creatividad extrema? ¿Se fusionaría con su equipo o se interpondría en su camino? En ese viaje, descubrieron que este es uno de los grandes talentos de Schmidt. Es realmente flexible, incluso cuando las circunstancias son difíciles. Adaptó su estilo de gestión para que encajase con la cultura de Google sin menoscabar el genio de la empresa y llevó a Google a un éxito gigantesco.[17]

Basta con echar un vistazo a los números para ver que esto es así. Cuando Google contrató a Schmidt en 2001, se rumoreaba que sus ingresos eran de unos cien millones de dólares. Una década después, cuando Schmidt finalmente devolvió las riendas de la dirección a Page, los ingresos de la empresa eran de casi cuarenta mil millones de dólares.[18] ¡Esto supone una rentabilidad cercana al cuarenta mil por ciento!*

Page y Brin han pasado a estar en noveno y décimo lugar en la lista de *Forbes* de los individuos más ricos del mundo, mientras

---

* N. de los A.: Google no hizo públicos sus ingresos en 2001, pero se dijo que fueron de unos cien millones de dólares, y al año siguiente se triplicaron; alcanzaron los trescientos millones. En 2011, cuando Schmidt renunció, los ingresos fueron de treinta y siete mil novecientos millones de dólares. Fuentes: Ver en el apartado de notas, la nota 18 correspondiente a este capítulo.

que Schmidt es una de las únicas personas de la historia que, sin ser un miembro fundador ni familiar de un miembro fundador, se ha convertido en multimillonario por sus opciones sobre acciones. Incluso en el caso de una empresa como Google, dedicada a objetivos como fomentar la creación de herramientas tecnológicas que multipliquen por diez el impacto sobre los problemas de más difícil solución del mundo y organizar la información del planeta entero, sorprende esta rentabilidad cuatrocientas veces superior a la de diez años atrás.

Están más cerca que nunca de tener un valor incalculable.

Piratear el éxtasis

¿Qué está pasando realmente aquí? ¿Por qué Google y los Navy SEAL, dos de las entidades más eficaces del mundo, tuvieron que recurrir a estrategias de selección poco sofisticadas para encontrar las habilidades excepcionales que necesitaban tan desesperadamente? Después de todo, Page y Brin fueron dos de los estudiantes doctorados más inteligentes que pasaron por la Universidad de Stanford en años. El equipo que reunieron en Google fue cuidadosamente seleccionado por su capacidad de cuantificar lo inescrutable. Incluso en 2001, la compañía generaba unos ingresos enormes. Si hubiera una manera de construir o comprar una mejor «trampa para cazar talentos», la habrían utilizado para encontrar a su próximo director ejecutivo.

El DEVGRU, mientras tanto, dispone de un cheque en blanco para perseguir la innovación. Solo en munición, anualmente, estos tipos gastan tanto como todo el Cuerpo de Marines de los Estados Unidos. Y en esta organización se reconoce, como hizo el comandante Rich Davis, que un estado alterado de conciencia es a la vez esencial para el éxito de las misiones y esquivo como el diablo. Tenían que detectar, por medio de un exigente sistema de cribado, a quienes podían entrar en este estado. Ahora bien, ¿no era esta una habilidad que pudiese enseñarse según un sistema? Esto no tiene mucho sentido.

La razón de ello es que, se mire como se mire, el éxtasis *no* tiene mucho sentido. Sigue siendo una experiencia profunda, que se encuentra mucho más allá de nuestro estado de conciencia habitual. El autor Arthur C. Clarke lo llamó una «tecnología suficientemente avanzada», del tipo que todavía nos parece magia.

Por este motivo, es fácil ver por qué Google construyó su mapa de talentos alrededor de lo confiable y observable: promedios de calificaciones, pruebas estandarizadas y el cociente intelectual. Esto es lo que saben los ingenieros; esta es su forma de pensar. Los SEAL también son famosos por su carácter empírico. Si no funciona la primera vez, siempre encuentran algo mejor que funcionará. Y la suya es una cultura machista en que los sentimientos reciben poca atención. Entonces, nadie quiere saber nada del estado del éxtasis, al menos hasta que la DARPA (Agencia de Proyectos de Investigación Avanzados de Defensa, perteneciente al Departamento de Defensa de los Estados Unidos) construya un implante para generarlo.

Una década atrás, Google y los SEAL se encontraban en este punto: eran dos entidades muy eficaces que buscaban un conjunto extraño de habilidades que no podían nombrar o en las que no podían entrenar a las personas. Y no porque estuvieran mirando en el lugar equivocado, sino porque solo iban un paso por delante.

En los últimos diez años, la ciencia y la tecnología han permitido convertir este paso en una gran ventaja. Las constataciones empíricas han empezado a reemplazar el ensayo y el error, lo cual nos está proporcionando nuevas formas de abordar el éxtasis. Pero antes de sumergirnos en algunas de esas historias, debemos establecer ciertas definiciones.

Con la palabra *éxtasis* estamos haciendo referencia a un rango muy específico de estados de conciencia no ordinarios. El psiquiatra Stanislav Grof, de la Universidad Johns Hopkins, dio esta descripción:

> [Se trata de unas experiencias] caracterizadas por unos cambios de percepción drásticos, unas emociones intensas y a menudo inusuales, alteraciones profundas en los procesos de pensamiento y en el comportamiento, [provocadas] por diversas manifestaciones psicosomáticas, que van desde el terror profundo hasta el arrebato extasiado [...] Existen muchos tipos diferentes de estados no ordinarios de conciencia; pueden ser inducidos por diversas técnicas o producirse espontáneamente, en el trancurso de la vida cotidiana.[19]

Entre todos los estados extáticos posibles, nos hemos centrado en tres categorías específicas. En primer lugar, los estados de *flow*, esos momentos en los que uno está «en la zona»; incluyen el *flow* grupal (como el que experimentaron los SEAL durante la captura de Al-Wazu y los trabajadores de Google en el desierto). En segundo lugar, los estados contemplativos y místicos; en este caso se utilizan técnicas como el canto, la danza, la meditación, la sexualidad y, más recientemente, herramientas tecnológicas portátiles para «apagar» el yo. Finalmente, vamos a examinar también los estados psicodélicos, pues el reciente resurgimiento de las investigaciones autorizadas está llevando a algunos de los hallazgos farmacológicos más fascinantes de las últimas décadas. En conjunto, estas tres categorías constituyen el ámbito del éxtasis que vamos a tratar.

Es cierto que las tres pueden parecer extrañas compañeras de cama; de hecho, durante la mayor parte de los últimos cien años las hemos concebido así. Los estados de *flow* se han asociado normalmente con los artistas y deportistas; los estados contemplativos y místicos, con los buscadores espirituales y santos, y los estados psicodélicos, con los *hippies* y fiesteros principalmente. Pero durante la última década, gracias a los adelantos en el campo de la ciencia del cerebro, hemos podido abrir el telón y descubrir que estos fenómenos aparentemente no relacionados comparten unas similitudes neurobiológicas notables.

La conciencia de vigilia habitual se refleja de forma predecible y sistemática en el cerebro: tiene lugar una actividad generalizada en la corteza prefrontal, las ondas cerebrales se sitúan en el rango beta (cuya frecuencia es bastante elevada) y se produce un goteo constante de sustancias químicas relacionadas con el estrés, como la noradrenalina y el cortisol.[20] Durante los estados que estamos describiendo, estas características definitorias cambian sustancialmente.[21] En lugar de tener lugar una actividad generalizada en la corteza prefrontal, vemos que determinadas partes de esta región se iluminan y se vuelven *hiperactivas*, o bien se apagan y se vuelven *hipoactivas*.

Al mismo tiempo, las ondas cerebrales reducen su frecuencia del agitado estado beta al estado alfa, correspondiente al ensueño, y al estado *theta*, que es aún más profundo. En el terreno neuroquímico, las sustancias relacionadas con el estrés como la noradrenalina y el cortisol son reemplazadas por compuestos que mejoran el desempeño e inducen placer, como la dopamina, las endorfinas, la anandamida, la serotonina y la oxitocina.

Entonces, por más variados que parezcan estos estados en la superficie, sus mecanismos neurobiológicos subyacentes —es decir, los «mandos y palancas» que se manipulan en el cerebro— son los mismos.[22] Esta comprensión nos permite ajustar los estados alterados con una nueva precisión.

Pensemos en una de las técnicas más simples y antiguas destinadas a alcanzar el éxtasis: la meditación. Históricamente, si se optaba por usar la meditación para generar sistemáticamente un estado en el que el yo desapareciera, se requerían décadas de práctica. ¿Por qué? Porque el objetivo no era más que una sensación peculiar, y dar con ella era como lanzar dardos con los ojos vendados. Pero los investigadores saben actualmente que el centro de esta diana se correlaciona con cambios en el funcionamiento cerebral (por ejemplo, se activan las ondas que se encuentran en el rango alfa bajo y el *theta* alto), lo cual abre las puertas a todo tipo de nuevas opciones de entrenamiento.

En lugar de seguir la respiración (o cantar un mantra o descifrar un *koan*), los meditadores pueden conectarse a dispositivos de neurorretroalimentación que dirigen directamente al cerebro hacia ese rango alfa/*theta*. Es un ajuste bastante sencillo de la actividad eléctrica, pero puede acelerar el aprendizaje y permitir lograr en meses lo que antes requería años.

A entidades como los SEAL y Google, estos desarrollos les permiten adoptar un enfoque completamente diferente en cuanto al alto rendimiento. Han ido más allá de sus exploraciones anteriores y actualmente están buscando el éxtasis con un grado de precisión que no era posible ni siquiera hace diez años.

Un gimnasio para la mente

En verano de 2013, tuvimos la oportunidad de reunirnos tanto con los SEAL como con Google, y vimos con nuestros propios ojos lo lejos que habían llegado. Visitamos a los SEAL porque Rich Davis y varios líderes del equipo DEVGRU habían leído *The Rise of Superman* y habían advertido unas coincidencias considerables entre el estado descrito en el libro y sus propias experiencias en el campo de batalla. Para Davis, la captura de Al-Wazu fue solo una de las docenas de misiones en las que se había encontrado «en la zona», haciendo lo imposible. Esos momentos cambiaron su vida. Comenzó a buscar expertos que pudieran decirle cómo funcionaban estos estados y cómo obtener más de ellos. Y aunque no estábamos seguros de tener algo nuevo que enseñarles a los SEAL, fuimos invitados a su base de Norfolk (Virginia) para que viésemos a los hombres en acción y ofreciésemos cualquier idea que tuviésemos relativa a «darle al interruptor».

Después de pasar por varias etapas de verificación de nuestros antecedentes y de lidiar con un complejo papeleo, nos pasamos una mañana hablando a los equipos y unas horas viendo el entrenamiento del rescate de rehenes con fuego real desde una plataforma de observación situada entre las vigas de la Kill House ('casa de la muerte'). Después nos reunimos con los líderes del equipo en una sala de conferencias desprovista de ventanas y hablamos sobre el alto coste de la detección del éxtasis. El problema no era solo económico (el medio millón de dólares que se necesitaban para capacitar a un SEAL y los 4,25 millones que costaba formar a un miembro del DEVGRU, por no hablar de las decenas de millones desperdiciados en el camino), sino que lo que más les preocupaba era el coste humano. Una y otra vez, nos contaron lo emocionalmente devastador que puede ser su proceso de cribado; fallar en él arruinaba carreras y vidas. «Somos un club de muy alto rendimiento —nos explicó un líder del equipo SEAL— y algunos muchachos no pueden recuperarse del fracaso».[23]

Cuando hubo acabado la reunión, nos acompañaron a sus instalaciones más nuevas, el Mind Gym ('gimnasio para la mente'), que era lo mejor que se les había ocurrido como entrenamiento para lograr el éxtasis en lugar de limitarse a detectarlo. Sin duda, costó millones de dólares construir ese espacio, pero si podía ayudarlos a activar ese interruptor de manera confiable (es decir, si podía ayudar a más aspirantes buenos a aprender esa habilidad invisible), la inversión valdría mucho la pena.

Equivalente en la misma medida a las herramientas para sudar de CrossFit (un método exigente de entrenamiento físico) y los «artilugios mágicos» de la DARPA, el Mind Gym incluye algunas de las mejores herramientas y algunos de los mejores dispositivos tecnológicos del mundo destinados a ejercitar el desempeño del resto del cuerpo en relación con el cerebro: monitores de la actividad cerebral, dispositivos de coherencia cardíaca de calidad médica, estaciones de ejercicio con seguimiento del movimiento..., todo ello equipado con sensores, escáneres y pantallas diseñados para conducir a los SEAL «a la zona» más rápido que nunca.

Cuando doblamos una esquina de la instalación, vimos cuatro depósitos en forma de huevo en un pequeño espacio. Eran tanques de aislamiento sensorial, cuyos usuarios flotan en agua salada en la oscuridad total durante varias horas seguidas. Inventados por el investigador y neurocientífico de los Institutos Nacionales de la Salud estadounidenses John Lilly en la década de 1960, estos tanques fueron diseñados específicamente para ayudar a las personas a desconectar del sentido del yo (dado que el cerebro usa los datos sensoriales para ayudar a crear el sentido del yo, el hecho de eliminar estos datos puede atenuar esta conciencia).[24] Cuando Lilly comenzó a usar estos tanques para explorar los efectos del LSD y la *ketamina* en la conciencia, el *establishment* perdió el interés en ellos y se convirtieron en una curiosidad contracultural. Pero ahí estaban de nuevo, en el centro candente de ese complejo militar-industrial, siendo utilizados para entrenar a supersoldados.

Y los SEAL han estado llevando más allá la tecnología original de Lilly. Trabajando con investigadores de la empresa Advanced

Brain Monitoring ('monitorización cerebral avanzada'), ubicada en Carlsbad (California), han incorporado bucles de retroalimentación neuronal y cardíaca, pantallas digitales y sonido de alta fidelidad a la experiencia. Están implementando estas actualizaciones con un propósito práctico: acelerar el aprendizaje. Al usar los tanques para eliminar toda distracción, suscitar unas ondas cerebrales específicas y regular la frecuencia cardíaca, los SEAL pueden reducir el tiempo que lleva aprender un idioma extranjero de seis meses a seis semanas. Para una unidad especializada desplegada en los cinco continentes, desconectar el yo para acelerar el aprendizaje se ha convertido en un imperativo estratégico.

No es solo la Armada la que está estudiando este ámbito con mayor profundidad. Unos meses después de nuestra visita a Norfolk, cruzamos el país para viajar a Googleplex (la sede de Google). Fuimos allí para hablar de los estados de *flow* con los ingenieros y saber más sobre lo que está haciendo esta empresa para aprovechar el «éxtasis vocacional comunitario» que sus fundadores experimentaron por primera vez en Burning Man, en el desierto de Black Rock de Nevada.

Justo después de nuestra exposición, montamos en un par de las omnipresentes y coloridas bicicletas de Google para ir al otro lado del complejo y asistir a la apertura de su nuevo centro de *mindfulness* (o atención plena), que había costado varios millones de dólares. Ese lugar, en el que predomina un suave color verde lima con acentos de bambú, cuenta con un servicio de barra que ofrece zumos recién exprimidos durante todo el día y un conjunto de salas de meditación en las que hay trajes con sensores y dispositivos de neurorretroalimentación similares a lo que habíamos visto en el Mind Gym de la Armada. Google se había dado cuenta de que en el mercado tecnológico, muy competitivo, constituía una inversión esencial ayudar a los ingenieros a entrar en la zona y permanecer ahí durante más tiempo. Pero como en el caso de los SEAL, no habían resuelto por completo todas las variables.

> Está yendo bien —nos explicó Adam Leonard, uno de los líderes de G Pause (este era el nombre que le habían puesto a su programa de entrenamiento en la atención plena)–. Tenemos comunidades activas en todo el mundo, pero el desafío más grande es lograr que las personas que aún no meditan empiecen a hacerlo. Las que ya se sientan [a meditar] entienden los beneficios. Son las que están demasiado ocupadas y estresadas para reducir la velocidad, que son precisamente las que lo necesitan más, las más difíciles de convencer.[25]

No será porque Google no lo intente. Al hablar con el equipo encargado de fomentar el desempeño humano, nos enteramos de que muchos de los esfuerzos legendarios de la compañía por crear un entorno en el que no hubiese una separación drástica entre el ámbito laboral y los otros aspectos de la vida (desde los vehículos lanzadera equipados con wifi hasta los comedores con productos «de la granja a la mesa» y los billetes reservados para aventuras de fin de semana) también constituían intentos de reducir al mínimo las interrupciones y mantener a los empleados en «la zona».

Señala Fred Turner, de la Universidad de Stanford: «A diferencia de los directivos de muchas otras empresas, los de Google han subvencionado las [...] exploraciones de sus ingenieros y administradores y han promulgado incansablemente un *ethos* de producción entre pares benevolente».[26] Al hacer todo lo posible por mantener a los empleados fuera de sus cabezas y absortos en sus proyectos, Google está tratando de hacer que el mismo éxtasis vocacional que encontró en el desierto constituya una parte permanente de la vida en el complejo.

La economía de los estados alterados

Después de esas visitas, y tras ver cuánto tiempo y dinero estaban dispuestas a invertir esas dos entidades para sacar el máximo partido a los estados alterados, no pudimos evitar preguntarnos sobre el resto de nosotros. ¿Era posible que la búsqueda deliberada del éxtasis tuviera un papel más allá de las entidades centradas en el alto rendimiento? ¿Tenía esto alguna importancia para la gente común? En caso de ser así, ¿hasta qué punto?

Peter Drucker, gurú de la gestión empresarial, dijo en una ocasión: «Dime qué valoras y tal vez te crea, pero muéstrame tu agenda y tu cuenta bancaria y te mostraré qué es lo que valoras *realmente*». Así que decidimos seguir el consejo de Drucker e ir tras la pista del dinero.

Para empezar, bautizamos como *economía de los estados alterados* a la cantidad de dinero que gastan las personas cada año en el intento de salir de su propia cabeza. Y cuando decimos «salir de su propia cabeza» no estamos hablando metafóricamente, sino literalmente. Hacer esto requiere un determinado estado cerebral, una «firma biológica» precisa en el cerebro. En concreto, debe tener lugar una desaceleración de la actividad neuroeléctrica y una desactivación de la red que respalda la autoconciencia, y deben estar presentes, al menos, dos de las «seis grandes» sustancias neuroquímicas que mencionábamos anteriormente. Si una experiencia tiene esta firma, podemos darla por buena sin temor a equivocarnos.

Contando con el filtro de la neurobiología, pudimos detectar similitudes entre experiencias dispares. Si hubiésemos prestado atención a una sola categoría, como los estados de *flow* o los contemplativos o los psicodélicos, habría sido fácil que hubiésemos pasado por alto unas pautas más amplias y unos patrones más profundos. Pero con los «mandos y palancas» que hacen la función de «piedra de Rosetta» (clave de desciframiento) para la conciencia no ordinaria, pudimos encontrar elementos comunes y medir el impacto como no se habría podido hacer en otros tiempos. Es decir, pudimos empezar a cuantificar la economía de los estados alterados.

Hay algo que queremos dejar claro, y es que no estamos dando por supuesto que todas las categorías que estamos a punto de abordar reflejen enfoques deliberados, saludables o intencionales de cultivo del éxtasis. De hecho, muchos enfoques tienen exactamente las características contrarias; son impulsivos, destructivos y no intencionales. Pero este mismo hecho (que nos vemos impulsados a perseguir estados alterados a un alto coste) subraya el gran papel, a veces oculto, que tienen los estados alterados en nuestra vida.

Emprendimos nuestra cuantificación de la economía de los estados alterados a partir del supuesto, bastante indiscutible, de que cualquier contabilización del éxtasis debe incluir todas las sustancias que usa la gente para cambiar de estado, desde el alcohol, el tabaco y la cafeína en el lado legal hasta la cocaína, la heroína y las metanfetaminas recreativas en el lado ilegal (si no estás seguro de que el café deba incluirse entre las drogas que cambian el estado mental, mira la cola de gente que hay en un Starbucks a las siete de la mañana). También incluimos los mercados legales e ilegales de marihuana, psicofármacos como el *Ritalin* y el *Adderall*, y analgésicos que cambian el estado de ánimo, como el *OxyContin* y el *Vicodin*.

A continuación, también incluimos en el cómputo las experiencias que cambian el estado mental. Evaluamos programas terapéuticos y de desarrollo personal diseñados para sacarnos de la cabeza y ayudarnos a sentirnos más felices, desde el asesoramiento psicológico y psiquiátrico hasta el ingente mercado de la autoayuda del ámbito de Internet.

Asimismo tuvimos en cuenta una amplia gama de actividades que persiguen un *flow* intenso, como los deportes de acción, los videojuegos y los juegos de azar (es decir, las actividades que se llevan a cabo sobre todo por las recompensas intrínsecas que proporcionan, más que para obtener un reconocimiento externo).

Después adoptamos un enfoque prudente para las categorías amplias que son los medios (audiovisuales y otros) y el entretenimiento. Si bien se podría argumentar, por ejemplo, que gran parte de la industria de la música en vivo refleja el deseo de una experiencia colectiva de cambio de estado, nos centramos en un género que está en auge y tiene unas características únicas: la música de baile electrónica (o música *dance*). Los principales disyoqueis de este género ganan ocho cifras al año por presentarse en un club y pulsar *play* en un ordenador portátil. Lo atractivo no es la banda, porque no hay ninguna. Tampoco la letra, porque no existe. ¿Qué es lo atractivo entonces? Lo que hay son unos bajos atronadores, unos espectáculos de luces muy sincronizados y, por lo general, muchas sustancias que alteran la mente. Hay pocas razones para buscar la experiencia si no es por el cambio de estado que induce. Y este estado se ha vuelto cada vez más popular. En 2014, la música *dance* sumó casi la *mitad* de todas las ventas de entradas para conciertos, atrajo a un cuarto de millón de asistentes al mismo tiempo y llamó la atención de los inversores de Wall Street y grandes empresas de capital privado.

También evaluamos el papel de las películas y la televisión, y nos limitamos a incluir en nuestro cómputo los géneros que inducen especialmente la inmersión y la evasión, como las películas en 3D y las proyectadas en los cines IMAX, y los videos de pornografía vistos en Internet. En el caso del IMAX, por ejemplo, ¿por qué ir a ver estas películas? En unos pocos meses, podríamos ver el mismo filme en la comodidad del hogar. Sin embargo, conducimos hasta cines lejanos y pagamos un plus para obtener una inmersión total: un sonido envolvente que sacude nuestros asientos, unas pantallas de doce metros que se tragan nuestra visión y la compañía de otros que jadean, abuchean y aplauden a nuestro lado. No pagamos más para ver más, sino para *sentir* más (y pensar menos).

Y luego está la pornografía. Dado que siete de los veinte sitios más visitados de Internet alojan pornografía, y que casi el treinta y tres por ciento de todas las búsquedas de Internet son de términos relacionados con el sexo, se puede decir sin lugar a dudas que estamos invirtiendo un montón de tiempo y dinero en el voyerismo digital. Pero a diferencia del sexo real, ver pornografía no ofrece compensaciones evolutivas. Entonces, ¿por qué tantas personas lo hacen tan a menudo? Porque durante un breve momento (realmente es breve, ya que el tiempo promedio de las visitas a PornHub es de siete minutos y medio), nos perdemos en un estado de excitación fisiológica y saturación neuroquímica. Dicho sin rodeos, vemos porno para drogarnos, no para tener sexo.

Terminamos nuestro estudio con lo que muchos de nosotros conocemos mejor hoy en día: las redes sociales. Lo que hace que estas distracciones en línea nos enganchen tanto es la eficacia con la que preparan nuestro cerebro para obtener recompensas (principalmente la dopamina, una sustancia neuroquímica que nos hace sentir bien). Robert Sapolsky, neurocientífico de la Universidad de Stanford, llama a esta preparación la «magia del tal vez». Cuando revisamos nuestro correo electrónico o Facebook o Twitter, y a veces encontramos una respuesta y a veces no, Sapolsky descubrió que la siguiente vez que un amigo se conecta disfrutamos de un pico de dopamina del cuatrocientos por ciento. Esto puede llegar a distraernos hasta el punto de ser adictivo. En 2016, la consultora empresarial Deloitte descubrió que los estadounidenses miran su teléfono más de *ocho mil millones* de veces al día (entre todos). En un mundo donde el sesenta y siete por ciento de nosotros admitimos haber consultado si hay alguna novedad en mitad de la noche, durante las relaciones sexuales y antes de atender necesidades biológicas básicas como ir al baño, dormir o desayunar, creemos que estamos en condiciones de afirmar que buena parte de lo que solemos hacer en línea es más olvidarnos de nosotros mismos por un momento que informarnos.

En relación con todas estas categorías, seguimos el consejo de Drucker de ver qué decían nuestras agendas y nuestras cuentas bancarias respecto a hasta qué punto valoramos realmente salir de nosotros mismos. Y lo que descubrimos fue asombroso.[27]

Sumadas todas las categorías, la economía de los estados alterados asciende a unos cuatro *billones* (millones de millones) de dólares al año. (Consulta la nota 27, al final de esta obra, para obtener información detallada sobre cómo llegamos a esta cantidad). Una parte considerable de nuestros ingresos la damos pues, como «diezmo», a la Iglesia del Éxtasis. Gastamos más en este concepto que en salud materna, ayuda humanitaria y todo el ciclo de la educación preuniversitaria *juntos*. Esta economía suma más que el producto interior bruto de Gran Bretaña, la India o Rusia. Y para poner esto realmente en perspectiva, la cantidad de dólares que mueve esta economía duplica la cantidad de galaxias conocidas que componen la totalidad del universo.[28] Entonces, aunque gran parte de nuestra búsqueda no es sistemática y a menudo es contraproducente, esta cifra total de cuatro billones es un excelente indicador de lo mucho que queremos salir de nuestra cabeza y de lo que estamos dispuestos a gastar aunque solo sea para encontrar un pequeño alivio.

Pero surgen algunas preguntas. Si ya estamos gastando un montón de tiempo y dinero persiguiendo estos estados, e incluso entidades de élite como los SEAL y Google no han descifrado el código de forma definitiva, ¿es interesante que nos tomemos tantas molestias para experimentar algo tan difícil y confuso? ¿Pueden proporcionarnos estas experiencias unos beneficios que no podríamos obtener de otra manera? En pocas palabras: ¿merecen la pena?

Capítulo dos

Por qué es importante

El embajador del éxtasis

E n 2011, un expresentador de televisión llamado Jason Silva publicó un video corto y extraño en Internet.* Titulado «You Are a Receiver» ('eres un receptor'),[1] se sucedían a un ritmo elevado, durante dos minutos, imágenes de ciencia ficción intercaladas con tomas en las que se veía a Silva, que llevaba unos pantalones vaqueros, hablando directamente a la cámara. Hablaba sobre filosofía existencial, cosmología evolutiva y los estados alterados de conciencia; es decir, trataba temas que, por lo general, no tratan los videos que se vuelven virales. En 2011, las grabaciones que tenían más éxito en Internet eran las que mostraban gatos de dibujos animados y tejones meleros. Pero el video de Silva despertó interés y logró casi medio millón de visitas en menos de un mes.

A este le siguieron otros. Entre 2011 y 2015, Silva colgó más de cien, que en total obtuvieron más de setenta millones de visitas. La NASA y la revista *Time* publicaron también su trabajo. La revista

---

* Todos los detalles de la vida de Jason Silva que aparecen en este capítulo provienen de una serie de entrevistas que tuvimos con él entre 2014 y 2016.

The Atlantic le dedicó una buena cantidad de espacio y lo denominó «el Timothy Leary de la era de los videos virales».[2] A continuación, el canal de National Geographic lo contrató para presentar *Brain Games* ('juegos cerebrales'), que se convirtió en el programa mejor valorado de todos los tiempos del canal y le valió a Silva una nominación al Emmy. Sin embargo, a él le sorprendió haber despertado tanto interés. «Cuando comencé a hacer videos, mi objetivo no era la celebridad. Era la cordura», nos dijo.

Silva nació en Caracas (Venezuela) en 1982, y creció durante una época turbulenta en la historia del país. Si bien pertenecía a una familia de clase media, sus padres se divorciaron cuando tenía doce años y su padre perdió todo su dinero cuando la economía venezolana se vino abajo hacia el final de la década de 1980. Hubo un golpe de Estado fallido en 1992 y otro que tuvo éxito en el año 2000. Los crímenes y la corrupción se dispararon. «Todos los miembros de mi familia fueron atracados a punta de pistola —nos contó Silva—: mi madre, mi hermano, incluso mi abuela. Mi padre fue secuestrado y yo era un objetivo. Fue aterrador. Esta situación lo tiñó todo: si mi madre no estaba en casa a las cinco de la tarde, ¿era porque la habían secuestrado? ¿Tal vez la habían matado? Ese miedo constante y persistente nunca nos abandonaba».

Ese miedo llevó a Silva a permanecer encerrado. Siendo adolescente, apenas podía salir de su casa. Se volvió paranoico; no podía parar de preguntarse si todas las puertas estaban bien cerradas o si el ruido que acababa de oír indicaba la presencia de un intruso. «Yo era un niño —nos dijo— y se supone que debía vivir sin preocupaciones. Pero siempre estaba lidiando con pensamientos locos y neuróticos. Era muy agobiante».

En el instituto, en un esfuerzo por recuperar la cordura y tener vida social, Silva comenzó a organizar pequeñas reuniones en su casa: «Me inspiraron los salones de hachís de Baudelaire. Todos los viernes por la noche nos juntábamos un grupo. Algunas personas bebían vino, otras fumaban marihuana, pero todos hablábamos de filosofía. Y esas conversaciones me absorbían por completo. Me sumergía en un monólogo y desaparecía. Abandonaba totalmente mi cabeza. Y eso era exactamente lo que estaba buscando, una forma de apagar mi neurótico cerebro».

Silva no tardó en darse cuenta de que esas noches de los viernes daban forma al resto de su semana; era como si esas horas en las que se encontraba en un estado alterado estuvieran sustituyendo la impronta de esos años de miedo por algo nuevo. Descubrió una nueva sensación de confianza. «Siempre estaba buscando mi lugar. No era un gran deportista, ni el mejor estudiante, ni un chico popular. Pero esos estados me mostraron una parte de mí que no sabía que existía. Empecé a sentir como si tuviese un superpoder».

Este fue el principio de los videos. Inicialmente, para asegurarse de que no estaba balbuceando, Silva hizo que sus amigos lo grabaran durante sus discursos. Más tarde, vio las cintas. «Me quedé de piedra. Salían de mi boca conexiones asombrosas entre ideas, que no sabía de dónde venían. Era yo, pero no era yo».

Esos videos lo llevaron a la escuela de cine de Miami, donde hizo aún más videos. Estos esfuerzos no tardaron en llamar la atención. En Current TV, el canal del exvicepresidente Al Gore, vieron el trabajo de Silva y les gustó su presencia en la pantalla, lo cual hizo que lo contrataran como presentador.[3] Pero no era un trabajo que pudiese conservar. «Current era genial —nos explicó—, pero casi todo lo que hacía era leer historias de cultura pop que aparecían en un teleprónter. No podía hacer soliloquios locos, lo que implicó que me viera apartado de «la zona». Y toda esa neurosis regresó. En Current me di cuenta de que no podía vivir sin acceder a menudo a esos estados. Así que dejé el trabajo y comencé a hacer videos sobre dichos estados».

El éxtasis encontró un embajador en la persona de Silva. Debido a que las condiciones de su vida y el «cableado» de su mente habían hecho que su realidad interior fuera tan incómoda, se le daba muy bien jugar con su conciencia. En su búsqueda intuitiva de esos momentos especiales, Silva improvisó una forma notablemente efectiva de salir de sí mismo en busca de alivio e inspiración. En el instituto, esos estados le devolvieron la vida; en la adultez, le proporcionaron una carrera. «En realidad –nos dijo–, lo que encontré en los estados alterados fue la libertad. Primero me liberaron de mí mismo, después me dieron libertad para expresarme, y a continuación me mostraron lo que era realmente posible. Pero esto no me ha ocurrido solo a mí. Creo que casi todos los individuos triunfadores que he conocido, de una forma u otra, encontraron una manera de usar estos estados para que los impulsasen a unos niveles que no sabían que eran posibles».

Cuando dice «de una forma u otra», Silva está señalando un punto importante. Si bien las personas ingresan en estos estados de maneras considerablemente diversas, las experiencias que viven se superponen en gran medida. De hecho, gran parte del atractivo de Silva reside en que pone de relieve esta superposición. Tal como nos dijo, «un monje budista que experimenta el *satori* mientras medita en una cueva, o un físico nuclear que tiene una visión innovadora en el laboratorio, o una de las personas que juegan con el fuego en Burning Man parece que tienen unas experiencias diferentes desde el punto de vista externo, pero se viven de forma similar internamente. Es una comunidad compartida, un vínculo que nos une a todos. El éxtasis es un idioma carente de palabras que todos hablamos».

Por lo tanto, de la misma manera que los mecanismos biológicos que sustentan ciertos estados no ordinarios son siempre prácticamente los mismos, las experiencias que tenemos de estos estados también son muy similares. Sin duda, el contenido en sí varía enormemente según el ámbito cultural con el que está familiarizado el individuo: un programador informático de Silicon Valley puede experimentar una revelación de medianoche como estar «en la zona» y ver una sucesión de ceros y unos al estilo del código de *Matrix*, una campesina francesa puede experimentar una inspiración divina y oír la voz de un ángel, un agricultor indio puede tener una visión de Ganesha en un arrozal... Pero cuando miramos dentro del envoltorio narrativo (lo que los investigadores llaman el *informe fenomenológico*), encontramos cuatro características distintivas: ausencia del yo, intemporalidad, ausencia de esfuerzo y riqueza. En adelante, nos referiremos al conjunto de las cuatro por las siglas a las que dan lugar, AIAR.

Ciertamente, los investigadores han encontrado muchas otras descripciones de los estados alterados, pero hemos elegido las cuatro categorías AIAR por una razón muy concreta.[4] Al revisar la literatura, descubrimos que casi todos los análisis previos de estas experiencias se habían visto afectados por su contenido. Intentar discernir los efectos alteradores de la conciencia que tiene la meditación, por ejemplo, implica leer las interpretaciones religiosas de lo que significan estos estados. Si examinamos los criterios académicos relativos a «la zona», nos encontramos con los desencadenantes empíricos relativos a cómo producir este estado mezclados con las experiencias subjetivas asociadas a ese estado. Lo mismo ocurre con muchas de las escalas de calificación psicodélica, que a menudo presuponen que los futuros sujetos tendrán un repertorio de experiencias similar al de quienes las han tenido originalmente (algunas de estas experiencias presupuestas son un misticismo natural, la regresión al momento del nacimiento y la unión con el cosmos).

Pero el contenido de las cuatro categorías en las que nos hemos centrado es neutro. Constituye una descripción estrictamente fenomenológica (relativa a cómo nos hacen sentir estos estados) enraizada en los aspectos neurobiológicos comunes. Esto nos lleva a superar los preconceptos iniciales sobre lo que se supone que significan o revelan estas experiencias. Si bien aún queda mucho trabajo por hacer, hemos presentado este modelo a investigadores de las Universidades de Harvard, Stanford, Yale y Oxford, y lo han encontrado útil. Es experimental y experiencial, y esperamos que pueda ayudar a simplificar e integrar la discusión en curso sobre los estados alterados. (Si estás interesado en contribuir a esta investigación, visita www.stealingfirebook.com/research).

Ausencia del yo

A pesar de todo lo que se dice en estos tiempos sobre los superordenadores y la inteligencia artificial, el cerebro humano sigue siendo la máquina más compleja del planeta. Y en el centro de esta complejidad se encuentra la corteza prefrontal, que es la parte más sofisticada de nuestro *hardware* neuronal. Con esta adaptación evolutiva relativamente reciente vino un mayor grado de autoconciencia, la capacidad de retrasar la gratificación, la planificación a largo plazo, el razonamiento a través de una lógica compleja y la reflexión sobre el propio pensamiento. Toda esta actividad mental nos permitió pasar de ser unos simios lentos, débiles y con poco pelo a ser los depredadores más poderosos gracias a nuestras herramientas, y convertimos una vida que había sido desagradable, brutal y corta en algo decididamente más civilizado.

Pero todo este ingenio tuvo un coste: nadie puso un interruptor que permitiese apagar la potente autoconciencia que hizo posible todo eso. Mark Leary, psicólogo de la Universidad Duke, escribió lo siguiente en su libro *The Curse of the Self* [La maldición del yo]:

El yo no es una bendición absoluta. Es responsable por sí solo de muchos, si no la mayoría, de los problemas que afrontan los seres humanos como individuos y como especie [...] [y] provoca una gran cantidad de sufrimiento personal en forma de depresión, ansiedad, ira, celos y otras emociones negativas.[5]

Cuando pensamos en los sectores industriales, que manejan miles de millones de dólares, que sustentan la economía de los estados alterados, vemos que su razón de ser es apagar el yo y aliviarnos, por unos momentos, de la voz que no para de hablar dentro de nuestra cabeza.

Cuando experimentamos un estado no ordinario que nos permite acceder a algo más, primero sentimos que tenemos algo *menos*: nosotros mismos. O, más específicamente, deja de estar ahí el crítico interno que nos acompaña a todos: nuestro Woody Allen interior, esa voz persistente, derrotista y que está siempre activa en nuestra cabeza diciéndonos «estás muy gordo», «estás demasiado flaco», «eres demasiado inteligente para tener este empleo», «estás demasiado asustado para hacer algo al respecto»... Es un tambor que suena en nuestros oídos de forma implacable.

Silva también albergaba este monólogo, pero se dio cuenta de algo curioso: los estados alterados pueden silenciar este atosigamiento. Actúan como un interruptor de apagado. En estos estados, ya no nos vemos atrapados por nuestro neurótico yo, porque la corteza prefrontal, la parte del cerebro que lo genera, ya no está por la labor de mantenerlo activo.

Los científicos llaman a este apagado *hipofrontalidad transitoria*.[6] *Transitoria* significa 'temporal'. *Hipo*, el antónimo de *hiper*, significa 'menos de lo normal'. Y el término *frontalidad* hace referencia a la corteza prefrontal, la parte de nuestro cerebro que genera nuestro sentido del yo. Durante la hipofrontalidad transitoria, gracias a que grandes partes de la corteza prefrontal se apagan, desconectamos el crítico interno. Woody (Allen) se queda callado.

Sin todo ese fastidio, obtenemos una verdadera sensación de paz. Según Leary, «esta apacibilidad puede derivar del hecho de que sin un diálogo interno que suscite emociones negativas, la experiencia mística está libre de cualquier tensión». Y si no experimentamos tensiones solemos descubrir una mejor versión de nosotros mismos, más clara y confiada.

«Yo lo tengo claro —nos dijo Silva—. Si no hubiera aprendido a apagar el yo, sería el mismo tipo caótico que era en Venezuela, demasiado temeroso para hacer cualquier cosa. Pero cuando desaparece la voz de mi cabeza, dejo de interponerme en mi propio camino».

La ausencia del yo presenta otros beneficios además del silenciamiento del crítico interno. Cuando nos liberamos de los límites de nuestra identidad habitual, podemos contemplar con ojos nuevos la vida y las historias a menudo repetitivas que contamos sobre ella. Cuando llega el lunes por la mañana, podemos volver a vestirnos con los «trajes de mono» de nuestros roles cotidianos (padre, cónyuge, empleado, jefe, vecino...), pero para entonces ya sabemos que no son más que disfraces con cremallera.

El psicólogo Robert Kegan, catedrático de Desarrollo del Adulto en la Universidad de Harvard, expone una estrategia para abrir la cremallera de estos disfraces. La llama el *cambio sujeto-objeto* y argumenta que es el movimiento más importante que podemos hacer para acelerar el crecimiento personal. Para Kegan, nuestro yo *subjetivo* es, sencillamente, quienes creemos que somos. Por otro lado, los «objetos» son cosas que podemos mirar y nombrar, y de las que podemos hablar, con cierto grado de distancia *objetiva*.[7] Pues bien, cuando podemos pasar de estar sujetos a nuestra identidad a estar objetivamente distanciados de ella en cierta medida, pasamos a gozar de mayor flexibilidad a la hora de responder a la vida y sus desafíos.

Con el tiempo, Silva percibió exactamente este cambio: «Cada vez que salgo de mi cabeza, obtengo un poco más de perspectiva. Y cada vez que regreso a ella, mi mundo es un poco más ancho y estoy un poco menos neurótico. A lo largo de los años, el impacto de esto ha sido muy evidente».

Según Kegan, se trata de esto. Cuando somos claramente capaces de efectuar el cambio sujeto-objeto, ocurre lo que señala en su libro *Desbordados*:

> Empezamos [...] a construir un mundo mucho más amigo de la contradicción, de la oposición, de la capacidad de utilizar múltiples sistemas de pensamiento. [...] Esto significa que el yo tiene que ver más con el movimiento a través de distintas modalidades de conciencia que con identificarse con una sola y defenderla.

Al salir de nosotros mismos, ganamos perspectiva. Nos volvemos objetivamente conscientes de nuestros disfraces en lugar de seguir fusionados subjetivamente con ellos. Nos damos cuenta de que podemos quitárnoslos, desprendernos de los que están gastados o ya no nos van bien e incluso crear otros nuevos. Esta es la paradoja de la ausencia del yo: al abandonar la mente periódicamente, tenemos más posibilidades de encontrarnos a nosotros mismos.

·

Intemporalidad

Si se introduce la palabra *time* ('tiempo') en el buscador de Google, la cantidad de resultados es de más de once mil quinientos millones.* En comparación, la cantidad de resultados en relación

---

* N. del T.: En el momento de esta traducción, la cantidad de resultados para la palabra *time* es de 22.380 millones.

con temas de interés más obvios como son el sexo y el dinero es de apenas dos mil setecientos cincuenta millones y dos mil millones, respectivamente. El tiempo, y cómo aprovecharlo al máximo, parece ser cinco veces más importante para nosotros que hacer el amor o el dinero.

Esta obsesión está muy justificada. Según una encuesta de Gallup de 2015, el cuarenta y ocho por ciento de los adultos trabajadores tienen problemas de tiempo, y el cincuenta y dos por ciento afirman experimentar un estrés significativo como consecuencia de ello.[8] Nuestros jefes, colegas, hijos y cónyuges esperan que respondamos instantáneamente a sus correos electrónicos y mensajes de texto. Nunca nos liberamos de nuestras correas digitales, ni siquiera cuando estamos en la cama o de vacaciones. Actualmente, los estadounidenses trabajan más horas y tienen menos vacaciones que la población trabajadora de cualquier otro país industrializado del mundo.

La *pobreza de tiempo*, como se conoce a esta escasez, tiene sus consecuencias. Sendhil Mullainathan, economista de la Universidad de Harvard, dijo esto a *The New York Times*: «Cuando [estamos] haciendo malabares con el tiempo, lo estamos tomando prestado del mañana, y mañana tendremos menos tiempo del que tenemos hoy. [...] Es un préstamo muy costoso».[9]

Los estados no ordinarios mitigan un poco esta deuda creciente, y lo hacen de la misma manera que acallan a nuestro crítico interno. Nuestro sentido del tiempo no está localizado en el cerebro.[10] No es como la visión, de la que se encargan exclusivamente los lóbulos occipitales. El tiempo es una percepción distribuida, que se calcula en todo el cerebro, más concretamente en toda la corteza prefrontal. Durante la hipofrontalidad transitoria, en que la corteza prefrontal se desconecta, ya no podemos realizar este cálculo.

Sin la capacidad de distinguir entre el pasado, el presente y el futuro, estamos inmersos en un presente «alargado», en lo que los investigadores describen como «el profundo ahora». La energía que normalmente utilizamos para procesar el tiempo la reubicamos en el enfoque y la atención. Incorporamos más datos por segundo y los procesamos con mayor rapidez. Cuando procesamos más información más deprisa, el momento parece durar más, lo que explica por qué el «ahora» suele «alargarse» en los estados alterados.

Cuando centramos nuestra atención en el presente, dejamos de explorar el ayer en busca de experiencias dolorosas que queremos evitar repetir, y dejamos de fantasear con un mañana mejor que hoy. Al tener la corteza prefrontal desconectada, no podemos evocar estos escenarios. No podemos acceder a la parte más compleja y neurótica de nuestro cerebro, y la parte más primitiva y reactiva de este, la amígdala, que aloja la respuesta de lucha o huida, también se calma.

El psicólogo Philip Zimbardo, de la Universidad de Stanford, uno de los pioneros en el campo de la percepción del tiempo, lo describe de esta manera en su libro *La paradoja del tiempo*:

> Cuando somos [...] plenamente conscientes de nuestro entorno y de nosotros mismos en el presente, [esto] incrementa la cantidad de tiempo en que nadamos con la cabeza fuera del agua y en que podemos ver tanto los peligros como los placeres potenciales. [...] Somos conscientes de nuestra posición y nuestro destino, y podemos efectuar correcciones en nuestro camino.[11]

En un estudio reciente publicado en *Psychological Science*, las colegas de Zimbardo en Stanford Jennifer Aaker y Melanie Rudd descubrieron que la experiencia de la intemporalidad es tan potente que conforma el comportamiento. En una serie de experimentos, los sujetos que experimentaron la intemporalidad aunque fuese durante un breve momento «sintieron que tenían más tiempo disponible, se mostraron menos impacientes, pasaron a estar más dispuestos a ofrecerse como voluntarios para ayudar a los demás, pasaron a preferir más las experiencias que los productos materiales y se sintieron mucho más satisfechos con la vida».[12]

Además, cuando ralentizamos la vida, descubrimos que el presente es el único espacio temporal en el que obtenemos datos fiables. Nuestros recuerdos del pasado son inestables y están constantemente sujetos a revisión, como un libro de luna de miel con fotos sobrescrito por un amargo divorcio. «Las distorsiones memorísticas son algo básico y generalizado entre los humanos —reconoce la psicóloga cognitiva Elizabeth Loftus— y es poco probable que alguien sea inmune a ellas».[13] El pasado es menos una biblioteca en la que está archivado todo lo que realmente sucedió y más el comentario fluido de un director que estamos actualizando constantemente.

Las previsiones del futuro no son mucho mejores. Cuando tratamos de predecir lo que está a la vuelta de la esquina, rara vez acertamos. Tendemos a suponer que el futuro cercano se parecerá mucho al pasado reciente. Es por eso por lo que sucesos como la caída del Muro de Berlín y el colapso financiero de 2008 sorprendieron a tantos analistas. Lo que parece inevitable visto en retrospectiva es a menudo invisible de antemano.

Pero cuando los estados no ordinarios desencadenan la intemporalidad, entramos en el presente perpetuo, en el que podemos acceder sin distracciones a los datos más fiables. Funcionamos a pleno rendimiento. «Esta fue otra cosa que advertí —nos dijo Silva—. Cuando entro en ese estado y las ideas comienzan a fluir, no hay espacio para nada más. Definitivamente, no para el tiempo. Las personas que ven mis videos a menudo me preguntan cómo puedo encontrar todas esas conexiones entre las ideas. Pero la razón por la que puedo encontrarlas es simple: al no estar presente el tiempo, tengo todo el que necesito».

Ausencia de esfuerzo

Hoy en día, estamos saturados de información, pero nos falta motivación. A pesar de que el alegre mercado de la superación personal nos brinda consejos y trucos interminables sobre cómo vivir una vida mejor, más saludable y más abundante, nos cuesta poner en práctica estas técnicas. Uno de cada tres estadounidenses, por ejemplo, padece obesidad u obesidad mórbida,[14] a pesar de que tenemos acceso a una mejor nutrición a un coste menor que en cualquier otro momento de la historia. Ocho de cada diez de nosotros estamos desconectados o activamente desconectados en el trabajo, a pesar de los planes de incentivos, las estrategias de cohesión de equipos y los viernes informales (días en que los empleados pueden vestir de forma más informal) que se planifican desde los departamentos de recursos humanos. Los grandes centros deportivos admiten una cantidad de socios que supera su capacidad en un cuatrocientos por ciento sabedores de que, aparte de las dos primeras semanas de enero y un breve período antes de las vacaciones de primavera, aparecerán en sus instalaciones menos del diez por ciento de los abonados.[15] Y cuando en un estudio de la Facultad de Medicina de la Universidad de Harvard se hizo tomar conciencia a un conjunto de pacientes de que ciertas enfermedades relacionadas con el estilo de vida (la diabetes tipo 2, el tabaquismo, la aterosclerosis, etc.) los matarían si no cambiaban su comportamiento, el ochenta y siete por ciento no pudieron evitar esta sentencia.[16] Resulta que preferimos morir a cambiar.

Pero así como la ausencia de yo de un estado alterado puede acallar a nuestro crítico interno y la intemporalidad nos permite detener nuestra agitada vida, la sensación de ausencia de esfuerzo puede impulsarnos más allá de los límites de nuestra motivación habitual.

Y estamos comenzando a entender de dónde viene este impulso adicional. En el estado de *flow*, como en la mayoría de los estados que estamos examinando, seis potentes neurotransmisores (la noradrenalina, la dopamina, las endorfinas, la serotonina, la anandamida y la oxitocina) entran en juego en varias secuencias y concentraciones.[17] Todas ellas son sustancias químicas que inducen placer. De hecho, son las seis sustancias más placenteras que puede producir el cerebro, y hay muy pocas ocasiones, fuera del contexto de esos estados, en que podamos acceder a muchas de ellas a la vez. Esta es la base biológica de la ausencia de esfuerzo: «Lo hice, me sentí genial y me gustaría volver a hacerlo lo antes posible».

Cuando el psicólogo Mihály Csíkszentmihályi investigó inicialmente este estado, los sujetos con los que trabajó le dijeron en muchas ocasiones que se trataba de un estado «adictivo», y reconocieron que hacían todo lo posible para alcanzarlo una vez más. Escribe Csíkszentmihályi en su libro *Fluir*:

[La experiencia] eleva el curso de la vida a otro nivel. La alienación da paso a la implicación, el disfrute reemplaza al aburrimiento, la impotencia se convierte en una sensación de control. [...] Cuando la experiencia es intrínsecamente gratificante, la vida está justificada.[18]

Entonces, a diferencia del esfuerzo que debemos aplicar para completar las tareas pendientes de nuestra lista, una vez que una experiencia comienza a producir estas sustancias neuroquímicas no necesitamos un recordatorio en el calendario o un *coach* que nos mantenga en el camino correcto. La naturaleza intrínsecamente gratificante de la experiencia nos mantiene implicados. «Mucha gente encuentra que esta experiencia es tan grandiosa y elevada que no solo se justifica en sí misma, sino que justifica la vida misma», escribió el psicólogo Abraham Maslow en su libro *Religiones, valores y experiencias cumbre*.[19]

Esto explica por qué Silva «no podía vivir» sin acceder a estos estados y dejó un magnífico empleo en Current TV en favor de la perspectiva incierta de hacer más videos. Es por eso por lo que quienes practican deportes de acción y aventura arriesgan continuamente su vida y sus extremidades y por lo que los ascetas intercambian voluntariamente las comodidades por una oportunidad de vislumbrar a Dios. Escribió Csíkszentmihályi en *Beyond Boredom and Anxiety* [Más allá del aburrimiento y la ansiedad]:

En una cultura supuestamente regida por la búsqueda del dinero, el poder, el prestigio y el placer, es sorprendente que ciertas personas sacrifiquen todos estos objetivos sin una razón aparente. [...] Al averiguar por qué estos individuos están dispuestos a renunciar a gratificaciones materiales por la esquiva experiencia de realizar ciertos actos placenteros [...] aprendemos algo que nos permitirá hacer que la vida diaria sea más significativa.[20]

Pero no es necesario correr riesgos extremos ni renunciar a las gratificaciones materiales para experimentar este beneficio. Este se manifiesta siempre que las personas están profundamente comprometidas con un objetivo atractivo. Cuando John Hagel, cofundador del Center for the Edge (que podría traducirse como 'centro para el límite'), una rama de la prestigiosa empresa de servicios profesionales Deloitte, llevó a cabo un estudio global sobre los equipos empresariales más innovadores y eficaces del mundo —es decir, sobre los equipos más motivados del planeta—, también descubrió que «las personas y organizaciones que iban más lejos con mayor rapidez siempre eran las que estaban imbuidas de pasión y conocían "la zona"».[21]

Esta capacidad de despertar la motivación tiene amplias implicaciones. En todos los ámbitos, desde la educación hasta la atención médica y los negocios, las lagunas motivacionales nos cuestan miles de millones de dólares al año. *Sabemos* hacerlo mejor, pero parece que *no podemos* hacerlo mejor. Pero sí podemos. La ausencia de esfuerzo revierte la ética protestante del trabajo (o ética puritana) consistente en «sufrir ahora para redimirse más tarde» y la reemplaza por un impulso mucho más potente y agradable.

Riqueza

La característica final del éxtasis es la *riqueza*, entendida como la naturaleza vívida, detallada y reveladora de los estados no ordinarios. En su primer video, «Eres un receptor», Silva la explica de esta manera: «Es la inspiración creativa, o la locura divina, o ese tipo de conexión con algo más grande que nosotros mismos que nos hace sentir que entendemos la inteligencia que recorre todo el universo».[22]

Los griegos llamaron *anamnesis* a esta comprensión repentina, término que significa, literalmente, 'el olvido del olvido'. Es una potente sensación de recordar. El psicólogo del siglo XIX William James experimentó esto durante sus experimentos en la Universidad de Harvard con óxido nitroso y mescalina, y señaló que es «el fenómeno extremadamente frecuente, esa sensación repentina [...] que a veces nos invade de haber "estado ahí antes", como si en un tiempo pasado indefinido, en ese mismo lugar [...] ya hubiésemos dicho exactamente esas mismas cosas».[23] Y esta sensación de hacernos conscientes de una verdad inefable que ha estado con nosotros todo el tiempo puede parecernos profundamente significativa.

En los estados no ordinarios, la información que recibimos puede ser tan novedosa e intensa que podemos tener la sensación de que proviene de una fuente externa a nosotros. Pero si analizamos lo que sucede en el cerebro, comenzamos a ver que lo que nos parece sobrenatural puede serlo, en el sentido de que se encuentra más allá de nuestra experiencia normal, pero no más allá de nuestras capacidades reales.

A menudo, la experiencia extática* se desencadena cuando el cerebro libera noradrenalina y dopamina al organismo.[24] Estas sustancias neuroquímicas aumentan la frecuencia cardíaca y la concentración, y nos ayudan a sentarnos erguidos y prestar atención.[25] Percibimos más lo que sucede a nuestro alrededor, por lo que pasamos a tener más fácilmente disponible una información de la que normalmente estamos desconectados o que ignoramos. Y además de incrementar la atención, estas sustancias químicas amplifican las capacidades de reconocimiento de patrones que tiene el cerebro, lo cual nos ayuda a encontrar nuevos vínculos entre toda la información que recibimos.[26]

A medida que se producen estos cambios,[27] nuestras ondas cerebrales reducen su frecuencia; pasan de beta (asociadas a un estado de agitación) a alfa (asociadas a un estado de mayor calma) y entramos en un determinado estado de ensoñación: estamos relajados y alerta, y somos capaces de pasar de una idea a otra sin experimentar tanta resistencia interna. Después, partes de la corteza prefrontal empiezan a apagarse.[28] Experimentamos la ausencia del yo, la intemporalidad y la ausencia de esfuerzo de la

---

* Para explicaciones adicionales y referencias, ver las notas 24 a 33.

hipofrontalidad transitoria. Esto acalla la voz arrogante de nuestro crítico interno y atenúa las distracciones relacionadas con el pasado y el futuro. Todos estos cambios quitan de en medio los filtros que normalmente aplicamos a los datos entrantes, lo que nos permite acceder a nuevos puntos de vista y a la posibilidad de combinar de más formas las ideas.

A medida que nos adentramos aún más en el éxtasis, el cerebro puede liberar endorfinas y anandamida.[29] Ambas reducen el dolor y, por tanto, de la ecuación la distracción de la angustia física, lo que nos permite prestar aún más atención a lo que está sucediendo. La anandamida también juega otro papel importante en este contexto, y es que estimula el *pensamiento lateral*, que es la capacidad que tenemos de establecer conexiones remotas entre ideas dispares.[30] Los pósits, el Slinky (el juguete consistente en un muelle helicoidal), la boligoma, el Super Glue y otros hallazgos rompedores se produjeron cuando un inventor dio un «salto lateral» y aplicó una herramienta subestimada de una manera novedosa. En parte, esto se debe a la acción de la anandamida.

Si descendemos a un estado aún más profundo, nuestras ondas cerebrales cambian una vez más y entramos en la frecuencia *theta*, que es cuasi hipnótica; normalmente, solo producimos esta onda durante el sueño de movimientos oculares rápidos (MOR o REM, por sus siglas en inglés), e incrementa tanto la relajación como la intuición. Además, podemos experimentar una liberación de serotonina y oxitocina que nos induzca sentimientos de paz, bienestar, confianza y sociabilidad cuando comenzamos a integrar la información que se acaba de revelar.[31]

Revelar es el término apropiado. El procesamiento consciente solo puede manejar unos ciento veinte bits de información en cualquier momento dado.[32] Esto no es mucho. Escuchar a otra persona mientras habla puede requerir casi sesenta bits. Si están hablando dos personas, hasta ahí llegamos; debemos hacer uso de todo nuestro «ancho de banda». Pero si recordamos que nuestro procesamiento inconsciente puede manejar miles de millones de bits en cualquier momento dado, no necesitamos buscar fuera de nosotros para encontrar la fuente de esas revelaciones milagrosas. Tenemos *terabytes* de información a nuestra disposición; solo ocurre que no podemos aprovecharla en nuestro estado habitual.

Umwelt es el término técnico que designa el segmento de la secuencia de datos que normalmente aprehendemos.[33] Es la realidad que pueden percibir nuestros sentidos. El *umwelt* no es igual para todas las especies: por ejemplo, los perros oyen pitidos que nosotros no podemos oír. Los tiburones detectan pulsos electromagnéticos y las abejas ven la luz ultravioleta, mientras que nosotros no podemos hacerlo. El mundo físico es el mismo, los bits y *bytes* son los mismos, pero la percepción y el procesamiento son diferentes. Ahora bien, la cascada de cambios neurobiológicos que tienen lugar en los estados no ordinarios nos permite percibir y procesar en mayor medida lo que sucede a nuestro alrededor, y con mayor precisión. En estos estados, ampliamos nuestro *umwelt*. Accedemos a más datos, nuestra percepción es mayor y establecemos más conexiones. Y esto nos permite ver el éxtasis como lo que realmente es: una herramienta informática que maneja macrodatos en nuestra mente.

Soluciones retorcidas a problemas retorcidos

Ahora que nos hemos referido a los aspectos biológicos y la fenomenología subyacentes a las características AIAR, vamos a centrar nuestra atención en un par de cuestiones diferentes: así como estos estados pueden hacernos sentir mejor, ¿pueden ayudarnos a pensar mejor? ¿Nos permiten resolver problemas del mundo real estos picos de lucidez de escasa duración?

En 2013 nos invitaron a participar en el proyecto Red Bull Hacking Creativity, una iniciativa conjunta en la que están implicados, además de la empresa Red Bull, científicos del MIT Media Lab* y un grupo de miembros de la organización TED (acrónimo de Technology ['tecnología'], Entertainment ['entretenimiento'] y Design ['diseño']). Concebido por el doctor Andy Walshe, director de alto rendimiento de Red Bull (y miembro del consejo asesor del Flow Genome Project), el proyecto constituyó el mayor metaanálisis de estudios centrados en la creatividad jamás realizado; se revisaron más de treinta mil trabajos de investigación y se entrevistó a cientos de sujetos expertos en la materia, desde bailarines de *break dance* y artistas de circo hasta poetas y estrellas del *rock*. «Era un objetivo imposible –explicó Walshe–, pero pensé que si podíamos descifrar algo tan difícil de precisar como la creatividad, podríamos averiguar casi cualquier cosa después de eso».

A finales de 2016, con las fases iniciales de la investigación completadas, el estudio llegó a dos conclusiones generales. La primera, que la creatividad es esencial para resolver problemas complejos, del tipo a los que nos solemos enfrentar en un mundo acelerado. La segunda es que se obtiene muy poco éxito cuando se pretende entrenar a la gente para que sea más creativa. Y este fracaso tiene una explicación bastante simple: estamos tratando de ejercitar una habilidad, cuando lo que necesitamos ejercitar realmente es un estado mental.**

---

* N. del T.: El MIT Media Lab es un laboratorio dentro de la Escuela de Arquitectura y Planificación del Instituto de Tecnología de Massachusetts.

** N. del T.: Actualmente, Red Bull tiene en marcha el programa Red Bull Basement, de alcance mundial, que quiere «dar alas a los innovadores para que usen sus propias

La lógica convencional funciona muy bien para resolver problemas discretos a los que se pueden dar unas respuestas precisas. Pero los «problemas retorcidos»* de hoy requieren unas respuestas más creativas.[34] Estos desafíos (cuestiones tan graves como la guerra o la pobreza, o tan banales como el tráfico y las tendencias) se resisten a unas soluciones estables únicas. Si invertimos dinero, personas o tiempo en cualquiera de estos retos, tal vez solucionaremos unos síntomas, pero se generarán problemas adicionales: por ejemplo, la ayuda económica para el mundo en desarrollo a menudo genera corrupción además de proporcionar el alivio previsto, añadir más carriles a las autopistas alienta a más conductores a usarlas y se producen más atascos, librar guerras para hacer que el mundo sea más seguro puede contribuir a que sea más peligroso que nunca...

La resolución de los problemas retorcidos requiere algo más que abordar directamente los síntomas obvios. Roger Martin, de la Rotman School of Management de la Universidad de Toronto, realizó un estudio prolongado sobre líderes excepcionales, desde el entonces director general de Procter & Gamble, A. G. Lafley, hasta la coreógrafa Martha Graham, y descubrió que su capacidad de encontrar soluciones requería sostener perspectivas contrapuestas y usar esa fricción para originar nuevas ideas. Escribe Martin en su libro *The Opposable Mind* [La mente oponible]: «La capacidad de

---

habilidades técnicas para efectuar un cambio positivo en el mundo» (https://www.redbull.com/ng-en/projects/red-bull-basement).

* N. del T.: Podemos identificar un problema como retorcido o «Wicked problem» cuando la resolución de este es difícil o imposible dado que contiene factores contradictorios o cambiantes que son complicados de reconocer, o cuando dicha resolución se puede demorar en el tiempo, o cuando se requiera de soluciones particulares dada la complejidad o imposibilidad de una solución general. En realidad el problema suele venir dado en tanto en cuanto las variables que impactan en su resolución no se pueden aislar (Fuente: www. lorbada.com/blog).

afrontar constructivamente la tensión existente entre ideas opues-
tas [...] es la única forma de abordar este tipo de complejidad».[35]

Pero desarrollar la «mente oponible» de Martin no es fácil.
Uno tiene que renunciar a identificarse exclusivamente con su
propio punto de vista único. Si uno quiere ejercitar este tipo de
creatividad y esta manera de resolver problemas, las investigaciones
muestran que la lógica de la conciencia habitual consistente en elegir entre posibilidades excluyentes no es la herramienta apropiada.

Los científicos han descubierto una herramienta mejor. El
mayor procesamiento de información y la perspectiva más amplia
que proporcionan estos estados no ordinarios pueden ayudar a resolver este tipo de problemas complejos, y a menudo con mayor rapidez que los enfoques más convencionales. Pongamos el caso de la
meditación. Un estudio llevado a cabo en la década de 1990 cuyos
sujetos fueron monjes budistas tibetanos mostró que una práctica contemplativa realizada durante mucho tiempo puede producir
ondas cerebrales dentro del rango gamma.[36] Las ondas gamma son
inusuales. Surgen principalmente durante la *vinculación*, el momento en que nuevas ideas se unen por primera vez y crean nuevas vías
neuronales.[37] Experimentamos la vinculación como un *momento ajá*
o *eureka*, el signo delator que es la inspiración repentina. Esto significaba que la meditación podía mejorar la resolución de los problemas complejos, pero dado que los monjes debían dedicar más de
treinta y cuatro mil horas (unos treinta años) al desarrollo de esta
habilidad, las aplicaciones del hallazgo eran limitadas.

Entonces, los investigadores comenzaron a plantearse cuál sería el impacto de la meditación, a corto plazo, en el rendimiento
mental. Se preguntaron si era posible acortar el camino y obtener
unos resultados similares. Y resultó que sí, que era posible acor-
tarlo mucho. Los estudios iniciales mostraron que ocho semanas
de ejercicio de la meditación daban como resultado una mejora

mensurable de la concentración y la cognición; y estudios posteriores redujeron esta cantidad de tiempo a cinco semanas.[38]

Más adelante, en 2009, un equipo de psicólogos de la Universidad de Carolina del Norte descubrió que incluso cuatro días de meditación daban lugar a una mejora significativa de la atención, la memoria, la alerta, la creatividad y la flexibilidad cognitiva. El investigador principal, Fadel Zeidan, explicó esto a *Science Daily*: «En pocas palabras, las profundas mejoras que encontramos después de solo cuatro días de ejercicio de la meditación son realmente sorprendentes. [...] [Son] comparables a los resultados que se han documentado después de una ejercitación mucho más exhaustiva».[39] En lugar de pasar la noche en vela empleando dosis de cafeína para forzar un momento eureka, o de dedicar décadas a vivir como monjes, actualmente sabemos que incluso unos pocos días de ejercicio del *mindfulness* pueden aumentar considerablemente las posibilidades de tener ideas inspiradas.

En el campo de la investigación del *flow*, vemos lo mismo: estar «en la zona» incrementa significativamente la creatividad. En un estudio reciente de la Universidad de Sídney, los investigadores confiaron en la estimulación magnética transcraneal para inducir este estado; usaron un pulso magnético débil para «noquear» la corteza prefrontal y crear el estado durante un lapso de veinte a cuarenta minutos. A continuación, se dio a los sujetos una prueba clásica de resolución creativa de problemas: el problema de los nueve puntos. Se trata de conectar nueve puntos trazando cuatro líneas sin levantar el lápiz del papel en un plazo de diez minutos. En circunstancias normales, menos del cinco por ciento de la población lo logra. En el grupo de control, nadie lo consiguió. En el grupo al que se le había inducido el *flow*, el cuarenta por ciento de los sujetos conectaron los puntos en un tiempo récord, u ocho veces mejor de lo normal.[40]

Y este no es un hallazgo único. Cuando los neurocientíficos de la DARPA y Advanced Brain Monitoring utilizaron una técnica diferente (la neurorretroalimentación) para suscitar la entrada en «la zona», descubrieron que los soldados resolvían problemas complejos y dominaban nuevas habilidades hasta un cuatrocientos noventa por ciento más rápido de lo normal.[41] Es por esta razón por lo que, cuando la consultora global McKinsey realizó un estudio que abarcó diez años sobre un conjunto de empresas, descubrió que los altos ejecutivos (es decir, quienes más debían resolver «problemas retorcidos» estratégicamente significativos) afirmaron ser hasta un quinientos por ciento más productivos cuando se encontraban en «la zona».

Las investigaciones sobre las drogas psicodélicas han arrojado resultados similares. Hace varias décadas, James Fadiman, investigador de la International Foundation for Advanced Study ('fundación internacional para estudios avanzados'), con sede en Menlo Park (California), ayudó a reunir a veintisiete sujetos de prueba (principalmente ingenieros, arquitectos y matemáticos de lugares como la Universidad de Stanford y Hewlett-Packard) que tenían esto en común: durante los meses anteriores, todos ellos habían estado luchando (y fallando) para resolver algún problema muy técnico.

Los sujetos de prueba fueron divididos en grupos de cuatro, y cada grupo recibió dos sesiones de tratamiento. Algunos recibieron cincuenta microgramos de LSD; otros tomaron cien miligramos de mescalina. Ambas cantidades son microdosis, muy inferiores a las que se necesitan para producir efectos psicodélicos. A continuación, los sujetos respondieron pruebas diseñadas para medir nueve categorías de mejora del rendimiento cognitivo (desde una mayor concentración hasta la capacidad de saber cuándo se presenta la solución correcta), y se pasaron cuatro horas trabajando en sus problemas.

Todos vieron estimulada su creatividad (algunos, hasta en un doscientos por ciento), pero lo que más llamó la atención fueron las innovaciones que surgieron en el ámbito del mundo real:

El diseño de un dispositivo para dirigir el haz de partículas en los aceleradores lineales de electrones, un teorema matemático sobre los circuitos de la puerta NOR, un nuevo diseño para un microtomo vibratorio, una sonda espacial diseñada para medir propiedades solares y un nuevo modelo conceptual del fotón.[42]

Ninguno de estos logros prácticos y técnicos es el tipo de resultado que la mayoría de las personas asocian con el ámbito egocéntrico de las sustancias psicodélicas, pero se observan unos resultados similares en la encuesta actual de Fadiman sobre las microdosis entre profesionales. Con más de cuatrocientas respuestas obtenidas de individuos pertenecientes a docenas de campos, la mayoría, como explicó recientemente Fadiman, afirman que con estas microdosis son «más capaces de reconocer patrones [y] pueden ver simultáneamente más componentes del problema que están tratando de resolver».

Con esta evolución, los psicodélicos han comenzado a pasar de constituir herramientas de diversión recreativa a suplementos de mejora del rendimiento. «Hace unos cuatro o cinco años, empezó a producirse un cambio —nos dijo el autor e inversor de capital de riesgo Tim Ferriss—. Una vez que Steve Jobs y otras personas exitosas comenzaron a recomendar el uso de psicodélicos para estimular la creatividad y la resolución de problemas, el público se abrió un poco más a la posibilidad».[43]

Como explicó Ferriss en la CNN, no fue solo el cofundador de Apple quien dio el salto: «Los multimillonarios que conozco, casi sin excepción, consumen alucinógenos con regularidad.

Son personas que intentan ser muy innovadoras; observan los problemas del mundo y tratan de hacer preguntas completamente nuevas».[45]

Los problemas retorcidos son aquellos para los que no hay respuestas fáciles; nuestra lógica racional y binaria se descompone y nuestras herramientas habituales nos fallan al abordarlos. Pero la riqueza informativa asociada a un estado no ordinario nos da perspectiva y nos permite establecer conexiones donde antes no existía ninguna. Y sea cual sea la técnica que utilicemos (la ejercitación de la atención plena, la estimulación tecnológica o los preparados farmacológicos), los resultados finales son muy relevantes. Recordemos los beneficios: un aumento del doscientos por ciento en la creatividad, del cuatrocientos por ciento en el aprendizaje y del quinientos por ciento en la productividad.[45]

La creatividad, el aprendizaje y la productividad son habilidades esenciales, y estos porcentajes de mejora son enormes. Si no fueran más que el resultado de algunos estudios realizados por un par de laboratorios, serían más fáciles de descartar. Pero actualmente contamos con siete décadas de investigaciones, llevadas a cabo por cientos de científicos con miles de participantes, que muestran que cuando se trata de resolver problemas complejos, el éxtasis podría ser la «solución retorcida» que hemos estado buscando.

Capítulo tres

Por qué lo perdimos

Más allá del cercado

En 1172, los ingleses invadieron Irlanda, plantaron su bandera y construyeron una gran muralla. Esa barrera, conocida como *el cercado inglés*, definió el mundo de esos invasores.[1] Dentro de su cercado, todo era seguro, verdadero y bueno, una tierra civilizada regida por la ley y las instituciones inglesas.

Más allá del cercado, por otro lado, reinaban el caos, el asesinato y la locura. La mayoría de los que se aventuraban a salir no lograban regresar y no se sabía nada más de ellos, y los pocos que conseguían volver no siempre eran recibidos con los brazos abiertos: ya no eran de fiar; podía ser que hubiesen visto demasiado.

Si te preguntas dónde se ha estado ocultando la revolución prometeica, la respuesta podría ser esta: más allá del cercado. Esto se debe a que las experiencias que constituyen la materia de este libro se encuentran fuera de la valla perimetral de la sociedad «correcta». En lugar de contarnos historias sobre las posibilidades de los estados alterados, nos cuentan cuentos admonitorios, historias de arrogancia y excesos. Se nos recuerda el caso de Ícaro.

Este sesgo ha ensombrecido nuestra visión; ha nublado nuestro juicio y nos ha separado de partes vitales de nosotros mismos y de nuestro potencial. Para comprender mejor cómo sucedió esto, nos encontraremos con una estrella del *rock* afín a los mormones, un filósofo cíborg y un científico caído en desgracia. A través de sus historias, examinaremos tres ejemplos de nuestro cercado actual: el cercado de la Iglesia, el cercado del cuerpo y el cercado del Estado. Detallaremos las razones históricas de cada uno y analizaremos por qué comprender el papel del cercado es esencial para cualquiera que explore el éxtasis.

Comencemos con la estrella del *rock*.

El cercado de la Iglesia

James Valentine es un hombre alto y delgado que se acerca a los cuarenta años, con un cabello castaño y liso que le llega hasta los hombros, unos ojos grises azulados y una barba rala.[2] En persona, es considerado y tiene una voz suave; en el escenario, como guitarrista principal de Maroon 5, es uno de los músicos con más éxito del mundo. En los últimos quince años, rara vez ha habido un momento en que la banda no haya tenido una canción en las listas de *Billboard*.* Ha ganado casi todos los premios musicales, incluidos tres Grammy, tres People's Choice Awards y tres MTV Music Awards. Sin embargo, si un Valentine de trece años no se hubiera topado con el Espíritu Santo al tocar una primera base, nada de esto habría sucedido.

Ese encuentro tuvo lugar en 1991, en un campo de béisbol de Lincoln (Nebraska). Valentine, un miembro devoto de la Iglesia

---

* N. del T.: *Billboard* es una revista semanal estadounidense y una lista especializada en información sobre la industria musical. (Fuente: Wikipedia).

de Jesucristo de los Santos de los Últimos Días, provenía de una familia religiosa. Sus antepasados fueron mormones pioneros; se encontraban entre los primeros fieles que huyeron de la persecución religiosa en Illinois y acabaron por instalar sus caravanas en Salt Lake City (Utah). Su abuelo fue el presidente de misión para América del Sur y su tía fue secretaria del máximo líder de la Iglesia, el profeta Thomas Monson. Su padre enseñaba literatura en la Universidad Brigham Young, mientras que su hermano y sus tres hermanas habían finalizado con éxito los estudios escolares.

Se suponía que este también era el camino de Valentine. Llegaría al final de la enseñanza secundaria, iría a una misión (un período voluntario de dos años dedicado al proselitismo y la ayuda humanitaria), y después regresaría a casa para estudiar en la Universidad Brigham Young y pasarse la vida al servicio de su Iglesia. Hasta que ese partido de béisbol se interpuso.

Para entender lo que le sucedió a Valentine durante ese partido, debemos saber que los mormones creen que el Espíritu Santo puede entrar en una persona durante la oración. «El sentimiento que se experimenta cuando el Espíritu entra en uno —nos explicó Valentine—, lo que los mormones llaman *el sentimiento del Espíritu Santo*, es el núcleo de la religión. Es una sensación real, un ardor en el pecho que se convierte en una sensación de paz y conexión profundamente alegre con algo mucho más grande que uno mismo».

Sin embargo, no había absolutamente ninguna razón para que Valentine se topase con el Espíritu Santo al tocar la primera base. No hay nada especialmente sagrado en el béisbol. «No tenía ningún sentido —nos dijo—. Yo era un niño espiritual. Había tenido muchas experiencias cuando el Espíritu había entrado en mí, pero todas habían tenido lugar en la iglesia, mientras rezaba; nunca en un campo de béisbol. Fue algo increíblemente confuso. Quiero decir que, por lo que yo sabía, el Espíritu Santo no jugaba al béisbol».

Su confusión le indujo una breve crisis de fe. Pero el verdadero problema apareció más tarde ese mismo año, cuando Valentine tomó una guitarra. «Cuando empecé a tocar, también comencé a tener esas locas experiencias cumbre —nos contó—. La música era un canal directo hacia otro mundo. Y el sentimiento que tenía era exactamente como el del Espíritu Santo, el mismo con el que me encontré en la primera base, pero mucho más potente. Me dejaba atrapar por esos trances intensos durante horas. Me perdía tanto que me salía baba de la boca. Y ni siquiera me daba cuenta. Tal vez el Espíritu Santo estaba de acuerdo con el béisbol, ¿pero con el *rock*? Eso era totalmente inconcebible. Pero todo lo que ha sucedido desde entonces, toda mi carrera, ha sido un intento de perseguir este sentimiento».

El cercado del que salió Valentine para aventurarse más allá, llamémoslo *el cercado de la Iglesia*, es una barrera milenaria para quienes sienten curiosidad por los asuntos espirituales. Esta barrera divide a quienes creen que el acceso directo a Dios debe ser moderado por una élite erudita y quienes creen que este acceso debe estar disponible para cualquier persona en cualquier momento. La postura «desde arriba hacia abajo» se contrapone a la postura «desde abajo hacia arriba».

El éxtasis, administrado en pequeñas dosis por los responsables pertinentes, es una técnica tradicional para estimular la vinculación social y el control burocrático. Pero ¿qué ocurre con el éxtasis que acude a raudales y llena a cualquiera que pregunte con una certeza vibrante, sin que importe la doctrina? Esto es francamente peligroso.

En el cristianismo, esta dicotomía aparece como la tensión entre los católicos romanos que se atienen a los capítulos y versículos, y los pentecostales, que se dejan llevar por la euforia de carácter sagrado; en el islam, los solemnes imanes se contraponen a los sufíes, que practican danzas giratorias; en China, los confucianos, que se rigen por los libros, se contraponen a los taoístas, que se dejan llevar por el fluir. En todos los casos, una pequeña comunidad descubre un camino más directo hacia el conocimiento y, como prospera sin la aprobación de la ortodoxia, es perseguida por ello.

Las subculturas espirituales que «se cuelan» por la puerta del cielo tienden a enojar a sus guardianes. En el caso de Valentine, una vez que se dio cuenta de que la Iglesia no era su única vía de acceso al Espíritu Santo, pasó a depender menos de la religión organizada. A los dieciséis años, le dijo a su padre que no iría a la misión; a los dieciocho, había dejado su hogar para dedicar su vida al *rock*. Pero nada de esto fue fácil. «El cercado de la Iglesia me agarraba de verdad —admitió Valentine—. Me aterraba aventurarme más allá. No tenía una verdadera idea de lo que iba a suceder».

En comparación con muchos que vinieron antes que él, Valentine salió bastante bien parado. Históricamente, tratamos a estos buscadores con la mayor dureza posible. Consideremos el caso de Juana de Arco, la campesina francesa medieval que oyó las voces de los ángeles y llevó a su nación a la victoria en la guerra de los Cien Años.[3] Ganó batallas, lo cual desembocó en la coronación de un rey, y sacudió las estructuras políticas, militares y religiosas de Europa desde sus cimientos. Pero como era una mujer laica que afirmaba conocer la voluntad de Dios, se encontró en el lado equivocado del cercado de la Iglesia, con trágicas consecuencias para ella.

En el juicio al que la sometieron por herejía, las autoridades eclesiásticas le negaron un abogado, pusieron al jurado en su contra y enviaron amenazas de muerte al juez. Después le tendieron una trampa, pues le hicieron una pregunta imposible: «¿Crees que experimentas la gracia de Dios?».[4]

Si respondía que no, estaría admitiendo que las voces que había oído eran diabólicas, no divinas, y tendría que morir a causa de ello. Si respondía que sí, que tenía muy claro que estaba experimentando la gracia de Dios, habría violado uno de los principios básicos de la doctrina de la Iglesia, y tendría que morir por ello. Juana esquivó ambas respuestas con elegancia: «Si no estoy [en un estado de gracia], que Dios me ponga allí; y si lo estoy, que Dios me guarde».

La acusada evadió la trampa legalista que le habían tendido, y al mismo tiempo afirmó su fe irreprensible. El notario de la corte comentó que «quienes la estaban interrogando quedaron estupefactos».

Pero ni ese testimonio inspirado bastó para salvar su joven vida. El obispo que presidía el juicio reemplazó a las monjas que debían protegerla por soldados que intentaron violarla. Juana se puso pantalones de hombre para proteger su honor, y a continuación ató sus polainas, sus medias y su túnica en una especie de cinturón de castidad improvisado.

El obispo aprovechó la ocasión y la condenó por travestismo, un cargo herético menor. Había robado el fuego y la Iglesia insistió en que debía morir por ello. La quemaron en la hoguera tres veces, y para que nadie pudiera recoger una reliquia, sus cenizas fueron arrojadas al Sena.

El cercado de la Iglesia es la razón por la cual, a pesar de milenios de audaz experimentación, las ideas de los místicos rara vez sobreviven. Sus creencias son ridiculizadas y sus motivaciones desacreditadas. Y para que nadie intente seguir sus pasos, sus recetas para el éxtasis son rasgadas en pedazos y echadas al viento. Incluso cuando las religiones se basan en las revelaciones que obtuvieron sus fundadores, se desaconsejan con vehemencia los intentos de reproducir esos experimentos originales. Esta es una de las principales razones por las que no hemos advertido las posibilidades de los estados no ordinarios.

El cercado de la Iglesia nos ha estado impidiendo la visión.

El cercado del cuerpo

A finales de la década de 1990, el filósofo Andy Clark, de la Universidad de Edimburgo, estaba investigando sobre los cíborgs cuando se dio cuenta de que estábamos más cerca de esa fusión entre hombre y máquina de lo que nadie quería admitir. Si llevas un marcapasos, un implante coclear o incluso gafas, estás utilizando la tecnología para mejorar tu biología. Lo que Clark encontró extraño fue que nadie parecía darse cuenta de estos avances. Si escribimos *cyborg* en una barra de búsqueda, lo primero que aparece (en inglés) es esta definición: «Persona ficticia o hipotética cuyas habilidades físicas se extienden más allá de las limitaciones humanas normales por medio de elementos mecánicos». Pero las gafas o los teléfonos inteligentes no tienen nada de ficticio; tampoco los corazones artificiales y las extremidades biónicas.

Por lo tanto, Clark quiso saber por qué no hemos reconocido que ya nos estamos convirtiendo en cíborgs. Y se dio cuenta de que estamos limitados por una suposición cultural, llamémosla *cercado del cuerpo*, que sitúa aquello que somos (un ente biológico) por encima de lo que hacemos (los productos tecnológicos). Como explica Clark en su libro *Natural-Born Cyborgs* [Cíborgs nacidos de forma natural], «[es] el prejuicio de que todo lo que sea importante sobre mi mente depende únicamente de lo que sucede dentro del saco de piel biológico que soy, dentro de la vieja fortaleza constituida por mi piel y mi cráneo».[5] Entonces tenemos problemas para admitir que somos cíborgs, ya que la posibilidad de mejorarnos por medio de la tecnología nos parece sospechosa.

Y el prejuicio del saco de piel se extiende de las herramientas que mejoran nuestro cuerpo a las técnicas que mejoran nuestra mente. En 2012, un estudio realizado por la Asociación Estadounidense de Pediatría descubrió que uno de cada cinco estudiantes de algunas de las universidades más prestigiosas del país (las que participan en la conferencia deportiva Ivy League) estaban tomando «drogas inteligentes» para que los ayudasen a mejorar el rendimiento académico.[6] En 2015, esa cantidad había aumentado a uno de cada tres (en todos los estudiantes universitarios).[7] Casi de inmediato, hubo una reacción. Se podría pensar que esa reacción tuvo que ver con la seguridad; después de todo, la denominación *droga inteligente* se aplica al uso sin receta, no supervisado y a menudo peligroso de medicamentos para el trastorno por déficit de atención e hiperactividad (TDAH) como el *Ritalin* y el *Adderall*. Pero la salud pública no era el problema.

En noviembre de 2015, *USA Today*, *The Washington Post* y media docena de otros medios de comunicación importantes hicieron la misma pregunta: ¿es una forma de hacer trampa usar drogas inteligentes?[8] Es una pregunta peculiar. Los estudiantes usan estas sustancias porque los ayudan a concentrarse más y a trabajar más tiempo y más duramente. Es lo mismo que ofrecen una taza de café y un grupo de estudio. Pero no se considera que las reuniones de alumnos que han tomado cafeína constituyan algún tipo de trampa; entonces, ¿por qué se tiene en otra consideración a las drogas inteligentes?

O piensa en la desconfianza que sentimos hacia un tipo más controvertido de drogas «inteligentes»: las psicodélicas. Hace más de setenta años, Mircea Eliade, influyente historiador de la Universidad de Chicago, acuñó la denominación *técnicas arcaicas del éxtasis* para describir el canto, el baile, la recitación y la meditación, o todas las técnicas «originales y puras» que usaban los chamanes para alterar la conciencia.[9] Pero dejó de lado una categoría importante. Si bien los chamanes de casi todos los continentes llevan mucho tiempo utilizando plantas psicotrópicas como ciertos hongos y cactus para inducir un cambio de estado y acceder así a revelaciones inusuales, Eliade omitió este hecho, y editó la historia para resaltar lo que ocurre, exclusivamente, dentro del saco de piel. En su clásico libro *El chamanismo y las técnicas arcaicas del éxtasis* se expresa en estos términos: «Los narcóticos no son más que un sustituto vulgar de los trances "puros" [...] la imitación de un estado que el chamán ya no es capaz de alcanzar de otra manera».[10]

Entonces, tanto si estamos hablando de estudiantes que toman pastillas como de chamanes que toman psicodélicos, el prejuicio es el mismo, y tiene que ver con el esfuerzo. Estudiar toda la noche para un examen requiere trabajo, y si se toma *Adderall* parece que se esté haciendo trampa. Lo mismo ocurre con las extenuantes horas de tambores, cánticos y meditación en comparación con la transformación que, casi con seguridad, inducen las plantas que alteran la mente.

El cercado del cuerpo es ascético en esencia: si no hay dolor, no hay beneficios. Los estados alterados que surgen dentro de nosotros mismos, a través de catalizadores internos como la oración y la meditación, se consideran estables, dignos de confianza y bien merecidos. Si el objetivo es una verdadera transformación, nada tan fugaz o placentero como un estado de *flow* o una sesión con drogas psicodélicas puede sustituir décadas de oración y meditación. En su reciente éxito de ventas *Despertar*, el autor Sam Harris remarca lo siguiente: «La sabiduría máxima de la iluminación, sea lo que sea esta, no puede estar vinculada a unas experiencias fugaces. [...] Las experiencias cumbre están bien, pero la verdadera libertad debe experimentarse en la vida normal de vigilia».[11]

En otras palabras: las percepciones obtenidas desde el interior del saco de piel son válidas y verdaderas, mientras que las que se tienen fuera del saco de piel no son fiables. Las experiencias que requieren catalizadores externos, como drogas psicodélicas o inteligentes, son volátiles, poco confiables y, en última instancia, demasiado fáciles de lograr.

En 1962, tratando de resolver este debate sobre el saco de piel, Walter Pahnke realizó uno de los experimentos sobre sustancias psicodélicas más famosos de la historia.[12] Estudiante de posgrado en la Facultad de Teología de la Universidad de Harvard, Pahnke reunió a un grupo de veinte seminaristas en la capilla Marsh de la Universidad de Boston un Viernes Santo. Para ver si las drogas que alteran la mente pueden dar lugar a experiencias místicas «auténticas», le dio a la mitad del grupo psilocibina, y a la otra mitad niacina, que es un placebo activo (produce unos cambios fisiológicos similares sin inducir efectos cognitivos), y después todos entraron en la capilla para asistir al servicio del Viernes Santo.

A continuación, los sujetos calificaron el servicio en relación con varias cualidades místicas: santidad, inefabilidad, distorsión del tiempo y el espacio, y una sensación de unidad con lo divino. John Horgan nos explica los resultados en su libro *Rational Mysticism*:

> Los sujetos [a quienes se les dio psilocibina] otorgaron una puntuación mucho más alta a las cualidades místicas de sus experiencias que los miembros del grupo de control. Seis meses después, el grupo que había tomado psilocibina afirmó haber experimentado unos efectos beneficiosos persistentes sobre su actitud y comportamiento; la experiencia había vuelto más profunda su fe religiosa. [...] El experimento fue muy aclamado como prueba de que las drogas psicodélicas pueden generar unas experiencias místicas capaces de mejorar la vida de quienes las tienen.[13]

Tan capaces de mejorar la vida que, de hecho, nueve de los diez seminaristas que tomaron psilocibina terminaron siendo sacerdotes, mientras que ninguno del grupo que tomó el placebo permaneció en el camino conducente a la ordenación.

De todos modos, el prejuicio del saco de piel sigue siendo difícil de alterar. A pesar de proceder de un estudio estrictamente controlado llevado a cabo en una de las principales instituciones de los Estados Unidos, estos hallazgos no hicieron mucho para cambiar la opinión popular o el consenso académico. Y eso que ha habido investigadores que, en dos ocasiones, han reproducido el trabajo de Pahnke y lo han validado.[14] En 2002, Roland Griffiths, psicofarmacólogo de la Facultad de Medicina de la Universidad Johns Hopkins, obtuvo los mismos resultados cuando volvió a realizar el experimento sujetándose a las normas modernas relativas al doble ciego. Cuando el autor Michael Pollan le preguntó acerca de esta inusual necesidad de redundancia en un artículo publicado en *The New Yorker* en 2015, la respuesta de Griffiths fue muy explícita:

> Emana tal sentido de autoridad de la experiencia mística primaria que puede resultar amenazador para las estructuras jerárquicas existentes. De manera que acabamos demonizando estos compuestos. ¿Puedes pensar en otra área de la ciencia que sea considerada tan peligrosa y tabú que todas las investigaciones en ese ámbito cesen durante décadas? Es algo que no tiene precedentes en la ciencia moderna.[15]

Sin embargo, es importante recordar que el prejuicio del saco de piel no tiene que ver solamente con nuestra desconfianza respecto de la farmacología, tanto en relación con las drogas que ayudan a estudiar como en relación con las drogas psicodélicas. En realidad, tiene que ver con nuestra desconfianza respecto de la tecnología en general, la cual puso de manifiesto el filósofo Andy Clark a raíz de su trabajo con los cíborgs. Y dado que la tecnología que altera la conciencia está cambiando rápidamente, estos avances están aportando nuevas piedras de toque para lo que consideramos que es el éxtasis «obtenido legítimamente».

Uno de estos avances es el *casco de Dios* del neurocientífico Michael Persinger, de la Universidad Laurentian. Hace más de cincuenta años, los investigadores descubrieron que la estimulación eléctrica del lóbulo temporal derecho puede producir visiones de Dios, la percepción de presencias y otros estados alterados destacables. Persinger construyó un casco que dirige los pulsos electromagnéticos hacia esta región del cerebro.[16] Más de dos mil personas han probado el dispositivo, y la mayoría han tenido algún tipo de experiencia no ordinaria.

Hay versiones comerciales del casco de Dios disponibles en Internet, así como historias de «manitas» que están reproduciendo sus efectos básicos con poco más que algunos cables y una pila de nueve voltios. Y se habla de desarrollar una versión para el ámbito de la realidad virtual e incorporarla a videojuegos.

Otros investigadores están llevando la neurotecnología aún más lejos. Palo Alto Neuroscience, una empresa emergente de Silicon Valley, ha desarrollado un sistema que puede identificar los biomarcadores de un estado no ordinario (es decir, las ondas cerebrales, la variabilidad del ritmo cardíaco y la respuesta galvánica de la piel) y usar la neurorretroalimentación para conducirnos de nuevo a ese estado más tarde. Los meditadores entrenados, como los monjes tibetanos, pueden llegar a un estado trascendental, y la máquina registrará su perfil. Pronto, cuando la tecnología esté más avanzada, un novato podrá ponerse el dispositivo y utilizar estos biomarcadores para orientarse hacia la misma experiencia.[17]

Pero si seguimos insistiendo en que las drogas inteligentes y psicodélicas son una forma de hacer trampa, ¿qué sucede cuando los límites entre nosotros y nuestras herramientas se siguen difuminando? A medida que las actualizaciones tecnológicas y las modificaciones a nuestro estado interno se van volviendo cada vez más comunes, ¿qué ocurre con el cercado del cuerpo cuando cantidades significativas de población comienzan a encontrar a Dios en la máquina?

El cercado del Estado

En 2008, una mujer de mediana edad entró en la consulta de David Nutt en Bristol (Inglaterra). Nutt es psiquiatra y psicofarmacólogo especializado en el tratamiento de traumas cerebrales, y esa mujer necesitaba ayuda. Una grave lesión en la cabeza le había ocasionado un cambio de personalidad drástico. Había perdido por completo la capacidad de sentir placer y se había vuelto impulsiva, ansiosa y, ocasionalmente, violenta. Las cosas habían empeorado tanto que ya no podía trabajar, sus hijos habían sido colocados en hogares de acogida e incluso en su pub local se habían hartado de ella; le habían prohibido volver a entrar nunca más a causa de su mal comportamiento con el personal.

Nutt estaba familiarizado con los traumatismos cerebrales graves, pero en la mayoría de los casos que había visto tenía un papel el consumo excesivo de drogas. Sin embargo, esa mujer no consumía drogas; su lesión se había producido mientras practicaba la equitación. Como la mayoría de las personas, Nutt suponía que montar a caballo era un pasatiempo seguro, pero cuando revisó los datos, se sorprendió al descubrir que ese deporte producía lesiones graves o la muerte en una de cada trescientas cincuenta salidas.

En ese momento, Nutt también era el presidente del British Advisory Council on the Misuse of Drugs ('consejo asesor británico sobre el uso indebido de las drogas'). Parte de su trabajo consistía en evaluar y clasificar los daños ocasionados por varias sustancias e informar de esos hallazgos al Gobierno y al público. En esos tiempos (finales de la década de 2000), la sustancia que estaba recibiendo más atención era la MDMA (la droga conocida como éxtasis). Impulsada por la cultura *rave*, esta droga se había extendido por Inglaterra como un incendio forestal. La prensa había estado hablando de ella en términos epidémicos y los políticos la vilipendiaban como el enemigo público número uno. Nutt no estaba tan seguro.

Tras conocer a esa mujer, efectuó un cálculo aproximado de las lesiones y muertes causadas por la equitación (práctica que *rebautizó* como «equítasis»*) en comparación con las producidas por la MDMA. Pero incluso descartando los costes del consumo de drogas como la adicción, los comportamientos violentos y los accidentes de tráfico, sus números mostraron que los peligros del *equítasis* y el éxtasis estaban separados por varios órdenes de magnitud. Nutt encontró diez mil eventos adversos por cada sesenta millones de tabletas de MDMA consumidas, es decir, uno por cada seis mil pastillas ingeridas. Comparó esta cifra con la de un evento adverso por cada trescientas cincuenta salidas a caballo y publicó los resultados.[18]

Los titulares de todo el país lo anunciaron:[19] «Médico asesor británico afirma que el éxtasis es más seguro que montar a caballo». La prensa sensacionalista hizo su agosto. Internet se hizo eco de la historia y las dos cámaras del Parlamento no tardaron en debatir acaloradamente el tema. No hubo transcurrido una semana cuando Nutt tuvo que presentarse ante el ministro del Interior, quien lo reprendió públicamente por sus comentarios irresponsables e incendiarios.

---

* N. de la E.: *Equasy* en el original. Parece tratarse de un juego de palabras a partir del cual Nutt ideó un nuevo término mediante la fusión de equitación (*equestrianism*) y éxtasis (*ectasy*). Siguiendo el juego, hemos optado por adaptarlo como «equítasis».

Sin embargo, para Nutt, lo que dijo no era incendiario; solo eran los hechos. Veamos lo que explicó en su éxito de ventas de 2012 titulado *Drugs —Without the Hot Air* [Las drogas, dejando de lado la palabrería]:

> El éxtasis es una droga dañina, ¿pero hasta qué punto? ¿Tan dañina como beber dos litros y medio de cerveza? ¿Tan dañina como ir en moto? David Spiegelhalter, profesor de Comunicación de Riesgos en la Universidad de Cambridge, calculó que tomar una píldora de éxtasis es tan peligroso como recorrer unos nueve kilómetros y medio en moto, o treinta y dos kilómetros en bicicleta. Este tipo de comparaciones son útiles porque pueden ayudar a las personas a tomar decisiones sobre su comportamiento a partir de evaluaciones realistas de los riesgos. Los políticos, sin embargo, son muy reticentes a ellas.[20]

Decir que son «muy reticentes» es una forma suave de expresarlo. El intercambio de impresiones que tuvo lugar entre Nutt y el ministro del Interior es digno de un dúo cómico:

Ministro del Interior: *No puedes comparar los daños derivados de una actividad ilegal con los derivados de una actividad legal.*

Nutt: ¿Por qué no?

Ministro del Interior: *Porque una de ellas es ilegal.*

Nutt: ¿Por qué es ilegal?

Ministro del Interior: *Porque es dañina.*

Nutt: ¿No deberíamos comparar los daños para determinar si debe ser ilegal?

Ministro del Interior: *No se pueden comparar los daños derivados de una actividad ilegal con los derivados de una actividad legal.*[21]

Después de la audiencia, Nutt tuvo claro que el Gobierno británico no estaba interesado en las comparaciones basadas en datos. Pero ese cálculo le hizo pensar. Decidió evaluar veinte de las sustancias más comunes de las que se abusa en relación con nueve categorías de daño diferentes, que incluían el impacto físico, el mental y el social.

Un análisis rápido de las clasificaciones basadas en los datos de Nutt confirma las sospechas de muchos: las drogas como la heroína, el *crack* y la metanfetamina ocupan un lugar destacado en la lista de las sustancias tóxicas. No hay dudas al respecto; son realmente malas para ti y para quienes te rodean. Pero aunque la heroína es tan destructiva que reclama el segundo puesto, sigue estando por detrás del flagelo número uno: el alcohol. Y el tabaco, otro elemento básico legal de la vida moderna, ocupa el sexto lugar en la lista de Nutt; está dos posiciones por delante de la marihuana, y justo detrás de la cocaína y la metanfetamina. ¿Y qué hay de la MDMA, ese supuesto enemigo público número uno? Apenas entró en la lista; ocupaba el número diecisiete, justo por delante del LSD y los hongos alucinógenos, que estaban en las posiciones dieciocho y veinte respectivamente. Entonces, aunque estas sustancias son posiblemente nuestras drogas más «temidas», cuando Nutt examinó los hechos, vio que ni siquiera se acercaban a las más «dañinas».

Nutt habló de este trabajo en una conferencia que impartió en el King's College de Londres. Esta vez, la combinación del carácter sensacionalista del tema y el apetito insaciable de los medios por las listas de los diez primeros elementos de lo que sea creó la tormenta viral perfecta. Todos los medios, desde *The Guardian* hasta *The Economist*, acogieron la historia. La prensa redujo los datos a un titular: «¡Asesor del Gobierno dice que el alcohol es más peligroso que el LSD!».[22]

Nutt volvía a estar en la cuerda floja, que esta vez estaba más floja que nunca. Un portavoz del Ministerio del Interior hizo esta declaración pública: «El ministro del Interior expresó sorpresa y decepción por los comentarios del profesor Nutt, que dañan los esfuerzos que se están realizando para dar al público un mensaje claro sobre los peligros asociados a las drogas». Unos días después, Nutt fue relevado de su puesto como «zar de las drogas», y pasó a convertirse, para siempre, en «el científico que fue despedido».

Pero esto plantea una pregunta importante: ¿por qué perdió Nutt su empleo? Después de todo, había sido contratado para proporcionar un mensaje basado en las pruebas sobre el grado en que eran nocivas las drogas, y había hecho exactamente eso. De hecho, había efectuado un trabajo tan sólido que *The Lancet*, una de las revistas médicas más prestigiosas del mundo, publicó sus hallazgos. Sin embargo, el asunto no tuvo nada que ver con la calidad de su investigación. Nutt había roto otro tipo de barrera: el cercado del Estado.

En términos muy simples, los estados de conciencia que preferimos son aquellos que refuerzan los valores culturales establecidos. Entronizamos estos estados desde el punto de vista social, económico y legal. Es decir, tenemos *estados de conciencia autorizados por el Estado*. Los estados alterados que subvierten estos valores son perseguidos, y las personas que los disfrutan son marginadas.

Pongamos el caso del *Ritalin* y el *Adderall*, los fármacos para el TDAH que son consumidos como si fuesen dulces por parte de estudiantes tan jóvenes como los que asisten a la escuela primaria. Estas drogas ni siquiera aparecen en la lista de Nutt, mientras que la metanfetamina se encuentra entre las cinco primeras. Pero son esencialmente la misma sustancia. Explica el periodista Alexander Zaitchik en la revista *Vice*:

Aparte de un poco de materia residual no deseada en la mezcla final, la metanfetamina de Winnebago y la anfetamina farmacéutica son primas hermanas. La diferencia entre ambas se reduce a una molécula del grupo metilo que permite que la metanfetamina cruce un poco más deprisa la barrera hematoencefálica y tenga un efecto un poco más fuerte. Después de eso, la metanfetamina se descompone rápidamente en la buena y vieja dextroanfetamina, que es la sal predominante en el *Adderall* (el medicamento que se consume para combatir el TDAH y potenciar el estudio intensivo en los Estados Unidos).[23]

Sin embargo, nuestra actitud hacia estas sustancias es marcadamente diferente, según si consideramos que se encuentran dentro o fuera del cercado. Los 1,2 millones de estadounidenses que probaron la metanfetamina en 2012 estaban desafiando la ley, mientras que los 4,4 millones de *niños* estadounidenses que tomaron medicamentos para el TDAH se estaban esforzando por ser mejores estudiantes.[24] Las drogas son las mismas, pero los contextos son diferentes. Una es fabricada por grandes compañías farmacéuticas y dispensada con entusiasmo por los médicos convencionales, mientras que la otra se cocina en caravanas y se vende en las esquinas.

O consideremos el caso de tres sustancias que se encuentran directamente dentro del cercado del Estado: la cafeína, la nicotina y el alcohol. El descanso para tomar café, el descanso para fumar y la ingesta de cócteles al salir del trabajo son los rituales vinculados a drogas más culturalmente consagrados de la era moderna, a pesar de que dos de los tres están vinculados a sustancias que se encuentran entre las diez más perjudiciales en el *ranking* de Nutt. Apenas hay un solo lugar de trabajo en el mundo occidental que, al menos informalmente, no respalde esta tríada. Y por buenas razones: una

economía de mercado afinada de manera óptima necesita empleados atentos que trabajen lo más posible durante el mayor tiempo
posible. Por lo tanto, los tiempos de descanso dedicados al consumo de estimulantes (es decir, la pausa para el café y, hoy en día, la
pausa para el cigarrillo electrónico) están aprobados institucional-
mente y cuentan con un gran respaldo social.

¿Y qué hay de los cócteles? Sin los efectos calmantes del alcohol, la estimulación inducida por los cigarrillos y el café induciría
una crisis nerviosa al cabo de quince días. Si incorporamos un poco
de alcohol de vez en cuando, obtendremos un ciclo de estimula-
ción-concentración-descompresión finamente ajustado que enca-
jará con los objetivos económicos. Melissa Gregg, investigadora de
Intel y autora, explica lo siguiente en la revista *The Atlantic*:

> En el competitivo entorno empresarial, no es extraño que los tra-
> bajadores recurran a drogas estimuladoras del rendimiento. [...]
> Cuando tantos trabajos requieren de la interconexión social, es-
> tas sustancias potenciadoras del estado de ánimo constituyen un
> complemento natural a la jornada laboral después de las cinco de
> la tarde. En un mundo siempre activo, la credibilidad profesional
> implica una mezcla juiciosa de la cantidad apropiada de elementos
> estimulantes y relajantes para seguir siendo cautivadora.[25]

Puesto que estas sustancias nos impulsan a seguir adelante, siguen instaladas dentro de la cerca perimetral de la sociedad, independientemente de lo que digan de ellas los estudios pertinentes.

Y esta cerca es la verdadera razón por la que Nutt perdió su
trabajo. Aunque la información que presentó era rigurosa, médica y objetiva, iba en contra de las normas y políticas establecidas.
Amenazaba los canales de manifestación de la conciencia aprobados y las sustancias que los respaldan. Nutt se aventuró más allá del

cercado del Estado y terminó, profesionalmente, quemado en la hoguera.

Flautistas, cultos y comunistas

Hamelín es una ciudad de unos cincuenta mil habitantes ubicada entre colinas en la parte central de Alemania. Los edificios son de piedra arenisca con entramados de madera, los carriles son estrechos y sinuosos, las cervecerías al aire libre son acogedoras. Y no nos olvidemos de las ratas. En Hamelín, las ratas están en todas partes: en fotos, en pinturas, representadas en las vidrieras de la iglesia de ochocientos años de la ciudad... Todas las panaderías las venden: hay pasteles, pastelitos y hogazas de pan en forma de rata. Están disponibles como recuerdos y llaveros. Son los habitantes más famosos de la ciudad. Su historia se remonta a mil años atrás y la volvieron a contar Goethe, los hermanos Grimm y el poeta Robert Browning; y constituye una advertencia para padres e hijos por igual.[26]

Según el Manuscrito de Lüneburg,[27] el único relato escrito del suceso real, en 1284 Hamelín estaba sufriendo una plaga de roedores cuando apareció un juglar errante con una flauta mágica. Afirmó ser un cazador de ratas y estaba dispuesto a librar a la ciudad de su problema, pero por un precio. Los lugareños lo aceptaron y el flautista se puso manos a la obra. Tocó su flauta y cautivó a las ratas, que lo siguieron más allá de las puertas principales de la ciudad, hasta el río y hasta el agua, donde, incapaces de liberarse del poder de la música, se ahogaron.

El flautista hizo bien su trabajo; el problema era el precio. Los lugareños se negaron a pagarle. Entonces se marchó enfurecido, prometiendo vengarse. Unos meses más tarde regresó, pero esta vez, cuando tocó la flauta, no fueron las ratas las que lo siguieron, sino los niños.

Los ciudadanos de Hamelín hicieron constar su pérdida en el registro de la ciudad, y pasaron a fechar todos sus decretos tomando como referencia el día y el año en que se produjo la tragedia. Incluso hoy sigue estando visible la inscripción en el Ayuntamiento de Hamelín:

EN EL AÑO 1284 DESPUÉS DEL NACIMIENTO DE CRISTO, SE LLEVARON A CIENTO TREINTA NIÑOS DE HAMELÍN, NACIDOS EN ESTE LUGAR. EL FLAUTISTA LOS LLEVÓ A UNA MONTAÑA.

Los historiadores continúan debatiendo la historia del flautista de Hamelín. Las primeras interpretaciones sostenían que las ratas eran portadoras de la peste, y que esa era la historia de una epidemia. Otros han argumentado que era una historia de reclutamiento forzado para una Cruzada infantil. Unos pocos estudiosos se han centrado en un detalle singular, esa flauta mágica a cuya melodía nadie puede resistirse, y han argumentado que podría tratarse de una historia sobre la atracción irresistible de la música, la danza y el trance, contra la cual la severa Iglesia medieval no pudo competir. Entonces, aunque generalmente concebimos un sentido edificante en la historia del flautista de Hamelín, el de que conviene pagar las deudas y ser fieles a la palabra dada, en realidad podría constituir una advertencia sobre el atractivo del éxtasis.

No es un aviso que haya que tomarse a la ligera. La historia está llena de «cuentos» de exploraciones del éxtasis que acabaron mal. Pensemos en lo que pasó en la década de 1960. Ken Kesey sacó el LSD de un laboratorio de investigación de la Universidad de Stanford y se desató el infierno psicodélico, representado por las coloridas camisetas *tie-dye*. Lo mismo sucedió con la revolución sexual de los años setenta: lo que comenzó como una búsqueda de liberación personal terminó en altas tasas de insatisfacción matrimonial y divorcio. Y la cultura *rave* de los años noventa, que combinó las drogas sintéticas con la música electrónica, sucumbió víctima de una serie de restricciones legales cada vez más estrictas, las visitas a Urgencias y las noticias sensacionalistas.

Esto nos lleva a la razón final por la cual la revolución del robo del fuego ha permanecido oculta a la vista: casi cada vez que nos adentramos en este terreno, alguien se pierde. Por definición, el éxtasis hace que la «navegación» sea complicada. El término significa 'fuera de nuestras cabezas', y este *fuera* no siempre es agradable. Estos estados pueden ser desestabilizadores. Es por eso por lo que los psicólogos usan denominaciones como *muerte del ego* para describir las experiencias. «[Es] una sensación de aniquilación total —escribe el psiquiatra Stanislav Grof en su libro *The Adventure of Self-Discovery* [La aventura del autodescubrimiento]—. Esta experiencia de muerte del ego parece implicar una destrucción instantánea y despiadada de todos los puntos de referencia anteriores que tenía el individuo en su vida».[28] En resumen: Alicia no deambuló por el País de las Maravillas, sino que se cayó por la madriguera del conejo.

Para empeorar las cosas, estas experiencias son atractivas. A veces regresamos a ellas más a menudo de lo que deberíamos. Los cuatro billones de dólares que mueve la economía de los estados alterados es un claro testimonio de la profundidad de este deseo. Entonces, aunque hemos pintado a los guardianes del cercado desde una perspectiva algo reaccionaria, reconozcamos también, ahora, el mérito de su labor. Porque lo que hay más allá del cercado no siempre es seguro. Más allá de la modalidad de conciencia aprobada por el Estado hay, sin duda, picos de revelaciones e inspiraciones profundas. Pero también están los pantanos de la adicción, la superstición y el pensamiento de grupo, en los que pueden quedarse atrapados quienes no estén preparados.

Por esta razón, la mayoría de la gente no se aventura sola ahí fuera. Buscamos a otras personas que hayan ido por ese camino antes que nosotros; queremos orientación y liderazgo. Pero como ilustra la historia del flautista de Hamelín, no todos quienes nos llevan más allá de ese cercado piensan en nuestro mayor bien.

El pasado siglo estuvo lleno de «cuentos» admonitorios. Bhagwan Shree Rajneesh y sus seguidores bioterroristas, Marshall Applewhite y los suicidios de Heaven Gate y Charles Manson y los asesinatos de Tate-LaBianca son ejemplos bien conocidos. Y hay muchos otros. La combinación de unas experiencias atractivas y unos gurús con pies de barro es una receta desastrosa.

No es de extrañar que los padres de la década de 1960 abrazaran con fuerza a sus hijos cuando se marchaban a California (o Bali o Maui) con flores en el pelo. Realmente no se sabía si el próximo sabio iluminado sería un charlatán, un demagogo o ambas cosas. Era mejor no salir nunca del cercado que correr este riesgo. ¿No es por eso por lo que Timothy Leary, profesor de la Universidad de Harvard, cuyo crimen más grande fue decirles a los estudiantes universitarios que se activasen (*turn out*), sintonizasen (*turn in*) y abandonasen (*drop out*),[*] terminó siendo calificado por

---

[*] N. del T.: Las palabras «*turn out, turn in, drop out*», pronunciadas por Leary en un discurso, se volvieron muy célebres en la época. Leary explica en su autobiografía, *Flashbacks*, de 1983: «*Turn out* significaba ir hacia dentro para activar el propio equipo neuronal y genético; ser sensible a los muchos y diversos niveles de conciencia y a sus desencadenantes específicos. Las drogas eran una forma de lograr este fin. *Turn in* significaba interactuar armoniosamente con el mundo de alrededor: exteriorizar, materializar, expresar las nuevas perspectivas internas. *Drop out* indicaba un proceso activo, selectivo y elegante de desapego respecto de los compromisos involuntarios o inconscientes. *Drop out* significaba la autosuficiencia, el descubrimiento de la singularidad, el compromiso con la movilidad, la elección y el cambio. Lamentablemente, mis explicaciones de esta secuencia de desarrollo personal a menudo se malinterpretan y se cree que significan 'drógate y abandona toda actividad constructiva'».

el presidente Richard Nixon como «el hombre más peligroso de los Estados Unidos»?

El peligro no es solo la falta de escrúpulos de los líderes; también el poder de las herramientas que manejan. Durante el éxtasis, nuestra sensación de ser un «yo» individual es reemplazada por la sensación de ser un colectivo, un «nosotros». Y esto no solo sucede en pequeños grupos como los SEAL cuando llevan a cabo operaciones nocturnas o con los miembros de Google que acuden a un festival en el desierto. Esta sensación también surge en los grandes mítines políticos, los conciertos de *rock* y los eventos deportivos. Es una de las razones por las cuales las personas realizan peregrinaciones espirituales y las megaiglesias evangélicas están en auge (con más de seis millones de asistentes cada domingo).[29] Reúne a un gran grupo de individuos, implementa un conjunto de técnicas de fusión mental y, de repente, la conciencia de todos estará haciendo la ola.

Communitas es el término que usó Victor Turner, antropólogo de la Universidad de Chicago, para describir esta sensación de unidad extática.[30] Este sentimiento hace más estrechos los lazos sociales y enciende una pasión duradera, del tipo que nos permite unirnos para planificar, organizar y afrontar grandes desafíos. Pero es una espada de doble filo. Cuando nos perdemos y nos fusionamos con el grupo, corremos el peligro de perder demasiado de nosotros mismos. Nuestro preciado individualismo racional corre el riesgo de ser superado por el poder del espíritu colectivo irracional. Así fue como los ideales de la Revolución francesa derivaron en la sangrienta oclocracia del Reinado del Terror. Por eso, argumentó Turner, la *communitas* es demasiado potente como para que se desate sin contar con los controles y equilibrios adecuados: «Las exageraciones de la *communitas*, en ciertos movimientos religiosos o políticos del tipo que buscan la igualdad uniforme, pueden ser seguidas rápidamente por el despotismo».[31]

En la década de 1930, Adolf Hitler proporcionó un ejemplo aterrador de esto, al apropiarse de técnicas tradicionales inductoras del éxtasis (la luz, el sonido, el canto, el movimiento) para desplegarlas en sus mítines de Nuremberg. Hearst William Shirer, periodista de la multinacional Hearst, escribió estas palabras en 1934:

> Estoy empezando a comprender algunas de las razones del sorprendente éxito de Hitler. Tomando prestado un capítulo de la Iglesia católica, está volviendo a llevar el boato [...] y el misticismo a las monótonas vidas de los alemanes del siglo xx.[32]

Y Hitler no solo estaba tomando prestados elementos de la Iglesia católica, sino también de los Estados Unidos, según Ernst Hanfstaengl, confidente del Führer:

> [...] [el saludo] *Sieg Heil* utilizado en los mítines políticos era una copia directa de la técnica utilizada por las animadoras del fútbol americano. La música del tipo «universidad estadounidense» se usó para excitar a las masas alemanas, que estaban acostumbradas [...] a los discursos políticos áridos.[33]

Hitler no fue el único déspota del siglo xx que confió en estas técnicas. Stalin, Mao Zedong y Pol Pot promocionaron lo mismo: una «utopía del nosotros», la experiencia del *communitas* a gran escala. Incluso lo alentaron de la misma manera, con discursos casi idénticos: *El individualismo se ha acabado. Todos somos uno. Nadie es mejor que nadie. Cualquiera que no esté de acuerdo será fusilado, encarcelado o «rehabilitado»*. Como dijo Nietzsche, «la locura es poco frecuente en los individuos, pero en los grupos, los partidos políticos, las naciones y las épocas, es la regla». Y en los grupos que entran en éxtasis, es prácticamente inevitable.

Entonces, ¿por qué nos hemos perdido una revolución en cuanto a las posibilidades humanas?

Porque los estados alterados han transformado, claramente, varios Estados. Porque los flautistas, los cultos y los comunistas nos asustan. Porque el impulso de salir de nuestras cabezas ha terminado en tragedia tan a menudo como en experiencias de éxtasis. Porque el cercado nos protege tanto como nos confina. Porque nadie quiere terminar como los niños de Hamelín, que fueron atraídos más allá de la seguridad que les brindaban los muros de la ciudad y nunca más se supo de ellos.

SEGUNDA PARTE

Las cuatro fuerzas del éxtasis

Nadie baila encontrándose sobrio, a menos que esté loco.

Cicerón

Capítulo cuatro

Psicología

De la credulidad a la transformación

En la Edad Media, los sacerdotes se quejaban habitualmente de que sus feligreses cabecearan en la iglesia. Aun así, a pesar de las congestionadas bancas y los sermones ininteligibles, los feligreses se aseguraban de estar despiertos durante la parte más interesante del servicio: la milagrosa transformación del pan y el vino en el cuerpo y la sangre de Cristo. En ese momento exacto, el sacerdote pronunciaba un potente encantamiento, que sonaba como *hocus pocus*, y se obraba la magia. John Tillotson, arzobispo de Canterbury, señaló en el siglo XVII que «con toda probabilidad [...] *hocus pocus* no es más que una distorsión de *hoc est corpus* ('este es el cuerpo'), [una] imitación ridícula de los sacerdotes de la Iglesia».[1]

Al no saber latín, los campesinos distorsionaron la traducción, y proporcionaron a los futuros magos un eslogan que ha perdurado a lo largo de los siglos.* Pero en 1439 Johannes Gutenberg inventó la imprenta, lo cual dio a los fieles la oportunidad de leer la Biblia en su propio idioma. En lugar de tener que seguir dependiendo del

---

* N. del T.: En el habla inglesa, *hocus pocus* es el equivalente a *abracadabra*.

clero, de pronto los laicos pudieron debatir e interpretar las Escrituras y sacar sus propias conclusiones. Esto minó el control de la Iglesia sobre la Europa del Renacimiento y allanó el camino a las reformas y revoluciones.

Hoy en día está ocurriendo algo similar. Gracias a los avances acelerados en cuatro campos –la psicología, la neurobiología, la farmacología y la tecnología, a los que vamos a llamar *las cuatro fuerzas del éxtasis*–, podemos acceder más a los estados de conciencia no ordinarios y comprenderlos mejor. Estas fuerzas nos dan la oportunidad de estudiar, debatir, rechazar y revisar las creencias que albergamos desde hace mucho tiempo. Estamos traduciendo con mayor precisión y estamos aprendiendo a confiar menos en el *hocus pocus* y la superstición, y más en la ciencia y la experiencia.

Los avances en el campo de la psicología nos han dado una mejor idea de nuestro propio desarrollo y, con ello, espacio para ir más allá de la identidad socialmente definida. Salir del «traje de mono» de la conciencia de vigilia ya no significa arriesgarse al ridículo o la locura. Las etapas superiores del desarrollo personal han sido desmitificadas. Ahora tenemos los modelos necesarios, basados en datos, para transitar por este terreno anteriormente desconocido, y contamos con unos marcos más claros para encontrarle sentido al viaje.

Los progresos en el campo de la neurobiología, mientras tanto, han aclarado lo que ocurre en nuestro cerebro y el resto de nuestro cuerpo cuando estamos experimentando diversos estados mentales. Esta perspectiva afinada nos permite prescindir de las interpretaciones de los anteriores «guardianes de los cercados» y comprender, en términos simples y racionales, la mecánica de la trascendencia. Y a diferencia de los dictados de fe de las mitologías tradicionales, los descubrimientos de la neurobiología son comprobables.

La farmacología nos brinda otra herramienta para explorar este terreno. Al abordar las seis potentes sustancias neuroquímicas que sustentan el éxtasis como «materias primas», hemos comenzado a perfeccionar las recetas de las experiencias cumbre. Estamos traduciendo el libro de recetas que explica cómo elaborar el ciceón, lo que nos permite ajustar estos estados con mayor precisión y acceder a ellos «a la carta».

Nuestra última fuerza, la tecnología, hace que este acceso esté disponible a gran escala. Tanto si utilizamos la neurorretroalimentación para lograr el estado de *flow* como si acudimos a la realidad virtual para experimentar asombro, estos adelantos hacen que lo que antes eran estados que se vivían en solitario sean, hoy, experiencias que pueden ser compartidas por cientos de miles de personas a la vez. Y el hecho de que haya más individuos que tengan más experiencias significa que se cuenta con más datos y se puede llegar a unas conclusiones más sólidas.

Combinadas, estas fuerzas nos dan una visión sin precedentes del rango superior de la experiencia humana. En la segunda parte de este libro, las examinaremos en detalle para ver de dónde provienen y por qué son importantes. Nos encontraremos con los innovadores y expertos que se hallan a la vanguardia de este movimiento, un conjunto inusitado de artistas digitales, *hackers* de la conciencia, terapeutas sexuales y químicos moleculares, por nombrar algunos, que están aprovechando estas cuatro fuerzas para impulsar el cambio en el mundo real. Al democratizar el acceso a algunos de los terrenos más controvertidos e incomprendidos de la historia, estos «Gutenbergs» modernos están tomando ciertas experiencias que antes estaban reservadas a los místicos y las están poniendo a disposición de las masas.

La campana toca para ti[*]

En febrero de 2009, Oprah Winfrey se asoció con Eckhart Tolle para crear *Oprah y Eckhart: A New Earth*, una serie de diez videos *on-line* dedicada a las ideas no tradicionales que tiene Tolle acerca de la espiritualidad.[2] Once millones de personas de ciento treinta y nueve países se conectaron para ver los videos. Las grandes marcas Chevy (Chevrolet), Skype y Post-it patrocinaron la serie. *A New Earth* [Una nueva tierra] atrajo a diez millones de personas, ochocientas mil más de las que acudieron a Nueva York en la última visita del papa y nueve millones más de las que participaron en la mayor peregrinación a La Meca (*hajj*) registrada, lo cual convirtió esta retransmisión por Internet en una de las diez mayores «reuniones espirituales» de la historia.[3]

Sin embargo, Tolle sigue siendo un candidato inusual a «gurú del siglo». Creció entre los escombros de la Alemania de la posguerra, y era presa de una gran ansiedad e importantes depresiones. A los diez años, consideró la posibilidad de suicidarse. A los veintinueve, mientras se estaba doctorando en Filosofía en la Universidad de Cambridge, tuvo un gran despertar espiritual.

Tolle dejó la universidad y durante los dos años siguientes estuvo sin hogar, principalmente sentado en un banco, en un parque del centro de Londres. Pasó el tiempo experimentando una dicha casi constante, un estado de unidad con el universo que, según afirma, no lo ha abandonado.[4]

En términos espirituales, Eckhart Tolle se encontró con la iluminación de forma repentina. En el lenguaje de este libro, estabilizó el éxtasis, y logró así que la experiencia temporal del estado no

---

[*] N. del T.: En inglés, *toll* ('toca') es una palabra muy próxima al apellido del protagonista de este apartado, Eckhart Tolle. De hecho, el título de este apartado en inglés es *The Bell Tolles for Thee*, cuya traducción literal sería más bien 'la campana *tolla* por ti'.

ordinario consistente en la ausencia del yo, la intemporalidad y la ausencia de esfuerzo pasase a formar parte de su realidad de forma permanente. Pero una o dos décadas atrás, los psiquiatras tradicionales podrían haber evaluado su caso de manera muy diferente. Habrían metido a Tolle en una celda acolchada, lo habrían sedado con clorpromazina y le habrían administrado una dosis constante de terapia de electrochoque. En lugar de ello, se unió a Oprah para ofrecer su humilde discurso sobre la conciencia no dual a millones de buscadores de todo el mundo.

Lo que está predicando Tolle es nada menos que el Evangelio del AIAR. Su argumento central es que a través de la experiencia de la ausencia del yo, la intemporalidad y la ausencia de esfuerzo –lo que llama «el poder del ahora»–, podemos vivir en un lugar en el que hay una riqueza ilimitada. Y, a juzgar por la popularidad de la que gozó esa retransmisión por Internet, esta idea resuena en millones de personas.

Esto nos lleva a una pregunta importante: ¿cómo sucedió todo esto? ¿Cómo hemos pasado de un hombre al que habrían recluido por considerarlo clínicamente loco hace unas décadas a la situación actual, en la que ese mismo hombre ha protagonizado uno de los encuentros espirituales más grandes de la historia?

Para responder a esta cuestión, debemos comprender cómo la psicología ha llegado a ser una fuerza favorable al éxtasis. Comenzaremos con historias relativas a los orígenes; veremos cómo el movimiento del potencial humano amplió el vocabulario referente a la experiencia interna y después llevó ese vocabulario a la sociedad en general. Un vistazo bajo las sábanas de una revolución sexual del siglo XXI nos llevará a explorar cómo un repertorio más rico de lo que son prácticas aceptables ha permitido acceder a más personas que nunca a los estados no ordinarios. A continuación, examinaremos cómo algunos investigadores están utilizando las experiencias cumbre para sanar el trauma en pacientes terminales y en super-vivientes de abusos y guerras. Finalmente, veremos cómo ciertos científicos han comenzado a integrar las ideas sobre el éxtasis en un modelo riguroso de la psicología humana que muestra que los estados alterados no solo nos hacen sentir mejor durante un momento, sino que pueden impulsar nuestro desarrollo durante toda nuestra vida. Para empezar, tenemos que situarnos unos setenta años atrás...

Unos hombres locos

Al finalizar la Segunda Guerra Mundial, nuestro concepto del yo, de quiénes éramos en realidad, no tenía mucho alcance. Con los recortes de cartón de Organization Man por un lado y Betty Home-maker por el otro, nuestro sentido del yo se había acotado casi hasta el punto de la caricatura.* Las estrellas de Hollywood como Gary Cooper y John Wayne personificaban un ideal masculino «fuerte y silencioso», mientras que las telenovelas y los anuncios vendían una feminidad perfecta circunscrita al hogar. Era la época del libro y la película El hombre del traje gris,[5] en que el conformismo urbano, el consumismo y la escalada corporativa eran sinónimo de éxito.

Pero todo esto comenzó a cambiar a finales de la década de 1950, cuando la apasionada rebelión de los beat –un grupo de escritores que rechazaban los valores estadounidenses clásicos– encontró su voz. Uno de estos escritores, Jack Kerouac, explicaba en Aftermath [La filosofía de la Generación Beat]:

---

* N. del T.: Se está haciendo referencia al influyente libro de gestión empresarial The Organization Man por un lado y a Betty Crocker, marca y personaje ficticio utilizado en campañas publicitarias de alimentos y recetas en Estados Unidos. Homemaker significa 'ama de casa'.

La Generación Beat fue una visión que tuvimos de una generación de *hipsters* locos e iluminados que de repente se levantan y deambulan por los Estados Unidos [...] personajes con una espiritualidad especial [...] que miran por la ventana de la pared muerta de nuestra civilización.[6]

El poema épico *Aullido*,[7] de Allen Ginsberg, fue un grito que salió por esa misma ventana: un discurso en verso libre sobre la necesidad de liberarse de las restricciones sociales a través de una experiencia directa y primaria.

El lugar en el que este impulso de autoexpresión cruda se mostró de manera más visible fue en Esalen, el instituto con sede en Big Sur (California) que *The New York Times* llamó en una ocasión «el Harvard del movimiento del potencial humano».[8] Esalen, situado a cierta altura junto al mar, era tan importante para la evolución de la identidad de esa generación que al final de la popular serie de televisión *Mad Men* ('hombres locos') se veía al personaje principal, Don Draper, experimentando una revelación en el jardín de Esalen frente al mar[9] (y como presagio del mercado espiritual que no tardaría en surgir, se apresuró a convertir esa idea en la icónica campaña publicitaria «Me gustaría comprarle una Coca-Cola al mundo»).

Si bien las historias de Esalen tienden a centrarse en uno de sus fundadores, Michael Murphy, cuya familia era propietaria de ese tramo idílico de la costa de California desde hacía generaciones, el camino que acabó por conducir a Eckhart junto a Oprah fue trazado en gran medida por Dick Price, cofundador y primer director del centro.[10]

En 1952, Price se licenció en Psicología en la Universidad de Stanford y fue a la Universidad de Harvard a cursar estudios de posgrado, pero frustrado por el conservadurismo de la facultad, abandonó. Se mudó a San Francisco, se topó con los *beats* y, bajo su tutela,

Robar el fuego

comenzó a explorar el misticismo oriental y las experiencias prima-
rias. Librado de sus «amarres», Price sufrió un episodio maníaco en
un bar de North Beach (San Francisco) en 1956 y fue enviado a un
pabellón psiquiátrico del Ejército durante un período de tres meses.

Aunque el Estado lo calificó de «psicótico», Price no aceptó
que se hubiera vuelto loco. Calificó su desequilibrio como «psicosis transitoria» y argumentó que su estancia en el pabellón había
tenido un propósito útil: abrir una puerta dentro de sí mismo. Más
adelante, afirmó que «[mi] llamada "psicosis" fue un intento de
curación espontánea, y fue un movimiento hacia la salud, no hacia
la enfermedad».

La comprensión de Price (la idea de que a veces tenemos que
desmoronarnos para avanzar) se convirtió rápidamente en un pilar
del movimiento del potencial humano. Es una de las razones por
las que ahora podemos ver la locura de Tolle cuando estaba en el
banco del parque como una iniciación espiritual y no como una
crisis psicológica.

Durante las dos décadas siguientes, Price y Murphy desarro-
llaron esta idea hasta convertirla en una filosofía pragmática. Tomaron lo mejor que tenía por ofrecer la religión organizada, prescin-
dieron de todo lo que fuera doctrinal o poco práctico y pusieron el
acento en la experimentación del éxtasis. Erik Davis, autor e historiador de las religiones en la época moderna, nos lo explica en
AfterBurn [Poscombustión]:

[Era una] cultura pragmática centrada en las sensaciones y los
conocimientos prácticos, un enfoque esencialmente empírico
de los asuntos del espíritu que hizo que las herramientas fueran
más importantes que las creencias. Las técnicas alteradoras de la
conciencia como la meditación, la biorretroalimentación, el yoga,
los rituales, los tanques de aislamiento, el sexo tántrico, el trabajo

118

con la respiración, las artes marciales, las dinámicas de grupo y las drogas prevalecían sobre las estructuras claustrofóbicas basadas en la autoridad y las creencias que, según estimaban, definían la religión convencional.[11]

Fue un enfoque exclusivamente estadounidense que resonó profundamente con los ideales antiautoritarios del país. Jeff Kripal, erudito religioso de la Universidad Rice, lo llamó «la religión de la no religión», y escribió lo siguiente en su libro *Esalen*:

No presenta ningún vínculo oficial con ningún sistema religioso. Puede proporcionar, como una especie de Constitución mística estadounidense, un espacio espiritual en el que puede florecer casi cualquier modalidad religiosa, siempre [...] que [dichas modalidades religiosas] no [...] pretendan hablar por todos. Como decía un lema de Esalen: «Nadie atrapa la bandera».[12]

A pesar de su carácter inclusivo, el impacto del instituto se limitó a una pequeña porción de la población. Con profundas raíces en el misticismo ascético oriental y en el intelectualismo surgido en las mejores universidades, esta nueva filosofía atrajo principalmente a librepensadores con estudios superiores de Nueva Inglaterra y California. Hasta que llegó Werner Erhard y sacó las ideas esotéricas de Esalen del ámbito de la bohemia y las introdujo en el seno de la sociedad.

Erhard, un vendedor de coches autodidacta de San Luis (Misuri), se sintió atraído por el desarrollo personal a través de su estudio de la motivación.* No tardó en darse cuenta de que muchas

---

* N. de los A.: Erhard sigue siendo una figura polarizadora y su carrera está sujeta a interpretaciones antagónicas. En el apartado de notas, en la nota 13 correspondiente a este capítulo, se indican un par de ellas que ejemplifican ambos lados de este debate.

de las ideas del movimiento del potencial humano podían aplicarse en ámbitos distintos de la búsqueda espiritual. Entonces reagrupó varias prácticas inspiradas en Esalen en un formato comercializable y creó la organización EST, siglas de Erhard Seminars Training ('seminarios de formación Erhard').[13] Esta organización ofrecía un seminario que reproducía deliberadamente la transformación accidental de Price; consistía en una experiencia que iba «del desmoronamiento a la revelación» a través de un proceso maratoniano en el que los participantes se sumergían durante catorce horas al día, sin comer nada ni hacer descansos en ese período, y en el que había muchos gritos y blasfemias: era el legendario *encuentro EST*.

Antes de Erhard, la mayoría de los buscadores espirituales se inclinaban por una actitud antisistema y antimaterialista, lo cual está bien si uno vive en un monasterio o de un fondo fiduciario, pero es problemático si uno necesita ganarse la vida. Y es aún más problemático si uno está tratando de vender seminarios. De la misma manera que Henry Ford se dio cuenta de que sus trabajadores tenían que poder costear un Ford T para que su empresa prosperase, Erhard comprendió que los buscadores tenían que tener el éxito económico suficiente para poder pagar su próximo taller. Con esta finalidad, enganchó el movimiento del potencial humano al carro de la ética protestante del trabajo. El libro *Piense y hágase rico*, de Napoleon Hill, reemplazó al Bhagavad Gita como texto fundamental. Se prescindió de los mandalas y se incorporaron los tableros de objetivos y deseos. Y el mercado espiritual estadounidense (y, por extensión, el de muchos otros países) nunca ha vuelto a ser el mismo.

Si alguna vez has contratado a un *coach* personal o ejecutivo (profesiones que no existían antes de finales de la década de 1970), has oído decir a alguien que *solo necesitaba espacio*, te han alentado a *posicionarte* o a *marcar la diferencia*, o te has implicado en un viaje de *transformación* en torno a tu *historia personal*, te has encontrado con términos acuñados o popularizados por Erhard y sus formaciones. Y con esta expansión del vocabulario y el acento en el éxito material, lo que antes había sido ajeno, es decir, lo que antes estaba redactado en el lenguaje esotérico de las religiones asiáticas y era incompatible con el sueño americano, se convirtió en algo con lo que nos pudimos identificar. Podíamos expresarlo fácilmente con nuestro lenguaje cotidiano y era accesible para todos.

Si bien los seminarios originales de EST tuvieron un gran impacto, pues asistieron a ellos casi un millón de personas, Landmark, la última encarnación de las enseñanzas de Erhard, cuenta con clientes corporativos como Microsoft, la NASA, Reebok y Lululemon.[14] El desarrollo personal, que solo unas décadas atrás había sido objeto de burlas y estaba marginado, se ha convertido en una forma creíble de «optimizar el capital humano» para algunas de las entidades con más éxito de los Estados Unidos.

Oímos ecos de estas ideas en todas partes, desde los seminarios de empoderamiento de Tony Robbins hasta la teología de la prosperidad predicada todos los domingos por ministros de megaiglesias, como Joel Osteen. Y a pesar de que las enseñanzas de Tolle permanecen notablemente basadas en su propia realización, la idea más amplia de que la conciencia espiritual puede traer satisfacción material (es decir, que tal vez puedas tener el nirvana, un matrimonio feliz *y* un flamante coche nuevo) ayuda a explicar por qué once millones de fans de Oprah habían oído hablar de él.

La nueva apertura sexual

El «linaje» que va de Esalen a EST y hasta Eckhart preconiza la autoexploración creciente, ir más allá de los límites de lo que se considera seguro o aceptable. Price y los *beats* nos dieron una manera de superar los tabúes de la expresión primaria y la enfermedad mental. Erhard rompió el tabú que separa el mérito espiritual del éxito material. El movimiento del potencial humano normalizó el uso de prácticas inductoras del éxtasis en favor del crecimiento psicológico. Por el camino, descubrimos versiones más amplias de nosotros mismos y nuevas formas de interactuar entre nosotros. Pero el ámbito de la sexualidad fue aquel en el que los tabúes fueron desafiados de forma más visible.

Aunque la revolución sexual de los años sesenta y setenta incrementó la *cantidad* de relaciones sexuales, aquí queremos centrarnos en un avance más reciente: el *tipo* de sexo que practica la gente hoy en día. Más en concreto, veremos cómo un subconjunto creciente de experiencias que anteriormente se consideraban tabúes y anormales están permitiendo acceder al éxtasis a más personas que nunca.

En 2014, nos invitaron a San Francisco para hablar sobre la superposición entre la neurociencia del *flow*, la meditación y la sexualidad, y ver de cerca lo más novedoso en este último ámbito. Justine Dawson, la directora ejecutiva de OneTaste y nuestra anfitriona durante el fin de semana, nos acompañó a nuestras butacas, situadas en la primera fila de un auditorio abarrotado, subió al escenario, se bajó los pantalones y se recostó en una camilla de masaje.

La fundadora de OneTaste, Nicole Daedone, entró en el escenario. Con un vestido de lana gris y un gran delantal negro, se puso un par de guantes de látex, sumergió el dedo índice y el pulgar en un frasco que contenía un lubricante artesanal y se puso manos a la obra. La reclinada Dawson comenzó a gemir. Con un toque de artista teatral, Nicole hizo una pausa, giró sobre una de sus botas negras de tacón de aguja y lanzó una mano al aire como hacen los guitarristas de *rock*. El público comenzó a gritar palabras para describir su propia experiencia: «Un hormigueo en la ingle», anunció

una mujer; «Calor», dijo otra; «Una erección», espetó un ingeniero de *software*.

En el sitio web de OneTaste, describen su práctica central
como OMing, abreviatura en inglés de *meditación orgásmica*, y acabá-
bamos de presenciar una demostración por parte de las maestras.[*]
La práctica OMing está muy acotada, casi tanto como un ritual, y
consiste en acariciar el cuadrante superior izquierdo del clítoris de
una mujer durante quince minutos exactamente, sin apegos al resultado ni esperar reciprocidad. El objetivo es dar lugar a una mujer «excitada», que esté neuroquímicamente saturada, físicamente
abierta y emocionalmente empoderada.

Y ellas no han sido las primeras, de ninguna manera, en utilizar el sexo como desencadenante de estados de conciencia no ordinarios. Desde el antiguo «vino, mujeres y canciones» hasta el más
moderno «sexo, drogas y rocanrol», las técnicas eróticas siempre
han aparecido en las «listas de reproducción» prometeicas. Patricia Brown explica lo siguiente en su artículo sobre la meditación
orgásmica publicado en *The New York Times*:

> La búsqueda de la transformación personal, incluso a través del
> sexo, condujo a los *jacuzzis* junto al mar, en [...] Esalen. OneTaste
> no es más que la última tendencia dentro de esta corriente sexual
> subterránea, que entrelaza los hilos de la libertad individual radical,
> la espiritualidad oriental y el feminismo.[15]

El mensaje de OneTaste parece estar ganando terreno, pues
esta empresa tiene centros en Los Ángeles, Nueva York, San Francisco, Londres y Sídney, y en una docena de ciudades más. Ha obtenido un tratamiento muy favorable en *The Atlantic*, *The New Yorker*,

---

[*] N. del T.: El sitio web de OneTaste es www.onetaste.us, donde actualmente la meditación orgásmica aparece abreviada como OM.

Vanity Fair, *Time* y docenas de otras publicaciones, siendo el factor decisivo el hecho de que la periodista que habla de ello ha probado la técnica en sus propias carnes. Para poner esto en perspectiva, tengamos en cuenta que Margaret Sanger, la fundadora de la organización de planificación familiar Planned Parenthood, tuvo que huir de los Estados Unidos en 1914 para evitar ser procesada por compartir información básica sobre la anticoncepción.[16] En cambio, en 2015, OneTaste entró en el Inc. 5000, que es un *ranking* anual de las empresas que están experimentando un mayor crecimiento.*

La popularidad de la meditación orgásmica tiene sentido una vez que se entiende lo que puede aportar. Anjan Chatterjee, neurólogo de la Universidad de Pensilvania, escribe lo siguiente en su libro *The Aesthetic Brain* [El cerebro estético]:

> En la literatura francesa, la liberación inducida por el orgasmo se conoce como *la petite mort*, 'la pequeña muerte' [...] la persona se encuentra en un estado en el que no tiene miedo ni piensa en sí misma o en sus planes futuros. [...] Este patrón de desactivación podría ser el estado cerebral correspondiente a una experiencia puramente trascendente que envuelve una experiencia central de placer.[17]

La científica social Jenny Wade ha estudiado estos mismos fenómenos a lo largo de su carrera. Y, según explica en su libro *Transcendent Sex*, «el hecho es que el sexo, en sí mismo, puede desencadenar unos estados idénticos a los alcanzados por los adeptos espirituales de todas las tradiciones».[18] Wade calcula que casi veinte

---

* N. de los A.: Pero la moral sexual sigue estando, incluso, legislada. En Misisipi, por ejemplo, aún está prohibido explicar la poligamia, no digamos practicarla. En Arizona, limitan prudentemente la cantidad de juguetes sexuales a dos por hogar.

millones de estadounidenses han tenido al menos una experiencia con el tipo de sexo que disuelve barreras y elimina el yo. «[Les ha] ocurrido a innumerables miles de personas de todo tipo de entornos —señala—: a peluqueros, administradores de inversiones, enfermeras, abogados, minoristas y ejecutivos».

Pero si tantos individuos hemos experimentado el sexo trascendente, ¿por qué no hablamos de ello más a menudo? Wade explica que «la mayoría de los voluntarios dijeron que nunca habían confiado sus experiencias a sus amantes por temor a que sus parejas se burlasen, no mostrasen interés o no estuviesen receptivas a los "temas espirituales"». Sin embargo, no es únicamente lo «espiritual» lo que retiene a la gente; a veces solo se trata de quién hace qué con quién y de lo que pensarían los vecinos.

Durante la mayor parte del siglo XX, no tuvimos ni idea de lo que hacía la gente en sus alcobas o de qué era realmente lo normal. Mucho después de que el matrimonio Masters y Johnson y Kinsey y compañía hicieran todo lo posible por conseguir respuestas honestas por parte de personas recatadas sobre su vida sexual (que mintieron constantemente: los hombres exageraron la longitud de su miembro, las mujeres no dijeron la verdad acerca de la cantidad de parejas que habían tenido y todos y todas ocultaron información al hablar de sus comportamientos menos convencionales), aún tendemos a mantener en secreto nuestros pensamientos y experiencias más íntimos. Pero la tecnología está ayudando a levantar este velo, al crear un «patrimonio común digital» gracias al cual podemos evitar discretamente a los vecinos curiosos para explorar nuestros verdaderos deseos.

Durante los últimos cinco años, el grupo de investigación francés Sexualitics ha estado construyendo Porngram, una herramienta analítica destinada a rastrear los comportamientos sexuales que tiene la gente en Internet en todo el mundo. En un artículo de 2014 titulado «Etiquetas profundas: hacia un análisis cuantitativo de la pornografía en línea», estos investigadores manifestaron lo siguiente:

> Las huellas dejadas por miles de millones de usuarios nos proporcionan instantáneas culturales acerca de los gustos y, lo que es aún más importante, permiten a los investigadores buscar estructuras y patrones en la dinámica evolutiva de las prácticas adoptadas por un porcentaje significativo y creciente de la población humana.[19]

Y el patrón más grande que revelan estos datos es que sentimos más curiosidad sobre los límites exteriores de la sexualidad humana que en cualquier otro momento de la historia (y esto incluye a las mujeres, que actualmente representan un tercio de la totalidad de las personas que ven porno en línea). A juzgar por los principales términos que se introducen en los buscadores hoy en día, encontramos un mayor interés por actividades que, hasta hace poco, eran consideradas desviaciones por los profesionales de la psiquiatría o eran directamente perseguidas por la ley.

Tomemos, por ejemplo, el BDSM, siglas de *bondage*, disciplina, sadismo y masoquismo, una categoría que incluye un abanico de formas de estimular un placer y un dolor intensos y juegos de roles. Hasta hace poco, el BDSM era practicado principalmente por una subcultura marginal, y con cierto riesgo. En los Estados Unidos, la prueba de estos comportamientos era admisible en los tribunales como motivo de divorcio o denegación de la custodia de los hijos.

Pero en 2010 la Asociación Estadounidense de Psiquiatría acordó redefinir lo que era un «comportamiento sexual aberrante» en el *Diagnostic and Statistical Manual of Mental Disorders* [Manual diagnóstico y estadístico de los trastornos mentales] (la biblia de la clasificación de las enfermedades mentales), y estableció una clara distinción entre lo que era un juego electivo y una verdadera patología.[20] Por primera vez, los adultos que daban su consentimiento dejaban de ser considerados moralmente desviados o enfermos mentales por el hecho de elegir un comportamiento sexual que se encontrase «más allá del cercado».

Esta modificación vino justo a tiempo, en el sentido de que al año siguiente E. L. James publicó *Cincuenta sombras de Grey*. Criticada pero muy popular, esta novela describe el despertar sexual, impulsado por el BDSM, de una estudiante universitaria de la mano de un apuesto joven multimillonario. Fue uno de los libros que se vendieron con más rapidez en la historia y en Amazon se sirvieron más ejemplares que del conjunto de los siete volúmenes de *Harry Potter*, de J. K. Rowling.[21] Pero si no fue su calidad literaria lo que convirtió este libro en un fenómeno global, ¿qué fue?

Se podría argumentar que, de la misma manera que la música de baile electrónica prospera en gran medida debido a la capacidad que tiene de generar un cambio de estado, *Cincuenta sombras de Grey* viene a ser su equivalente sexual. Es, en la práctica, un manual para el éxtasis erótico que muchos de sus lectores nunca se atrevieron a imaginar. Con este libro, las aplicaciones de lectura en línea y las pequeñas furgonetas de reparto reemplazaron a los volúmenes eróticos envueltos en papel de estraza y a las gabardinas (con las que intentaban ocultarse los compradores). El sexo atrevido pasó a ser un comportamiento convencional.

La popularidad excepcional que ha alcanzado este libro es comprensible. Más allá de la novedad o variedad que contiene, el repertorio más amplio de experiencias sexuales que ofrece permite acceder a la gente a unos estados alterados a los que la sexualidad convencional rara vez da lugar. Retomando la imagen de los «mandos y palancas» del éxtasis, sabemos que la sexualidad «de

amplio espectro» contiene muchos de los mismos factores desencadenantes que dan lugar a las características AIAR a través de
la meditación, los estados de *flow* y las experiencias psicodélicas.
El placer genera endorfinas, pero el dolor puede liberar aún más.
La incertidumbre de la provocación, como estableció Robert Sapolsky, de Stanford, aumenta la dopamina en un cuatrocientos por
ciento. La estimulación del pezón incrementa la oxitocina. La presión en la garganta o el colon regula el nervio vago, lo cual da lugar
a euforia, una relajación intensa y piel de gallina; el gastroenteró-
logo Anish Sheth, de la Universidad de Princeton, llama *cacaforia*
al conjunto de estas sensaciones (cuando son provocadas por una
gran defecación satisfactoria). «A algunos les puede parecer una
experiencia religiosa –escribe Sheth–, a otros un orgasmo, y a unos
pocos afortunados ambas cosas».[22]

Y la trascendencia erótica momentánea puede conllevar un
cambio duradero. Un estudio holandés de 2013 descubrió que
quienes llevaban a cabo prácticas sexuales no convencionales «estaban menos neuróticos, eran más extrovertidos, estaban más abiertos a nuevas experiencias, eran más concienzudos, eran menos
sensibles al rechazo y experimentaban un mayor bienestar subjetivo».[23] Y estos beneficios no están reservados solamente a quienes
tienen una mentalidad progresista en el terreno social. El ministro
Ed Young, de la megaiglesia Fellowship Church de Dallas (Texas),
exhorta a los miles de feligreses que se congregan al desafío «Siete días de sexo», por el que se comprometen a tener relaciones
sexuales todos los días durante una semana para fomentar la profundidad de su unión espiritual. «Y cuando digo intimidad, no me
refiero a tomarse de las manos en el parque o darse un masaje en la
espalda –aclaró Young–. Si os tomáis tiempo para tener relaciones
sexuales, esto os acercará a vuestro cónyuge y a Dios».[24]

Este movimiento de base, junto con las investigaciones pertinentes, cada vez más abundantes, deja claro que la sexualidad se está convirtiendo en una de las estrategias de consecución del éxtasis más populares de las que se dispone en la actualidad. Una vez que vamos más allá de los tabúes y el condicionamiento social, nos resulta más fácil ver que siempre hemos estado «configurados» para acceder al éxtasis. En el pasado, debíamos arriesgarnos a la censura social o legal si intentábamos averiguarlo por nosotros mismos, mientras que actualmente existe un gran movimiento de exploración amplia de la sexualidad encaminado a elevarla de la compulsión o la perversión a unas prácticas más deliberadas, lúdicas y potentes.

El arco del universo moral puede ser largo, pero se está inclinando hacia lo que hasta hace poco se salía de lo convencional.

Bueno para lo que nos aflige

Incluso teniendo todas estas nuevas herramientas favorables al éxtasis a nuestra disposición, desde el encuentro EST hasta una sexualidad de carácter más aventurero, queda una pregunta fundamental por responder: ¿pueden estos momentos fugaces dar lugar a un cambio psicológico significativo? En caso de no ser así, sería difícil justificar los riesgos y las complicaciones asociados. Pero en caso de que la respuesta a la pregunta sea afirmativa, podrían merecer formar parte del kit de herramientas de desarrollo personal. Y una de las pruebas más exigentes para el éxtasis es esta: ¿puede ayudar a los supervivientes de un trauma grave? Si puede sanar a estas personas, cabe suponer que podrá sanar a casi cualquier individuo.

Uno de los primeros que trataron de abordar esta cuestión fue Willoughby Britton, neurocientífica de la Universidad Brown. En la década de 1990, Britton se interesó por las experiencias cercanas a la muerte (ECM), en las que los sujetos tienen encuentros trascendentales en el contexto de sucesos que amenazan su vida;[25] una experiencia muy relatada es la del viaje por un túnel de luz. Treinta años de investigaciones mostraban que las personas que habían tenido una ECM obtenían una puntuación excepcionalmente alta en las pruebas destinadas a determinar cuál era su grado de satisfacción general con la vida. Como especialista en traumas, Britton encontró que estos resultados no eran normales.

Según su experiencia, la mayoría de las personas que estuvieron a punto de morir se vieron afectadas por el evento; contrajeron estrés postraumático y otros problemas de salud mental. Sin embargo, si esos estudios estaban en lo cierto, quienes habían tenido una experiencia cercana a la muerte trascendente mostraban una respuesta claramente atípica frente al trauma.

Britton decidió averiguar hasta qué punto era atípica esa respuesta. Después de reclutar a veintitrés personas que habían tenido una ECM y a veintitrés sujetos de control, los conectó a electroencefalógrafos para estudiar el comportamiento de su cerebro durante el sueño. Su objetivo era obtener una imagen clara de la actividad de las ondas cerebrales y registrar cuánto tiempo tardaban los sujetos en entrar en el sueño REM; esta era una excelente manera de medir su grado de felicidad y bienestar.

Las personas normales entran en la fase REM a los noventa minutos; las deprimidas llegan antes, a los sesenta minutos generalmente; las felices suelen ir «en la dirección opuesta» y entran en REM en unos cien minutos. Britton descubrió que quienes habían tenido una ECM tardaban hasta ciento diez minutos en alcanzar la fase REM, lo que significaba que «se salían del gráfico» en cuanto a la felicidad y la satisfacción con la vida.

Cuando examinó los datos de los electroencefalogramas, descubrió por qué: los patrones de activación cerebral de sus sujetos estaban completamente alterados. Era como si la ECM hubiera reconfigurado su materia gris en un instante. Por supuesto, solo se trataba de un único experimento, pero apuntaba a que incluso un solo encuentro con un estado alterado potente podía inducir un cambio duradero.

A pesar de este resultado fascinante, se hicieron pocos estudios más. Y es que las ECM planteaban un reto importante a los investigadores: son, por naturaleza, accidentales, y no es fácil reproducirlas en un contexto experimental.

Hasta que a Roland Griffiths, neurocientífico de la Universidad Johns Hopkins, se le ocurrió una solución ingeniosa. En lugar de buscar por todo el país a pequeños grupos de supervivientes de una ECM, Griffiths recurrió a una población mucho más grande que se hallaba frente a la muerte: pacientes con cáncer terminal. Y en lugar de esperar a que aconteciese el viaje por el túnel de luz, que era fugaz y difícil de replicar, confió en la química para producir un impacto similar en el momento deseado.[26]

En 2011, Griffiths dio tres gramos de psilocibina a un grupo de pacientes con cáncer terminal, en un intento de aliviarlos de la ansiedad debida al miedo a la muerte (la cual es difícil de aliviar, como es fácil comprender). Después, los sometió a una batería de pruebas psicológicas, entre ellas un test estándar de evaluación del miedo a morir, la *escala de trascendencia de la muerte*, a intervalos de uno y catorce meses. Y como en el caso de los supervivientes de experiencias cercanas a la muerte de Britton, Griffiths encontró un cambio significativo y sostenido: una notable disminución del miedo a la muerte en estas personas y una mejora significativa en sus actitudes, su estado de ánimo y su comportamiento. El noventa y cuatro por ciento de sus sujetos dijeron que la ingesta de psilocibina fue una de las cinco experiencias más significativas de su vida, y cuatro de cada diez aseguraron que fue *la más significativa*.

En fechas más recientes, algunos investigadores han descubierto que no es necesario estar al borde de la muerte para experimentar alivio, sino que un encuentro con el éxtasis también puede ayudar a los «heridos andantes». En 2012, el psicólogo Michael Mithoefer descubrió que incluso una sola dosis de MDMA (éxtasis) puede reducir o curar el trastorno por estrés postraumático (TEPT) en quienes han experimentado maltrato infantil o abusos sexuales, y en los combatientes supervivientes. «Fue completamente catártico –dijo un *ranger* del Ejército que sufrió una fractura en la espalda y un trauma craneal grave en Irak–. Al día siguiente [de una única sesión] las pesadillas habían desaparecido. Estaba radiante y extrovertido por primera vez desde que salté por los aires. La MDMA me devolvió la vida».[27]

Para poner en perspectiva las opciones que tienen los supervivientes de traumas, casi veinticinco millones de estadounidenses padecen el TEPT, y los dos únicos medicamentos aprobados como tratamiento son el Prozac y el Zoloft. Ambos tardan semanas o incluso meses en tener efecto, el cual solo persiste mientras los sigamos tomando. Si dejamos de tomar las píldoras volveremos a encontrarnos, más o menos, en el punto de partida.

En contraste con esta realidad, Mithoefer descubrió que los beneficios proporcionados por una, dos o tres rondas de terapia con MDMA duran años. Estos resultados superan los de los tratamientos convencionales de manera tan convincente que, en mayo de 2015, el Gobierno federal de los Estados Unidos aprobó realizar estudios para poner a prueba la MDMA como tratamiento para la depresión y la ansiedad.

Los investigadores del *flow* han logrado resultados comparables sin usar drogas; solo alterando el funcionamiento neurobiológico.

En 2007, trabajando con veteranos de la guerra de Irak en Camp Pendleton, la terapeuta ocupacional Carly Rogers, de la Universidad de California, en Los Ángeles, combinó el surf (un desencadenante fiable del *flow*) y la terapia de conversación para ofrecer un tratamiento distinto para el TEPT. Esencialmente, utilizó el mismo protocolo que Mithoefer, pero en este caso el *flow* era generado por un deporte de acción y no por la MDMA.

Al igual que en el estudio de Mithoefer, los pacientes experimentaron un alivio casi inmediato. Así lo narra la revista *Outside*:

> Cuando hubieron afrontado unas pocas olas, ellos [los soldados con TEPT] se reían mientras estaban ahí esperando la próxima. «¡Oh, Dios mío, nuestros marines están hablando! –dijo el teniente que aprobó el experimento–. Ellos no hablan. Nunca».

Desde entonces, el programa quedó formalmente instituido, y han participado en él más de mil soldados. Cientos de veteranos y surfistas han ofrecido su tiempo como voluntarios, entre ellos Kelly Slater, once veces campeón del mundo. Y su inversión ha valido la pena. En un artículo de 2014 publicado en el *Journal of Occupational Therapy*, Rogers escribió que después de solo cinco semanas entre las olas, los soldados habían obtenido una «mejoría clínicamente significativa en cuanto a la gravedad de los síntomas del TEPT y en cuanto a los síntomas depresivos».

El surf no es la única intervención no farmacológica prometedora. Un estudio reciente realizado por el Ejército estadounidense encontró que el ochenta y cuatro por ciento de los sujetos con TEPT que meditaron durante un mes pudieron reducir la ingesta de inhibidores selectivos de la recaptación de serotonina (ISRS) o incluso dejar de tomarlos. En cambio, los sujetos del grupo de control, que no meditaron y se sujetaron a los antidepresivos, experimentaron un *empeoramiento* del veinte por ciento en los síntomas del TEPT durante ese mismo período.

En conjunto, todo este trabajo (desde los estudios sobre las experiencias cercanas a la muerte hasta los programas centrados en el *flow* y la meditación, pasando por las investigaciones sobre el cáncer y el trauma) demuestra que el hecho de pasar aunque sea breves momentos fuera de nosotros mismos da lugar a un impacto positivo, independientemente de cuáles sean los mecanismos utilizados para obtener este resultado. Y esos breves momentos pueden proporcionar estos beneficios incluso en el caso de los desafíos de más calado imaginables.

Sin embargo, en cada uno de esos casos, las únicas personas con las que se autorizó a explorar los estados alterados fueron individuos para los que no se concebían esperanzas; en algunos casos, se las daba literalmente por muertas. Casi da la sensación de que dispensar estas técnicas a individuos normales sea indecoroso o, por lo menos, poco científico.

En su libro *Entrena tu mente, cambia tu cerebro*, la escritora científica Sharon Begley destaca este problema y describe cómo en la historia de la psicología se ha dado más valor a los remedios que a la transformación:

> La ciencia siempre se ha enfocado [...] en las personas que tienen patologías o están perturbadas, o que, en el mejor de los casos, son normales; también se ha enfocado en dichas patologías y perturbaciones en sí. [...] En los últimos treinta años, se han realizado unos cuarenta y seis mil estudios científicos sobre la depresión y solo cuatrocientos sobre la alegría, lo cual es decepcionante. [...] Se considera suficiente que el individuo se libere de la enfermedad. Como expresó el erudito budista Alan Watts, «los científicos occidentales albergan la suposición subyacente de que la normalidad

es lo máximo que se puede conseguir y que lo excepcional es solo para los santos, algo que no se puede cultivar».[28]

Pero muchas de las mismas intervenciones que pueden ayudarnos a sacar la cabeza por encima del agua podrían destinarse, con la misma eficacia, a hacer que nuestra cabeza pudiese asomar por encima de las nubes. Si estamos interesados en alcanzar unos niveles radicalmente nuevos de mejora del desempeño y unos cambios emocionales profundos y duraderos, los estados de conciencia denominados «cumbre» pueden proporcionarnos el camino más corto entre dos puntos: del A al E (de «éxtasis»).

De los estados alterados a los rasgos alterados

Un día de verano, mientras trabajaba en el jardín con su pequeña hija, Nicki, el psicólogo Martin Seligman, de la Universidad de Pensilvania, tuvo, en sus propias palabras, «una revelación».[29] Seligman estaba sacando meticulosamente las malas hierbas usando un desplantador y apilándolas cuidadosamente a un lado para deshacerse de ellas. Nicki, que tenía cinco años, no hacía otra cosa que divertirse. «Las malas hierbas volaban por el aire —dijo Seligman más tarde—, y la tierra se dispersaba por todas partes».

Seligman, que se describe a sí mismo como un «jardinero serio» y un «gruñón serio», no pudo soportarlo, y empezó a gritar. Pero Nicki no iba a aceptarlo. Se acercó a su padre pisando fuerte y con una mirada seria en el rostro.

«Papi —dijo—, quiero hablar contigo. Desde los tres hasta los cinco años, lloriqueaba mucho. Pero el día en que cumplí los cinco decidí dejar de lloriquear. Y no lo he hecho ni una vez desde entonces. […] Si yo pude dejar de lloriquear, tú puedes dejar de ser tan gruñón». Seligman decidió aceptar el desafío y arrastrar consigo el campo de la psicología en su viaje.

En 1998, tras ser elegido presidente de la Asociación Estadounidense de Psicología (APA, por sus siglas en inglés), hizo que la psicología positiva fuese el foco central de su mandato. Escribió las siguientes palabras en su primera columna como presidente para el boletín de la APA:

> Quiero recordarle a nuestro campo que ha sido desviado de su objetivo. La psicología no es solo el estudio de la debilidad y el daño; también es el estudio de la fuerza y la virtud. El tratamiento no debe consistir solamente en arreglar lo que está mal, sino también en fomentar lo mejor que tenemos dentro.[30]

Si esos estudios centrados en el trauma demostraron que unas pocas «dosis» de éxtasis pueden ayudar a reparar lo que está mal, ¿qué ocurriría si implementásemos estas técnicas repetidamente, en el transcurso de toda una vida? ¿Puede el acceso recurrente a estos estados, realmente, «fomentar lo mejor que tenemos dentro»? ¿Pueden dichos estados, como planteó Alan Watts, ser utilizados para cultivar lo excepcional?

Curiosamente, en la historia de la psicología del adulto, la idea de poder cultivar cualquier cosa con el tiempo se consideró sospechosa. Se pensaba que después de la adolescencia los adultos estaban casi completamente «configurados». Por supuesto, podíamos aprender habilidades técnicas, como las que se imparten en las facultades de gestión empresarial, o las necesarias para tocar un instrumento musical, pero se creía que para cuando nos licenciábamos en la universidad ya no teníamos la capacidad de incorporar facultades psicológicas, como la gratitud y la empatía que Nicki le pidió a su padre que manifestara.

Pero Bob Kegan, el psicólogo de la Universidad de Harvard a quien conocimos en el capítulo dos, dio la vuelta a esta suposición al hacer algo que los psicólogos no habían hecho demasiado hasta el momento: llevar a cabo un estudio longitudinal. Hizo el seguimiento de un conjunto de adultos a medida que iban envejeciendo. Su objetivo era simple: comprender cómo cambiaban y se desarrollaban con el tiempo, y determinar si, de hecho, había unos límites superiores en cuanto a lo que podemos llegar a ser.

Kegan siguió la pista a estos adultos durante tres décadas, y vio lo que ocurría con su madurez psicológica y sus capacidades a lo largo del camino.* Y descubrió que si bien algunos adultos permanecieron «congelados en el tiempo», unos pocos experimentaron un desarrollo significativo. Por ejemplo, advirtió que alrededor de la mediana edad algunas personas pasaban de una adultez en general equilibrada, o lo que él llamó *autoautoría*, a una etapa completamente diferente: la *autotransformación*.[31]

Definida como una mayor empatía, una mayor capacidad de mantener perspectivas diferentes e incluso contradictorias y una flexibilidad general en cuanto a la forma de pensar sobre uno mismo, la autotransformación es la etapa del desarrollo que tendemos a asociar con la sabiduría (y con la *mente oponible* de Roger Martin). Pero no todo el mundo llega a ser sabio. Si bien los adultos suelen tardar entre tres y cinco años en pasar por una determinada etapa de desarrollo, Kegan descubrió que cuanto más se sube por esta pirámide, menos personas llegan al próximo nivel. ¿Qué ocurre,

---

* N. de los A.: El trabajo de Kegan es vasto, denso y merece ser estudiado exhaustivamente por cualquier persona interesada en el campo del desarrollo de adultos. Para observaciones y referencias, consulta en el apartado de notas la nota 31 correspondiente a este capítulo.

por ejemplo, con el paso de la autoautoría a la autotransformación? Que menos del cinco por ciento de nosotros damos este salto.

Pero en toda esta investigación sobre el desarrollo, en las notas de pie de página sobre ese cinco por ciento que se autotrasciende aparece un dato curioso.[32] Y es que un enorme porcentaje de estas personas habían cultivado el éxtasis: la mayoría habían empezado tomando drogas psicodélicas y, posteriormente, habían procurado que la meditación, las artes marciales o alguna otra práctica favorecedora de un cambio de estado tuviesen un papel central en su vida. Muchas de estas personas afirmaron que su acceso frecuente a los estados no ordinarios era el «botón de turbo» para su desarrollo.*

Este no es un hallazgo aislado. Hace cincuenta años, el psicólogo Abraham Maslow advirtió que cuantas más experiencias cumbre tenía una persona, más se acercaba a la *autorrealización*, que era el término que empleó para referirse a las etapas superiores del desarrollo adulto.[33] Un estudio de 2012 publicado en *Cognitive Processing* llegó más lejos.[34] Al examinar la relación existente entre las experiencias cumbre y el desempeño de los deportistas olímpicos y los gerentes de corporaciones, los investigadores descubrieron que quienes manifestaban un mejor desempeño no solo tenían experiencias cumbre más a menudo, sino que también tomaban decisiones más éticas y empáticas.

Bill Torbert, del Boston College, descubrió que quienes se encontraban en la cima de la pirámide del desarrollo no solo eran más éticos y empáticos, sino que también actuaban mejor en el lugar de trabajo.[35] En una encuesta que realizó a casi quinientos directivos pertenecientes a sectores industriales diversos, vio que el ochenta por ciento de aquellos cuya puntuación los ubicaba en las dos etapas superiores del desarrollo desempeñaban funciones

---

* N. de los A.: Como en los estudios en los que se basa esta información fueron encuestados pocos sujetos, los resultados deben considerarse anecdóticos. Consulta la nota 33.

de alta gerencia a pesar de representar solo el diez por ciento de la población general. Como señaló Torbert en la *Harvard Business Review*, los líderes que habían alcanzado un mayor desarrollo «lograron generar una o más transformaciones organizacionales durante un período de cuatro años, [y] la rentabilidad, la cuota de mercado y la reputación de sus respectivas empresas mejoraron». Como se puede ver, la conciencia va directa al grano.

Si el cambio en el ámbito de la psicología que nos llevó de Esalen a Eckhart se debió a un mayor permiso para explorar, Kegan y sus colegas nos han dado la siguiente pieza del rompecabezas: el mapa que nos indica hacia dónde vamos. Al salvar la distancia entre los estados cumbre y el crecimiento personal, estos descubrimientos avalan el éxtasis no solo como herramienta de autodescubrimiento, sino también de autodesarrollo. Entonces, si bien los estados de éxtasis (que son breves y transitorios) no son lo mismo que las etapas de desarrollo (que son estables y duraderas), parece que el hecho de gozar de más estados de éxtasis puede, en las condiciones adecuadas, ayudar a impulsar el desarrollo. En resumen: los *estados* alterados pueden conducir a unos *rasgos* alterados.

Capítulo cinco

Neurobiología

Fuera del frasco

Un refrán sureño dice que «no puedes leer la etiqueta si estás dentro del frasco».[1] Esta idea de que no siempre podemos entender aquello que tenemos demasiado cerca resume la relación que hay entre la psicología y la neurobiología en cuanto fuerzas para el éxtasis. Por más sustanciales que hayan sido los avances que se han producido en el campo de la psicología, lo que han hecho en realidad es agrandar el interior del frasco expandiendo nuestra noción de lo que es posible. Pero el campo de la neurobiología está haciendo algo completamente distinto: nos proporciona información sobre los ingredientes que constan en la etiqueta, lo cual nos permite ver nuestra vida desde el exterior del frasco.

En el pasado, tal vez vimos todos nuestros altibajos psicológicos como desafíos que debíamos resolver con nuestra mente. Ahora podemos abordarlos a un nivel más fundamental. Al ofrecernos una visión más clara de los mandos y palancas que se manipulan en el cerebro y el resto del cuerpo, la neurobiología nos proporciona un kit de herramientas más preciso para afrontar los desafíos de la vida.

Para seguir la pista a estos desarrollos, veremos cómo las estrellas de cine de Hollywood nos dieron pistas sobre el vínculo existente entre el movimiento y la emoción, cómo las cámaras web y los sensores de los videojuegos están contribuyendo a revolucionar la salud mental, cómo los militares estadounidenses y las principales escuelas de administración de empresas están aprovechando la biometría para predecir el futuro y cómo ciertos científicos inconformistas están haciendo ingeniería inversa con las antiguas experiencias místicas. Tomados en conjunto, estos ejemplos nos mostrarán cómo la neurobiología nos ha dado las herramientas que necesitamos para determinar y medir lo que ocurre en nuestro cerebro y el resto de nuestro cuerpo cuando experimentamos lo ordinario y lo extraordinario. Y los resultados están cambiando la idea que teníamos acerca de cómo pensamos.

¡No puedo sentir mi cara!

En febrero de 2011, Nicole Kidman sorprendió en la alfombra roja de los Premios Óscar con un vestido plateado de Dior, una gargantilla de diamantes Fred Leighton de ciento cincuenta quilates y unos zapatos de Pierre Hardy que combinaban bien con todo ello. Sin embargo, más allá de sus lujosas elecciones en cuanto al diseño de su indumentaria, esa noche Kidman llamó la atención por una razón inesperada: sus cejas. No podía arquearlas. Parecía una muñeca de porcelana.[2]

Aunque había atribuido repetidamente su belleza intemporal a la dieta, el ejercicio y la protección solar, en 2013 finalmente admitió toda la verdad, en el periódico italiano La Repubblica: «Desafortunadamente probé con el bótox, pero lo dejé, y ahora puedo por fin volver a mover la cara». Lo cual es fundamental si eres una actriz que se gana la vida haciendo muecas.

No mucho después de que las celebridades comenzaron a aparecer en los eventos de gala con expresiones inverosímilmente vacías, hubo investigadores que empezaron a advertir que el bótox estaba haciendo algo más que alterar el aspecto de las personas: también estaba modificando la forma en que se sentían. Un estudio tras otro revelaban que cuando los pacientes con depresión grave recibían inyecciones de bótox en sus líneas de expresión gozaban de un alivio significativo, a veces instantáneo, de su enfermedad.[3] Pero cuando se les pedía a los sujetos a quienes se les había inyectado bótox que empatizaran con otras personas, que sintieran su alegría o su tristeza, no podían hacerlo.[4]

Para los científicos esto era raro. Desde la época de los griegos, los pensadores occidentales han considerado que la mente es el motor que impulsa el autobús (el cuerpo de aquellos que están de viaje por esta vida). Se ha estado concibiendo la división mente-cuerpo, una flecha de causalidad unidireccional que insiste en que la cabeza siempre está al cargo (y se puede confiar en ella para que dirija nuestras aspiraciones superiores), mientras que el cuerpo es el recipiente que alberga nuestros instintos animales (y debe ser estrictamente controlado). Pero esos estudios sobre el bótox apuntaban en el sentido opuesto. De alguna manera, los cambios en el cuerpo (inmovilizar la cara con una neurotoxina) estaban produciendo cambios en la mente: la capacidad de sentir tristeza o empatía. El caballo parecía estar dirigiendo al jinete.

Y ahora sabemos por qué. Nuestras expresiones faciales están conectadas a nuestras emociones; no podemos tener unas sin las otras.[5] El bótox mitiga la depresión porque nos impide poner la cara triste. Pero también atenúa nuestra conexión con quienes nos rodean, porque sentimos empatía al imitar las expresiones faciales de los demás. Con el bótox, la imitación se vuelve imposible, por lo que no sentimos casi nada. No es de extrañar que Nicole Kidman se sintiera aliviada al recuperar algunas arrugas.

Pero la cuestión más importante es que estos estudios reflejan un cambio radical en la forma en que pensamos acerca del pensamiento. Nos trasladan de la *cognición desencarnada* —la idea de que nuestro pensamiento solo tiene lugar en el kilo y medio de materia gris alojada entre nuestros oídos— a la *cognición encarnada*, por la que vemos el pensamiento como lo que realmente es: una experiencia integrada en la que participa el conjunto del organismo. Guy Claxton, experto en cognición encarnada y profesor emérito de la Universidad de Winchester, dio esta explicación en la revista *New York*:

> El cuerpo, el intestino, los sentidos, el sistema inmunitario, el sistema linfático interactúan de una manera tan instantánea y complicada que no se puede trazar una línea en el cuello y decir que por encima de esa línea está la inteligencia y lo que hay por debajo solo tiene un rol servil.[6]

De hecho, no somos inteligentes y tenemos un cuerpo; somos inteligentes *porque* tenemos un cuerpo.[7] El corazón tiene unas cuarenta mil neuronas que juegan un papel central en la configuración de las emociones, las percepciones y la toma de decisiones. El estómago y el intestino completan esta red; contienen más de quinientos millones de células nerviosas, cien millones de neuronas y treinta neurotransmisores diferentes, y producen el noventa por ciento del suministro de serotonina del cuerpo (una de las principales sustancias neuroquímicas responsables del estado de ánimo y el bienestar). Este «segundo cerebro», como lo han denominado los científicos, apoya empíricamente, hasta cierto punto, la idea del «instinto visceral».

Y es fácil influir en las percepciones en las que está implicado todo el cuerpo. Si te indican que sostengas una taza con agua helada y a continuación te presentan a alguien a quien no conocías, como hicieron unos investigadores de la Universidad de Yale, desconfiarás de ese recién llegado y lo calificarás como más frío y distante en las escalas de evaluación de la personalidad. Pero si te dan una taza de café caliente y te presentan a la misma persona de la misma manera, será más fácil que te inspire confianza.[8] El hecho de sentir calor físico es suficiente para desencadenar un cambio cognitivo: literalmente, te sientes más cálido con los demás, sin necesidad de pensarlo.

También vale la pena que nos refiramos a la popular charla TED de la psicóloga Amy Cuddy, de la Universidad de Harvard, sobre el poder del lenguaje corporal.[9] Cuddy descubrió que pasar dos minutos en una «postura de poder», es decir, de dominación (como la típica de la Mujer Maravilla: las manos en las caderas, los codos bien abiertos, las piernas firmemente asentadas) inducía cambios tanto psicológicos como fisiológicos. En su investigación, los sujetos que adoptaron la postura de la Mujer Maravilla asumieron mayores riesgos y con más frecuencia. Y permanecer dos minutos en esa postura fue suficiente para aumentar el nivel de testosterona, la hormona de la dominación, en un veinte por ciento y reducir el nivel de cortisol, la hormona del estrés, en un quince por ciento. Si bien el campo de la cognición encarnada es de aparición muy reciente y todavía hay mucho trabajo por hacer en cuanto a la reproducción de estudios y la integración de los conocimientos, estos primeros hallazgos permiten inferir que entre nuestra mente y nuestro cuerpo hay un vínculo más estrecho de lo que la mayoría de nosotros habríamos sospechado.

Y ¿qué tiene que ver todo esto con el éxtasis? A quienes estamos interesados en el cambio de estado, saber que el cuerpo puede influir en la mente nos brinda un conjunto completamente nuevo de mandos y palancas que manejar. La cita de Einstein «no se puede resolver un problema en el nivel en el que se creó» se usa siempre para alentar soluciones más elevadas y expansivas. Pero lo contrario es igualmente cierto: a veces, unas soluciones más bajas, más básicas, pueden tener un impacto igual de grande.

En nuestro trabajo de ejercitación del *flow*, por ejemplo, nos hemos encontrado con que quienes se dedican a los deportes de acción y aventura amplifican deliberadamente las sensaciones físicas relativas a la gravedad para que ello los ayude a cambiar su estado mental. Ya sea que incrementen la fuerza gravitatoria al hacer giros difíciles con los esquís o las bicicletas de montaña, o que neutralicen dicha fuerza por medio de saltos, giros y acrobacias, estos deportistas amplían el rango de los datos que recibe el cuerpo para entrar en la zona. «La ingravidez, el peso y la rotación son el néctar de los deportes en los que se juega con la gravedad –nos explicó el escalador profesional y cineasta Jimmy Chin–. Proporcionan un acceso fácil a «la zona», y esto es lo que hace que siempre volvamos a por más».[10]

En realidad, nada de esto es nuevo. Hace cinco mil años, los primeros practicantes de yoga experimentaron con la cognición encarnada para buscar unos estados de conciencia más elevados. Si el solo hecho de estar de pie en la postura de la Mujer Maravilla durante unos minutos es suficiente para desencadenar unos cambios significativos en nuestro perfil hormonal, imagina cuáles pueden ser los efectos de practicar una secuencia completa de posturas de yoga (asanas) todas las mañanas. Peter Strick, profesor del Instituto del Cerebro de la Universidad de Pittsburgh, escribió en *Proceedings of the National Academy of Sciences* (*PNAS*) que «existen todas estas pruebas de que [las secuencias de movimiento] tienen un impacto en el estrés. Tienen un efecto en cómo nos proyectamos a nosotros mismos y cómo nos sentimos».[11]

Hace mil quinientos años, los monjes *shaolin*, en China, se convirtieron en los mejores guerreros budistas al entrenar el cuerpo con el fin de elevar la mente. Se pasaban años practicando hazañas físicas casi imposibles (romper ladrillos con las manos, detener lanzas con el cuello, equilibrar todo su peso sobre dos dedos) como una forma de ejercitar la mente. En contraste directo con los ascetas escuálidos que buscaban el éxtasis ignorando o negando el cuerpo, estos monjes creían que la trascendencia empezaba con el dominio total de este.

En Occidente, sin embargo, heredamos un legado diferente, esa separación entre la mente y el cuerpo. Comenzó con una buena dosis de culpa judeocristiana (según la cual el cuerpo no era de fiar) y ha sido consolidada por una economía cada vez más industrializada, en la que los cuerpos son cada vez menos necesarios. Y hoy, con gran parte de nuestra vida emocional y social mediada por las pantallas, nos hemos convertido en poco más que cabezas sobre palos; somos la generación de humanos más desvinculada del cuerpo que jamás haya existido.

Pero si recurrimos a los conocimientos que ofrecen las investigaciones del campo de la cognición encarnada, podemos volver a conectar el cuerpo con la mente. Podemos cambiar la postura, la respiración, las expresiones faciales, la flexibilidad y el equilibrio como una forma de ajustar nuestros estados de conciencia, alterados o no. No tenemos que procesar todo, y ante todo, a través de nuestro componente psicológico. Podemos dar totalmente la vuelta al guion y cambiar nuestra experiencia sin tener que pensar demasiado. George Clinton, maestro del *funk*, cantó «libera tu mente y tu trasero te seguirá», pero también podría haberlo dicho al revés: libera tu trasero y tu mente te seguirá.

La psicoterapeuta artificial

En 2014, viajamos a la Universidad del Sur de California (USC) para conocer a un tipo de terapeuta completamente nueva que está tomando los conocimientos de la cognición encarnada y les está dando la vuelta. En lugar de usar los cambios corporales para ejercer un impacto en el estado de ánimo, mide la expresión corporal para descubrir cuestiones psicológicas más profundas.

Se llama Ellie.[12] Es una profesional de poco más de treinta años de piel de color oliva, ojos marrones y cabello castaño recogido en una cola de caballo. Viste sobriamente, con una blusa azul de cuello redondo, un jersey de punto marrón y una perla con forma de lágrima alrededor del cuello. En la conversación, sus preguntas son directas e inquisitivas: «¿de dónde eres?», «¿cómo te sientes hoy?». Ocasionalmente, como cuando Steven le dice que es de Chicago, Ellie revela un poco de información personal. «Oh —dice—, nunca he estado ahí. Yo soy de Los Ángeles».

Y aunque esto es cierto (es, técnicamente, de Los Ángeles), no ocurrió tanto que nació allí como que la *construyeron* allí. Es la primera psicoterapeuta artificialmente inteligente del mundo. Creada por investigadores de la DARPA y el Instituto de Tecnologías Creativas de la USC, Ellie está diseñada para identificar signos de depresión, ansiedad y TEPT en los soldados. Forma parte de una iniciativa más grande del Departamento de Defensa destinada a identificar los problemas de salud mental en fases incipientes y detener la ola de suicidios que azota al Ejército.

Aparte del hecho de que Ellie aparece solo en un monitor de video, una sesión con ella sigue la dinámica que cabría esperar con un terapeuta tradicional. Empieza cada cita con preguntas encaminadas a construir una buena relación, del tipo «¿cómo te sientes hoy?». Hace preguntas directas de seguimiento, del tipo «¿cuándo fue la última vez que te sentiste realmente feliz?», y otras que tienen importancia clínica, como «¿cuánto estás durmiendo?». Las sesiones se cierran con preguntas destinadas a mejorar el estado de ánimo del paciente: «¿Qué es aquello de lo que estás más orgulloso?».

Bajo la superficie, sin embargo, Ellie es todo menos una terapeuta tradicional. Su capacidad de identificar y evaluar las emociones, y responder a ellas, en tiempo real es el resultado de los trabajos de investigación, cada vez más numerosos, centrados en el funcionamiento de la cognición encarnada. La neurobiología de las emociones muestra que nuestras señales no verbales (nuestros tics, nuestras fasciculaciones* y nuestro tono) dicen mucho más sobre nuestra experiencia interna de lo que suelen revelar las palabras. «Las personas se encuentran en un estado constante de gestión de las impresiones –nos explicó Albert «Skip» Rizzo, psicólogo de la USC y director del instituto–. Tienen su verdadero yo y el yo que quieren proyectar al mundo. Y sabemos que el cuerpo muestra cosas que a veces las personas intentan no manifestar».[13]

Si bien la investigación que condujo a Ellie requirió imágenes cerebrales avanzadas y una dotación económica por parte de la DARPA, su capacidad de captar las señales emitidas inconscientemente por el paciente requiere una tecnología económica y accesible: una cámara web Logitech para registrar las expresiones faciales, un sensor de movimiento Microsoft Kinect para captar los gestos y un micrófono para registrar la elección de las palabras, así como la modulación e inflexión de la voz. Cada segundo, observa y procesa más de sesenta puntos de datos diferentes. Analiza constantemente el tono vocal en busca de señales de tristeza, por ejemplo, y cada palabra es clasificada en una escala de «abertura» de siete puntos (según la voluntad que refleja de manifestar información

---

* N. del T.: Contracciones musculares pequeñas e involuntarias.

reveladora). Luego, varios algoritmos analizan estos datos y ayudan a proporcionar una imagen más clara del bienestar general del paciente. Rizzo nos contó:

> Ellie es la tercera pata del taburete. Durante el siglo pasado, los científicos solo podían disponer de buenos datos en relación con dos de las tres fuentes de información relativas a las personas. Hay lo que la gente dice sobre sí misma y lo que puede decirnos el cuerpo gracias a los datos biofísicos recogidos, como la frecuencia cardíaca y la respuesta galvánica de la piel. Pero también está el comportamiento, es decir, nuestros movimientos y expresiones faciales. Estos siempre han sido difíciles de evaluar y, por lo general, solo podíamos hacerlo a través de observaciones subjetivas. Ellie reúne datos objetivos y de alta calidad.

Con sus cámaras, sensores y algoritmos, Ellie extiende nuestros cinco sentidos y supera nuestro *umwelt* (la percepción que tenemos de la realidad). Va más allá de la historia que contamos sin cesar y nos refleja algo más de lo que estamos pensando y sintiendo realmente.

Y la gente prefiere hablar con Ellie a hacerlo con humanos. Incluso los psicólogos experimentados tienden a juzgar, mientras que Ellie no lo hace nunca. En un estudio de 2014, el equipo de la USC descubrió que era el doble de probable que los pacientes le revelasen información personal a ella que a un terapeuta humano.[14] El objetivo final de los investigadores es hacer que Ellie esté disponible, a través de un ordenador portátil, para cualquier persona que disponga de conexión vía wifi.

Los terapeutas con inteligencia artificial como Ellie son a la vez más objetivos y más perceptivos que los humanos, y pueden ayudarnos a conseguir esto mismo. Ellie nos permite distanciarnos de nuestro crítico interno y comprender mejor lo que estamos percibiendo en el momento presente. En un sentido muy real, la forma desapasionada en que Ellie refleja quiénes somos imita las ventajas conferidas por el éxtasis: la capacidad de mirarnos desde fuera.

Entonces, la próxima vez que nos veamos abocados a la ausencia del yo característica de los estados no ordinarios, liberados de la identidad propia del estado de vigilia y sus cómodos discursos, no recibiremos un impacto tan grande, o no nos desorientaremos tanto. La lectura desapasionada de Ellie de nuestros parámetros biométricos nos proporciona una visión más precisa que lo que podamos decir. Ella puede ayudarnos a salvar la distancia entre lo que Rizzo denomina nuestro verdadero yo y el yo que queremos proyectar al mundo.

La precognición está aquí (pero esto ya lo sabías)

En 1999, Steven Spielberg tenía un problema: cómo traducir el cuento de Phillip K. Dick *Minority Report* en un éxito de taquilla.[15] En este *thriller* policial ambientado a mediados del siglo XXI, se depende de unos humanos mutantes que pueden ver el futuro, utilizando su «precognición», para evitar los asesinatos antes de que sucedan. Desafortunadamente para Spielberg, el libro de Dick contenía pocas pistas sobre cómo era realmente ese mundo. Entonces, el director reunió a algunos de los mejores futuristas del mundo para que lo ayudasen a definir los guiones gráficos de la manera más creíble.

Jaron Lanier, autor y pionero de la realidad virtual; Shaun Jones, el primer director del programa de contramedidas no convencionales de la DARPA, y los jefes del Center for Bits and Atoms ('centro de bits y átomos') y del Media Lab ('laboratorio de medios') del Instituto de Tecnología de Massachusetts se reunieron en Shutters (un hotel situado junto a la playa de Santa Mónica, en California) para tratar en secreto este tema. Si bien pocos espectadores recuerdan las complejidades de la trama de *Minority Report*, casi todos recuerdan el mundo futuro que crearon estos expertos, sobre todo porque acertaron en muchas cosas. Entre todas las ideas que aportaron, anticiparon correctamente las pantallas digitales de visualización frontal, la manipulación gestual de comandos, los automóviles sin conductor, la publicidad personalizada, los dispositivos del hogar manipulados por medio de la voz y el análisis predictivo de los delitos.

Al principio, se suponía que la acción transcurría en el año 2070, pero acabaron por situarla en el 2054. Y entre todas sus conjeturas bien fundamentadas, ese fue su mayor error: situaron la acción cuarenta años demasiado tarde. Y no solo por la tecnología genial como los coches sin conductor y las pantallas de visualización frontal, sino también por la precognición en sí.

En 2015, nos invitaron al sur de California para organizar un evento para el grupo de innovación de Nike. Cada año, para que ello los ayude a concebir nuevas ideas en su propio campo, este grupo realiza viajes de estudio para aprender más sobre las últimas tendencias en otros ámbitos. Ese año, Nike quería aprender sobre la precognición y el *flow* grupal y sobre cómo la primera podía conducirlos en mayor medida a lo segundo. Por lo tanto, reunimos nuestro propio grupo de expertos. Junto con colegas nuestros de Advanced Brain Monitoring, así como con algunos investigadores de la DARPA y piratas informáticos del MIT Media Lab (laboratorio perteneciente a la Facultad de Arquitectura y Planificación del Instituto de Tecnología de Massachusetts), nos propusimos proporcionarle a Nike un atisbo de un futuro que ya estaba aquí, pero que aún no se había generalizado.

Si recuerdas el trabajo sobre la cognición encarnada de Amy Cuddy, a la terapeuta artificial Ellie, etc., la gran idea de base era que el cuerpo, las expresiones faciales, la postura y la voz transmiten más información de la que podríamos sospechar. Y que si cambiamos cualquiera de estos elementos podemos cambiar sustancialmente nuestra forma de sentir y pensar en el momento presente. Esta es una gran noticia. Pero con Nike fuimos más allá; pasamos de la transformación en tiempo real a la predicción del futuro, es decir, a la precognición.

Chris Berka, fundadora de Advanced Brain Monitoring, abrió la jornada e informó al grupo sobre algunos de los proyectos de investigación en los que estaba embarcado su equipo, empezando por uno que habían finalizado recientemente con la Armada de los Estados Unidos.[16] En este participaron submarinistas, cuya profesión es considerada por muchos la más dura entre todas las del Ejército. Estar encerrado en una lata durante seis meses consecutivos, sin ver nunca la luz del sol y cargando con ojivas que podrían desencadenar la Tercera Guerra Mundial requiere ser un marino de una clase especial. También requiere un trabajo en equipo muy coordinado y una gran cantidad de *flow* grupal. El problema era que a la Armada le había resultado casi imposible predecir quién podría resistir esas condiciones y aun así ser capaz de entrar en la zona, y quién podría terminar clavándole el tenedor a alguien durante una cena.

Y eso fue lo que el equipo de Berka se propuso resolver. Primero, la Armada construyó una réplica, a tamaño real y en tierra firme, de un submarino nuclear. A continuación, Advanced Brain Monitoring llevó ahí a equipos de submarinistas, los conectó a electroencefalógrafos para seguir la pista de sus ondas cerebrales y a monitores de variabilidad de la frecuencia cardíaca (HRV, por sus siglas en inglés) para medir la calidad de su ritmo cardíaco y los sometió a un programa de entrenamiento de dieciséis semanas que simulaba todas las tensiones de un despliegue real.

Solo examinando el perfil biométrico de cada marino, Berka y su equipo pudieron hacer el seguimiento oportuno e identificar de manera fiable cuáles iban a sobresalir a la hora de resolver problemas de forma colaborativa. Con estos datos solamente, pudieron detectar la diferencia entre un equipo novato que aún intentaba aclararse, un equipo de segundo año que estaba empezando a cohesionarse y un equipo de expertos que se desempeñaba muy bien. Al final del programa de dieciséis semanas, pudieron predecir, meses antes del momento del despliegue, qué equipos serían capaces de «activar el interruptor» y entrar en *flow* grupal, y cuáles corrían el riesgo de perder la cabeza encontrándose a trescientos metros bajo el agua. Al medir los parámetros biométricos en el presente, pudieron ver en las turbias profundidades del futuro.

Las fuerzas armadas no son las únicas interesadas en encontrar mejores formas de predecir lo que está a la vuelta de la esquina. En un estudio de carácter similar realizado en Barcelona, un grupo de investigadores de ESADE (acrónimo de Escuela Superior de Administración y Dirección de Empresas, catalogada dos veces como la mejor escuela de negocios del mundo por *The Wall Street Journal*) quiso saber si podría identificar el «liderazgo emergente» mucho antes de que los estudiantes se graduaran. Entonces, Berka y su equipo tomaron treinta y cinco estudiantes del Máster de Administración de Empresas, los conectaron a electroencefalógrafos y monitores de HRV, y les dieron un caso para resolver.

Una vez más, al examinar el perfil neurofisiológico de esos estudiantes, Berka pudo identificar a los líderes emergentes (aquellos individuos que tendrían un impacto positivo descomunal en un

equipo y en la toma de decisiones de este) en tan solo treinta minutos. Si bien no hubo una correlación entre el liderazgo emergente y
la medida en que los estudiantes hablaron o incluso lo que dijeron,
sí hubo una relación directa entre sus respuestas neurofisiológicas
y las de sus compañeros de clase. Los líderes transformacionales no
solo regularon su propio sistema nervioso mejor que la mayoría;
también regularon el de otras personas.[17]

De la misma manera que los múltiples relojes que hay en una
pared terminan sincronizándose con el que tiene el péndulo más
grande, los líderes emergentes pueden «arrastrar» a sus respectivos equipos y crear una potente experiencia de *flow* grupal. En ese
estudio de ESADE, esa experiencia compartida ayudó a los grupos
a llegar a soluciones más creativas y éticas (según la calificación de
un panel de profesores y expertos). Además, la capacidad de esos
jóvenes líderes de crear coherencia grupal demostró ser un indicador fiable de que eran capaces de tomar decisiones efectivas más
adelante en su carrera. Hasta ahora, esta era una capacidad invisible
latente, no predecible y definitivamente no ejercitable.

Actualmente, gracias a los avances en el campo de la neurobiología, podemos detectar y desarrollar estas habilidades inefables
con poco más que algunos sensores y algoritmos básicos. Nuestra
comprensión de la ciencia ha progresado hasta el punto de que no
solo podemos cambiar la forma en que pensamos y sentimos en el
presente, sino que también podemos efectuar predicciones precisas sobre cómo vamos a pensar y sentir en el futuro.

El nacimiento de la neuroteología

El doctor Andrew Newberg no parece un rebelde. Con su cabello castaño y rizado, su cara juvenil y su desparpajo, parece más un

padre de los que llevan a sus hijos al fútbol que un académico revolucionario. No hay nada en su comportamiento que indique que este fue el tipo que derrocó cien años de pensamiento científico. Pero eso es exactamente lo que sucedió.[18]

A principios de la década de 1990, la ciencia y la religión no se hablaban. Los investigadores serios no estudiaban la espiritualidad. Newberg sintió otra cosa. Neurocientífico de la Universidad de Pensilvania, estaba profundamente interesado en la naturaleza fundamental de la realidad y las diferencias que hay entre el mundo que percibimos y el mundo tal como es realmente. Esto lo llevó a interesarse por las experiencias místicas, especialmente la que se conoce como *unidad*. Esto es lo que nos explicó al respecto:

> La unidad es la sensación de ser uno con todo. Es un concepto fundamental en casi todas las tradiciones religiosas. Esta experiencia está representada de miles de maneras. Y si se leen las descripciones de quienes la han tenido, nos encontramos con que suelen describirla como más "fundamentalmente real" que cualquier otra cosa que hayan experimentado, más real que la realidad. Bueno, ¿qué significa eso? Creo que significa que, al tratar de responder a esta pregunta, debemos tener en cuenta tanto la ciencia como la espiritualidad, que no podemos limitarnos a descartar esta última por el solo hecho de que nos haga sentir incómodos como científicos.

El cuestionamiento de Newberg coincidió con rápidos avances en la tecnología de las imágenes neurales, como la resonancia magnética funcional y la tomografía por emisión de positrones. Con estos desarrollos, los investigadores pasaron de tratar de comprender la estructura del cerebro a tratar de comprender su funcionamiento. Preguntas como qué hace el cerebro cuando nos reímos, compramos o tenemos un orgasmo eran, de pronto, susceptibles de ser respondidas. Newberg pensó que si estas experiencias podían ser descifradas, ¿por qué no podrían serlo las experiencias místicas? ¿Por qué no examinar el cerebro en relación con la unidad?

En esos tiempos, estas cuestiones eran controvertidas. «Cuando me interesé en el tema, muy pocos científicos pensaban que las experiencias místicas eran reales —siguió contándonos Newberg—. Decirle a un psiquiatra que te sentías uno con todo era una buena manera de conseguir que te encerrasen en una celda acolchada, y tratar de investigar al respecto era una forma fácil de lograr que prescindiesen de tus servicios».

Pero Newberg persistió, y fue la primera persona en usar las imágenes cerebrales ofrecidas por esas herramientas tecnológicas innovadoras para examinar las experiencias místicas. Eligió a monjas franciscanas y budistas tibetanos como sujetos para su investigación. Durante los momentos de intensa oración, las monjas afirmaban experimentar la *unio mystica* (la unidad con el amor de Dios). En el caso de los budistas, el punto culminante de la meditación los llevaba a un estado de ser «absolutamente unitario», o, como se suele decir, de «unidad con el universo». Mediante el uso de la tomografía computarizada de emisión monofotónica (SPECT) para tomar imágenes del cerebro durante esos momentos sublimes, Newberg puso a prueba esas afirmaciones.

Los escáneres mostraron una desactivación significativa del lóbulo parietal derecho, un componente clave del sistema de navegación del cerebro. Esta región cerebral nos ayuda a movernos por el espacio juzgando los ángulos y las distancias. Pero para efectuar estos juicios, esta región primero debe decidir dónde termina nuestro propio cuerpo y dónde comienza el resto del mundo; con este fin, esencialmente, traza una línea divisoria entre lo que es uno mismo y lo que no lo es.

Este límite es importante. A las personas que sufren un derrame o daño cerebral en esta zona les cuesta sentarse en un sofá porque no saben dónde terminan sus piernas y dónde comienza el sofá. Y se trata de un límite flexible. Cuando los pilotos de carreras sienten el terreno debajo de sus pedales, o las personas ciegas sienten la acera a través del extremo de su bastón —o, también, cuando los SEAL se fusionan con su equipo en una operación nocturna—, ello se debe, en parte, a que el lóbulo parietal derecho difumina los límites del yo.

Newberg descubrió que la concentración extrema puede hacer que el lóbulo parietal derecho se desconecte. «Es un intercambio de eficiencia —nos explicó—. Durante la oración o la meditación extáticas, la energía normalmente utilizada para dibujar el límite del yo es redirigida a la atención. Cuando esto sucede, ya no podemos distinguir el propio yo de lo demás. En ese momento, según aprecia el cerebro, somos uno con todo».

Al encontrar el componente biológico que subyace a la espiritualidad, Newberg ayudó a salvar la distancia entre la ciencia y la religión. Por primera vez, las experiencias místicas se entendieron no como un síntoma de enfermedad mental o un signo de intervención divina, sino más bien como una consecuencia de un funcionamiento cerebral normal. Casi de la noche a la mañana, un área que había estado fuera del alcance de los investigadores estaba abierta para ser explorada. Esto supuso el surgimiento del campo conocido como *neuroteología*, que se ocupa de aplicar las herramientas de la ciencia moderna del cerebro al estudio de la experiencia religiosa.

Y la unidad es solo la primera de una larga serie de experiencias de este tipo que los investigadores han descifrado. «Es sorprendente lo lejos que ha llegado la neuroteología —nos contó Newberg—. Distintos tipos de meditación, la recitación, el canto, el *flow*, la oración, la mediumnidad, la xenoglosia (el don de lenguas), la hipnosis, el trance, la posesión, las experiencias extracorporales, las experiencias cercanas a la muerte y la percepción de presencias, todo ello ha sido examinado utilizando aparatos de escaneado de alta potencia».

Una buena manera de hacerse una idea del rápido progreso de la neuroteología es examinar el trabajo del doctor Shahar Arzy, director del Laboratorio de Neuropsiquiatría de la Universidad Hebrea de Jerusalén y uno de los investigadores que siguen los pasos de Newberg. Mientras que Newberg estaba intrigado por una de las experiencias místicas que más personas afirman haber tenido en el ámbito de la espiritualidad (la de la unidad), Arzy se interesó en 2011 por una de las más poco frecuentes: tener una visión del propio doble, conocido también como *doppelgänger*.[19]

En el siglo XIII, el místico judío español Abraham Abulafia, el padre fundador de la *cábala extática*,[20] desarrolló un sistema de meditación con el que se podía llegar a tener esta experiencia, supuestamente. Este método, que combinaba una elaborada serie de instrucciones, no solo generaba un *doppelgänger*, sino que, según Abulafia, permitía hacerle preguntas y buscar su consejo.

A partir del trabajo de Newberg sobre el lóbulo parietal, Arzy postuló que una región que se encontraba justo al lado de este, la unión temporoparietal, podía ser la responsable de este efecto. Esta parte del cerebro responde a la pregunta «¿dónde estoy ahora?» integrando datos sobre la visión, el tacto, el equilibrio y el tiempo. Y Arzy sospechaba que el método de Abulafia fue diseñado específicamente para alterar esta función.

La fórmula del cabalista combina la respiración, la visualización, la oración y una serie de movimientos de la cabeza: cuando se pronuncia la primera letra del nombre de Dios, hay que levantar lentamente la cara hacia el cielo; cuando se pronuncia la segunda letra, hay que empujar el cuello hacia atrás y la cabeza hacia delante, como un pájaro carpintero. «La unión temporoparietal se encuentra justo encima de la región que procesa el movimiento –nos explicó Arzy–. Es posible que estos movimientos de la cabeza engañen a esta región para que envíe mensajes erróneos sobre la posición del cuerpo. Esto podría intensificar los efectos [asociados a un cambio de estado] de la visualización y la meditación y producir un *doppelgänger*».

Arzy confirmó su presentimiento cuando pudo usar la imagen por resonancia magnética funcional (IRMf) para examinar a una niña epiléptica que había estado viendo a su doble. La exploración reveló daños en la unión temporoparietal, lo cual proporcionaba una explicación neurológica a lo que antes se había considerado que era una experiencia mística. Posteriormente, encontró una manera de inducir este fenómeno en personas sanas. Utilizando la realidad virtual para forzar a los espectadores a alternar la perspectiva entre dos versiones de sí mismos, creó una actualización de la meditación de Abulafia basada en la tecnología avanzada. Y funcionó. Casi al instante, los sujetos que participaron en el estudio ya no pudieron diferenciarse de sus *doppelgängers* simulados, sin necesidad de tener unas determinadas creencias ni de realizar ninguna práctica.[21]

En los quince años transcurridos desde que Newberg fundó el campo de la neuroteología hasta la escritura de este libro, hemos pasado de las investigaciones iniciales de este tipo de efectos a poder reproducirlos a voluntad. Ambos desarrollos proporcionan una comprensión más clara de la mecánica del éxtasis; esencialmente, una versión breve de las técnicas esotéricas que tardaron miles de años en evolucionar. Tengamos en cuenta que la mayoría de las religiones tienen largas recetas para encontrar lo divino, compuestas por cientos de ingredientes: qué comer, qué ropa ponerse, con quién casarse, cómo actuar, qué creer y, por supuesto, qué tipo de prácticas espirituales realizar. Pero entre todos los elementos de estas listas, solo hay unos pocos «ingredientes activos» que impactan de manera fiable en el funcionamiento cerebral y alteran la conciencia.

La neuroteología nos permite comprobar qué ingredientes marcan realmente la diferencia. Como escribe David Brooks en *The New York Times*:

De maneras inesperadas, la ciencia y el misticismo se están encontrando y se están reforzando mutuamente. Es probable que esto conduzca a nuevos movimientos que pongan el acento en la autotrascendencia pero que den poca importancia a la ley divina o la revelación. Los creyentes ortodoxos tendrán que defender unas determinadas doctrinas y enseñanzas bíblicas. [...] Estamos en medio de una revolución científica que tendrá grandes efectos culturales.

Posiblemente, unos efectos culturales *muy* grandes. Como este trabajo no es confesional, se dirige a un abanico de personas más amplio que las ortodoxias establecidas. Ciertamente, los ateos han usado el hecho de que existe un componente neuronal subyacente a la experiencia mística para afirmar que la espiritualidad no es más que un truco del cerebro. Pero la neuroteología adopta una posición neutral en cuanto a la fe. Todo lo que demuestra este trabajo es que estas experiencias cuentan con una mediación biológica. Si uno es creyente, le ofrece una comprensión más profunda de los métodos divinos. Si uno no es creyente, le proporciona otra herramienta de alteración de la conciencia a la cual puede recurrir. En cualquiera de los casos, estos avances hacen más que limitarse a facilitar una explicación académica para el éxtasis: proporcionan un «manual del usuario» sobre cómo obtenerlo.

Del sistema operativo a la interfaz de usuario

Abraham Maslow dijo en una ocasión: «Cuando todo lo que tienes es un martillo, todo problema te parece un clavo».[22] Lo que quiso decir es que a la hora de resolver problemas tendemos a limitarnos a usar las herramientas que nos son familiares de la manera que sabemos. Esta actitud se conoce técnicamente como *ley del instrumento*. Dale a alguien un martillo y, en efecto, buscará clavos que golpear. Pero preséntale a esa persona un problema en el que deba usar ese mismo martillo como el tope de una puerta, o el peso de un péndulo, o un hacha de guerra, y lo normal será que su rostro refleje una expresión vacía.

Puede ser que nos hallemos frente a una situación similar en relación con nuestra mente. Al menos desde la Ilustración francesa y el *cogito ergo sum* ('creo, luego existo') de Descartes, hemos confiado a nuestro yo racional, lo que los psicólogos llaman nuestro *ego*, la dirección de todo el espectáculo. Es una reacción en la línea de la metáfora del martillo de Maslow: todo problema que encontramos intentamos resolverlo pensando.

Y sabemos que esta solución no funciona. Incluso un rápido vistazo a las terribles estadísticas actuales en cuanto a la salud mental (uno de cada cuatro estadounidenses está tomando medicamentos psiquiátricos[23] y la tasa de suicidios está aumentando en todas las edades,[24] desde los diez hasta los setenta y ocho años) muestra lo gravemente sobrecargado que está nuestro procesamiento mental hoy en día. Es posible que hayamos llegado al límite, y tal vez sea hora de que nos replanteemos nuestra actitud respecto al pensamiento.

Con los recientes avances en el campo de la neurobiología, actualmente contamos con opciones: la cognición encarnada nos enseña que la forma en que movemos el cuerpo afecta al cerebro y la mente. La terapia basada en la inteligencia artificial demuestra que nuestras expresiones subconscientes pueden reflejar nuestro estado interno con mayor precisión de lo que podemos contar nosotros mismos. La precognición prueba que podemos anticipar cómo nos vamos a sentir y cómo vamos a pensar en el futuro siguiendo la pista de nuestros parámetros biométricos, e incluso alterándolos, en el presente. La neuroteología integra todos estos hallazgos y nos permite realizar ingeniería inversa con una gran cantidad de estados no ordinarios, partiendo de nuestra neurofisiología.

En lugar de tratar nuestra psicología como el sistema operativo incuestionable de toda nuestra vida, podemos hacer que funcione más como una interfaz de usuario, es decir, ese tablero de mandos fácil de usar que se ubica sobre todos los demás programas, más complejos. Al tratar la mente como un tablero de mandos, es decir, al tratar los distintos estados de conciencia como aplicaciones que hay que usar juiciosamente, podemos evitarnos muchos discursos psicológicos improductivos y obtener resultados más deprisa y, a menudo, experimentando menos frustración.

Tomemos, como ejemplo, una de las dolencias más comunes del mundo moderno: la depresión entre leve y moderada. En lugar de permanecer abatidos y esperar a que las cosas mejoren por sí mismas, podemos acudir a nuestra interfaz de usuario y elegir ejecutar un programa alternativo. Podemos subirnos a una cinta de correr (los estudios muestran que el ejercicio es efectivo para la depresión en todos los casos, excepto los graves),[25] o tomar un poco el sol (el setenta por ciento de los estadounidenses tienen déficit de vitamina D, lo cual tiene un impacto directo en el estado de ánimo),[26] o meditar durante quince minutos (un artículo publicado en el *Journal of the American Medical Association* mostraba que la meditación es tan efectiva como los inhibidores selectivos de la recaptación de serotonina [ISRS], pero sin sus efectos secundarios).[27] Ninguno de estos enfoques requiere que pensemos sobre nuestro pensamiento, pero cada uno de ellos puede cambiar significativamente nuestro estado de ánimo.

Opciones como estas no solo están disponibles en nuestra vida personal, sino también en la profesional. En lugar de esperar nerviosamente una entrevista de trabajo y obsesionarnos con todo lo que podría ir mal, podemos elegir una página del libro de Amy Cuddy y ponernos de pie, respirar profundamente y adoptar una postura que induzca una reducción del cortisol, un incremento de la testosterona y una estimulación de la confianza. En lugar de utilizar los libros de liderazgo que están de moda y una nueva declaración de objetivos para despedir empleados, podemos seguir el ejemplo de ESADE y utilizar la neurorretroalimentación para aumentar la coherencia grupal y promover sesiones estratégicas más productivas.

Pero la mayoría de nosotros no haremos nada de eso cuando nos encontremos con dificultades. Pensaremos más, hablaremos más y nos estresaremos más. Esperaremos a sentirnos mejor para dar ese paseo al sol, en lugar de darlo para sentirnos mejor. Esperaremos a conseguir ese empleo para levantar el puño en señal de victoria, en lugar de hacerlo al revés.

Esto se debe a que, al principio, el cambio del sistema operativo a la interfaz de usuario puede desorientarnos totalmente: si podemos alterar el contenido de nuestra mente cambiando deliberadamente nuestra neurofisiología (la respiración, la postura, las ondas cerebrales, etc.), ¿de qué sirven todas esas historias que nos hemos estado contando? Si no somos nuestros pensamientos, ¿quiénes somos realmente?

Esta idea (la de que nuestro ego no lo es todo ni es la quintaesencia de todo) prosperó en Asia durante siglos antes de aterrizar en California en la década de 1960. Los *swamis* y lamas sostenían que los pensamientos eran ilusiones y que el nirvana venía después de la muerte del ego. Pero para la persona occidental moderna, todos esos intentos serios (y a veces confusos) de trascender el yo no resultaron ser muy prácticos. Para manejarnos con coherencia en el mundo acelerado de hoy, necesitamos nuestro ego para lidiar con nuestras relaciones y responsabilidades. Lo que no debemos hacer es usarlo como el martillo de Maslow y concebir todo lo que nos rodea como un problema psicológico que hay que superar.

En lugar de ello, podemos mantenernos por encima de nuestra mente discursiva y manejar los mandos y palancas de nuestra neurobiología. Aunque pueda parecernos que es poco probable que podamos hacer esto, quienes manifiestan un mejor desempeño ya lo han logrado. Los monjes tibetanos pueden apagar el modo predeterminado que es la charla mental casi a voluntad,[28] los francotiradores SEAL sintonizan sus ondas cerebrales en la frecuencia alfa antes de enfocarse en sus objetivos[29] y quienes practican deportes extremos apaciguan el ritmo cardíaco justo antes de saltar desde una montaña o afrontar una ola peligrosa.[30] Eluden la mente consciente a propósito. Acceden a estados del ser más eficientes y efectivos, y lo hacen procediendo exactamente al revés de como nos han enseñado a la mayoría de nosotros.

Esto nos vuelve a remitir al éxtasis. Cuando salimos del ego convencional y experimentamos la riqueza de los estados alterados, es esencial que «actualicemos nuestro *software*». Esas personas metidas en trajes de mono que pensábamos que éramos nosotros (hasta que nos dimos cuenta de que no lo éramos) no tienen por qué limitarnos ni definirnos.

Como sostiene Ron Heifetz, profesor de la Escuela de Negocios de la Universidad de Harvard: «Autodiagnosticarse [...] mientras se está en medio de la acción requiere la capacidad de distanciarse en cierta medida de lo que está sucediendo. "Asomarse al balcón" [...] [proporciona] la distancia necesaria para ver lo que está ocurriendo realmente».[31]

Y esto es lo que nos ofrece el hecho de pasar del sistema operativo a la interfaz de usuario: una mejor vista desde el balcón. Cuando constantemente vemos más «lo que está sucediendo realmente», podemos liberarnos de las limitaciones de nuestra psicología. Podemos utilizar mejor nuestro ego: para modular nuestra neurobiología y, con ello, nuestra experiencia. Podemos entrenar al cerebro para encontrar nuestra mente.

Capítulo seis

Farmacología

Todos los seres buscan drogarse

E n 2012, en las aguas situadas frente a la costa sudeste de África, John Downer, fotógrafo de la vida salvaje ganador de un premio Emmy, instaló una serie de cámaras ocultas en un intento de obtener imágenes de delfines nariz de botella en su hábitat natural. Desplegó cámaras subacuáticas «disfrazadas» de calamar, de pez e incluso de tortuga marina. Procedió de esta manera con la esperanza de registrar un comportamiento más relajado en los animales del que sería posible con las técnicas de filmación tradicionales. Y funcionó. Los delfines que aparecen en las imágenes de Downer se ven más relajados de lo normal. Mucho más relajados, en realidad.

Esto se reflejó en el hecho de que los delfines estaban como locos con los peces globo. Por primera vez se filmó una situación como esta: un delfín agarró un pez globo del fondo del océano, lo mordisqueó un momento y luego se lo pasó a otro delfín de la manada. Por un momento, pareció que estaban jugando a un juego de caza submarina, pero el pez globo, aterrorizado, no tardó mucho en activar su principal mecanismo de defensa: la liberación de una nube amarillenta consistente en una neurotoxina mortal. A la luz de lo que sucedió después, parece que esto era exactamente lo que pretendían los delfines.

Si bien es mortal en grandes dosis, la neurotoxina que suelta el pez globo es, en pequeñas cantidades, embriagadora, e induce un potente cambio de conciencia que desencadena un estado de trance en los delfines. Tras ingerir un poco, los animales que se ven en las imágenes de Downer se acurrucaron en forma de vaina apretada, con una sonrisa en la cara, la cola apuntando hacia el fondo del mar y el hocico haciéndole cosquillas a la superficie del agua. «Estaban pasando el rato con el morro en la superficie como si estuvieran fascinados por su propio reflejo –dijo Downer al *International Business Times*–. Nos recordó esa locura de hace unos años en que la gente comenzó a lamer sapos para drogarse».[1]

Cuando se lanzó la filmación, se produjo cierto alboroto. Se hicieron populares titulares como «¿Dan los delfines drogados un significado completamente nuevo a "pasar una calada"?»,* y las visitas a YouTube fueron millones.[2] Pero la verdad es que no debería haber sorprendido a nadie que los delfines se drogasen.

En las últimas décadas, los psicofarmacólogos han estado catalogando las estrategias a las que acuden distintos tipos de animales para alterar su estado de conciencia, y han documentado muchas. Los perros lamen sapos para drogarse, a los caballos les encanta la hierba loca, las cabras engullen hongos alucinógenos, los pájaros mastican semillas de marihuana, los gatos disfrutan con la hierba gatera, los ualabíes arrasan los campos de amapolas, los renos disfrutan de la *Amanita muscaria*, los babuinos se deleitan con la

---

* N. del T.: Este titular juega con las palabras en inglés, pues *puff pass* ('pasar una calada') quiere evocar a la vez la acción de pasarse un pez globo, animal que se conoce con el nombre de *puffer fish* en esta lengua.

iboga, las ovejas disfrutan del liquen alucinógeno y los elefantes se emborrachan con ciertas frutas fermentadas (aunque también se sabe que asaltan cervecerías).[3]

Este comportamiento es tan común entre los animales que los investigadores han llegado a creer que, como señaló Ronald K. Siegel, psicofarmacólogo de la UCLA, en su libro *Intoxication*, «la búsqueda y el consumo de drogas son comportamientos biológicamente normales. [...] En cierto sentido, la búsqueda de sustancias estupefacientes [por parte de los animales] es la regla más que la excepción». Esto ha llevado a Siegel a una conclusión controvertida: «La búsqueda de la embriaguez por medio de drogas es una fuerza motivadora primaria en los organismos».[4]

El ansia de salir de la propia cabeza es tan grande que actúa a modo de «cuarto impulso primario»; es una fuerza modeladora del comportamiento tan potente como los tres impulsos básicos (el deseo de comida, agua y sexo). La gran pregunta es por qué. La embriaguez, tanto en los animales como en los humanos, no es siempre la mejor estrategia para sobrevivir, como reconoce Siegel:

> Los cadáveres de pájaros borrachos ensucian las carreteras. Los gatos pagan con daño cerebral su adicción a las plantas que les proporcionan placer. Las vacas envenenadas con malas hierbas pueden acabar por morir. [...] Los monos desorientados ignoran a sus crías y se alejan del entorno seguro que proporciona el grupo. Los seres humanos no son diferentes.[5]

Si las sustancias que alteran la mente son tan peligrosas, ¿por qué se aventurarían a tomarlas los miembros de cualquier especie? Si el objetivo de la evolución es la supervivencia y la propagación, los comportamientos que van en contra de este imperativo tienden a desaparecer con el tiempo. Pero el hecho de que el consumo de drogas sea tan común en las selvas del Amazonas como en las calles de Los Ángeles parece indicar que tiene un propósito evolutivo útil. Los investigadores llevan un tiempo reflexionando al respecto, y han concluido que la embriaguez desempeña un papel evolutivo muy importante: el de deshacer patrones.

En la naturaleza, los animales a menudo quedan atrapados en unas rutinas; llevan a cabo las mismas acciones una y otra vez, y los beneficios que obtienen de ello son cada vez menos. Pero interrumpir este comportamiento no es fácil. Escribe el etnobotánico italiano Giorgio Samorini en su libro *Animales que se drogan*:

> El principio de conservación tiende a preservar rígidamente los esquemas y patrones establecidos, pero la modificación (la búsqueda de nuevas vías) requiere un instrumento de disolución de patrones [...] capaz de oponerse, al menos en determinados momentos, al principio de conservación. Tengo la impresión de que el comportamiento consistente en buscar y consumir drogas, tanto en los humanos como en los animales, está estrechamente vinculado con [...] la disolución de patrones.[6]

En términos más contemporáneos, tanto Siegel como Samorini han argumentado que los animales consumen plantas psicoactivas porque estas promueven el *pensamiento lateral*, el cual puede contribuir a la resolución de problemas a través de enfoques indirectos y creativos. El pensamiento lateral implica grandes saltos intuitivos entre las ideas. De ahí surgen ideas que tienen mucho más un carácter innovador que de mejoramiento de las ya existentes; este tipo de pensamientos son mucho más difíciles de obtener en el contexto de la conciencia de vigilia normal. Al estar nuestro yo siempre en guardia ante lo que se nos ocurre, los planes locos y las ideas descabelladas tienden a ser filtrados y excluidos mucho antes de que tengan ocasión de demostrar su utilidad. Pero la embriaguez por drogas reduce estas limitaciones.

Y las ventajas evolutivas de la embriaguez benefician a todos los implicados. En su libro *The Botany of Desire* [La botánica del deseo], Michael Pollan argumenta que la coevolución (el hecho de unirse dos especies, a menudo sin saberlo, en favor de los intereses de ambas) también se extiende a los humanos y las plantas estupefacientes. A cambio de ayudar a las plantas alteradoras de la mente a propagarse y competir con éxito con otras especies, estas mismas plantas han desarrollado unas propiedades psicoactivas aún mayores para que las disfrutemos. Explicaba Pollan en un ensayo:

> Las plantas evolucionaron para satisfacer nuestros deseos. [...] [A cambio], les proporcionamos más hábitats y llevamos sus genes por todo el mundo. Esto es lo que quiero decir con *botánica del deseo*. Nuestro deseo [...] de embriagarnos, de experimentar cambios de conciencia, [es] una fuerza potente en la historia natural.[7]

Pero hay un par de limitaciones que han mantenido esta fuerza coevolutiva bajo control durante mucho tiempo. La primera es la ubicación. Los elefantes se emborrachan en lugar de volverse cocainómanos porque la coca crece en los Andes y no en África. Los babuinos nunca prueban los hongos de la tundra ártica y tienen que ceñirse a la iboga para «colocarse». Los delfines se exponen a un envenenamiento letal porque no tienen bebidas alcohólicas a su disposición. Los humanos también han permanecido en gran medida limitados por la geografía. Hasta la llegada del comercio y los viajes de ámbito mundial, las sustancias que podíamos consumir eran las que crecían a nuestro alrededor.

La segunda limitación es la cultura. Los antropólogos han descubierto que tan pronto como un estupefaciente local se consagra en la tradición, la gente recela de los importados. Pollan explica que «curiosamente, la mayoría de las culturas promueven una planta [como estupefaciente], o dos, y condenan las otras. Elevan una a la categoría de fetiche e imponen tabúes a las demás».[8]

Esto explica por qué, cuando los sacerdotes franciscanos llegaron a México y encontraron el cactus peyote en el centro de la religión local, prohibieron la planta e impusieron su propia preferencia por el vino sacramental (a pesar de que ello tuvo consecuencias catastróficas para las poblaciones nativas, a las que les faltaba una enzima clave para metabolizar el etanol).[9] Por el contrario, durante el período en que estuvo vigente la ley seca en los Estados Unidos (esencialmente, la década de 1920), era ilegal cultivar manzanas, pues con ellas podía hacerse sidra fermentada, mientras que las tinturas de opio y marihuana estaban disponibles en las farmacias locales.[10]

Estas son las limitaciones de la botánica del deseo: la geografía y la cultura. Juntas, nos han impedido expresar plenamente ese «cuarto impulso evolutivo», el deseo incontenible de buscar estados de conciencia no ordinarios. Y dado que distintos compuestos químicos desencadenan distintos estados (y, con ellos, unos flujos de información únicos y originales), estas restricciones han limitado nuestro acceso a los beneficios «reestructuradores» de diferentes tipos de cognición.

Pero la farmacología (más específicamente, la rama de la farmacología que se ocupa de los compuestos psicoactivos) ha cambiado las reglas del juego. Nos permite acceder a más sustancias que nunca antes, y esto nos proporciona datos más diversos que debemos tener en cuenta. Y tal vez nadie jugó un papel más importante en la reescritura de esas reglas que el químico renegado Alexander Shulgin.

El Juanito Manzanas* de los psicodélicos

Alexander Shulgin recibió muchos nombres en el transcurso de su carrera. La revista *Wired* lo apodó Profesor X,[11] mientras que *The New York Times* prefirió llamarlo Dr. Éxtasis.[12] Como era un hombre alto con una blanca cabellera y una espesa barba, también lo llamaban Gandalf.[13] Más formalmente, Shulgin ha sido descrito como «un bioquímico genial», un «psicofarmacólogo pionero» y, según la Drug Enforcement Administration (DEA, 'administración para el control de drogas') estadounidense, un «criminal peligroso». Sus amigos lo conocían como Sasha.

Sasha Shulgin nació en Berkeley (California) en 1925.[14] Era un niño prodigio y a los quince años obtuvo una beca completa para estudiar química en Harvard, pero abandonó la universidad al cabo de unos meses para unirse a las fuerzas navales. Una vez finalizada la Segunda Guerra Mundial, retomó esos estudios y se doctoró en la Universidad de California en Berkeley antes de aceptar un trabajo como investigador jefe en Dow Chemical Company. Ahí efectuó dos descubrimientos que moldearían el curso de su vida.

El primero fue el Zectran, un pesticida biodegradable que fue un producto muy rentable para la empresa. El segundo fue la mescalina, una droga que probó por primera vez mientras trabajaba para Dow Chemical. Le sorprendió que un poquito de polvo blanco pudiera producir una reacción tan grande. «Descubrí que había mundos dentro de mí», dijo.[15] Y comprender esos mundos se convirtió en la búsqueda central de su vida. Roland Griffiths, psicofarmacólogo de la Universidad Johns Hopkins, explica lo siguiente:

---

* N. del T.: Juanito Manzanas, Johnny Appleseed en su denominación original (apodo de un hombre que se llamó John Chapman), fue un pionero y héroe folclórico estadounidense que cultivó una gran cantidad de manzanos en el siglo XIX.

Sasha estaba interesado en explorar la naturaleza y los límites de la condición humana retocando algunas de estas moléculas [psicodélicas] para que produjesen diversos tipos de efectos interesantes. En realidad, en esto consiste la farmacología clínica en esencia. Estamos estudiando la naturaleza del organismo humano.[16]

Tras crear ese plaguicida que se vendió tan bien, Dow Chemical le dio a Shulgin la libertad de ir tras sus propias metas. No es sorprendente que eligiera centrarse en los psicodélicos, comenzando con la mescalina; modificó esta droga un átomo cada vez y probó los resultados en sí mismo. Por poco ortodoxo que pueda parecer hoy en día, las pruebas sobre uno mismo fueron la norma en el campo de la psicofarmacología durante la mayor parte del siglo pasado, y Shulgin emprendió esta práctica con vigor. Probó todas las variaciones de mescalina que pudo crear y después pasó a centrarse en otros compuestos.

Todo esto tuvo lugar en el contexto inestable de los años sesenta, y en Dow Chemical se sintieron cada vez más incómodos poseyendo patentes de medicamentos que el Gobierno estaba tratando de eliminar. Cuando la fórmula de Shulgin para la potente 2,5-dimetoxi-4-metilamfetamina (DOM) fue reproducida por químicos clandestinos y vendida a *hippies* desprevenidos, lo que provocó un aumento de las visitas a Urgencias en todos los Estados Unidos, la compañía agotó su paciencia, y ambas partes decidieron que había llegado el momento de separarse.

Entonces Shulgin empezó a trabajar por cuenta propia, y pasó a ser un autónomo *extremadamente* independiente. Tras convertir un viejo cobertizo de jardín en su laboratorio, retomó su trabajo donde lo había dejado, es decir, siguió elaborando fórmulas de psicodélicos y probándolos. Entre 1966, el año en que estableció su «taller» en el patio trasero de su casa, y su muerte en 2014, se convirtió en uno de los psiconautas (es decir, en uno de los exploradores del espacio interior) más prolíficos de la historia. Desarrolló y probó más de doscientos compuestos; primero los ponía a prueba en sí mismo, después en su esposa (Ann) y finalmente en el pequeño círculo de amigos que hacía las veces de grupo de investigación. Para poner este logro en perspectiva, en la década de 1950 había unos veinte psicodélicos conocidos, entre ellos el LSD, la psilocibina y la dimetiltriptamina (DMT). En la década de 1980, Shulgin había ampliado esa lista a más de doscientos.

Entre todos estos experimentos, Shulgin es especialmente conocido por resintetizar la MDMA (el éxtasis), un compuesto desarrollado por primera vez por la compañía farmacéutica alemana Merk en 1912; advirtió que incrementaba la empatía en gran medida y les dijo a algunos psiquiatras amigos suyos que podría tener potencial terapéutico. Esos amigos la probaron en sí mismos y quedaron impresionados con los resultados. Comenzaron a usarla con pacientes, quienes se lo dijeron a sus amigos; muy pronto corrió la voz de que existía una «bomba de amor» en forma de píldora, y nació la locura del éxtasis.

Shulgin también preparó estimulantes, depresivos, afrodisíacos y un montón de productos químicos extraños: drogas que ralentizaban el tiempo y otras que lo aceleraban; drogas que inducían potentes reacciones emocionales y otras que adormecían totalmente las emociones. Además, ideó la *escala Shulgin*, un sistema de seis niveles que iba de *menos* para indicar «ningún resultado» a +4 para indicar «un estado trascendental muy poco frecuente y muy valioso»,[17] y tomó abundantes notas. Por ejemplo, escribió lo siguiente sobre el psicodélico 2C-T-2:

Con veintidós miligramos, la manifestación de los síntomas es lenta. Se tardó una hora en llegar al +1, y casi otra hora en llegar

al + 3. Imágenes de fantasía muy vívidas [...] algunos patrones ama-
rillos grisáceos al estilo de la psilocibina. Diarrea aguda aproximadamente a la cuarta hora, pero no hay otros problemas físicos obvios.
Erotismo hermoso [forma que tiene Shulgin de referirse a la calidad
del sexo]. Buen material para un número desconocido de posibles
usos. [...] Mejor probar con veinte miligramos la próxima vez.[18]

Sorprendentemente, Shulgin hizo todo esto sin ocultarse a la
mirada de la ley. Para poder probar estas sustancias legalmente, obtuvo una determinada licencia por parte de la DEA, que le permitió acceder al tipo de drogas más restringidas. En el proceso, trabó
amistad con Bob Sager, director de los laboratorios occidentales de
la DEA, y comenzó a organizar seminarios para agentes, a quienes
les suministró muestras, y ocasionalmente acudió como testigo a
los tribunales. En 1988 publicó el que se convirtió en el libro de
referencia definitivo en este campo, *Controlled Substances: Chemical
and Legal Guide to Federal Drug Laws* [Sustancias controladas: guía
química y legal para las leyes federales sobre las drogas], que le valió
varios premios en el ámbito de la aplicación de la ley.

Pero fueron otros dos libros los que definieron el legado de
Shulgin. El primero fue *PiHKAL*, acrónimo de *Phenethylamines I
Have Known and Loved* [Fenetilaminas que he conocido y amado],
una referencia a la clase de psicodélicos que contienen mescalina y 2C-B. Escrito en colaboración con su esposa y publicado en
1991, *PiHKAL* estaba compuesto de dos partes. La primera era una
autobiografía ficticia de la pareja. La segunda parte contenía una
descripción detallada de ciento setenta y nueve drogas psicodélicas
e incluía instrucciones claras relativas a su síntesis, así como información acerca de bioensayos, dosis, duración y situación legal, además de comentarios; es decir, todo lo que un aspirante a psiconauta
necesitaba para despegar.

El segundo libro, *TiHKAL*, acrónimo de *Tryptamines I Have Known and Loved* [Triptaminas que he conocido y amado], vio la luz en 1998, y está dedicado a drogas como el LSD, la DMT y la ibogaína. En este volumen, los Shulgin incluyeron las fórmulas de cincuenta y cinco sustancias más, e incluso más comentarios. Escribieron:

> Úsalas con cuidado y con respeto en cuanto a las transformaciones que pueden inducir, y tendrás una herramienta de investigación extraordinaria. Pero si vas por ahí con una droga psicodélica para pasarlo bien un sábado por la noche, las consecuencias pueden ser realmente perjudiciales.

Estos comentarios admonitorios no impidieron las consecuencias que cabía esperar. Dos años después de la publicación de *PiHKAL*, Richard Meyers, portavoz de la oficina de la DEA en San Francisco, dijo a los periodistas: «Opinamos que esos libros son, básicamente, libros de recetas sobre cómo hacer drogas ilegales. Los agentes me han dicho que han encontrado ejemplares de ellos en los laboratorios clandestinos en los que han entrado».[19] Por lo tanto, entraron también en el laboratorio de Shulgin, lo multaron con veinticinco mil dólares por violar los términos de su acuerdo y le retiraron la licencia que le había permitido operar dentro de la legalidad.

Aunque varias agencias gubernamentales continuaron vigilando a Shulgin durante el resto de su vida, nunca lo acusaron de ningún delito. Y él no se arrepintió nunca de su decisión, como explica Rick Doblin, fundador de la organización sin ánimo de lucro MAPS, dedicada a la investigación de las drogas psicodélicas:

> Sasha estaba decididamente a favor de la libertad personal. Tenía el convencimiento de que este tipo de experiencias de expansión de

la conciencia eran cruciales para el desarrollo espiritual y emocional del mundo. Su decisión de compartir su investigación provino del miedo que tenía de morir con ese enorme caudal de conocimiento atrapado en su interior. Sasha ya tenía ese impulso favorable al «código abierto» incluso antes de escribir *PiHKAL*: le daba información a cualquiera que preguntase, tanto si era un agente de la DEA como alguien que manipulaba psicodélicos de forma clandestina. Pero tras publicar esa obra, el advenimiento de la represión fue como cerrar la puerta del establo después de que los caballos ya se hubieran ido. La investigación había visto la luz y Sasha sabía que, aunque el clima del momento fuera hostil a esas sustancias, en algún tiempo futuro las cosas cambiarían y su trabajo sería muy útil.

Al publicar sus recetarios psicodélicos, Shulgin traspasó los límites geográficos y culturales de la botánica del deseo. Al difundir esas fórmulas, distribuyó cientos de herramientas de investigación de la conciencia y cambió innumerables vidas. Teafaerie, una amiga íntima de la pareja, escribió estas palabras en su ensayo titulado «No Retirement Plan for Wizards» [Ningún plan de jubilación para magos], que gozó de una gran difusión:

Todo el mundo sabe quiénes son los Shulgin. Es imposible ponderar demasiado su contribución colectiva a la cultura psicodélica y, de hecho, al tejido mismo de la sociedad humana en general. No solo nos trajeron la mayoría de nuestras alfabetaminas favoritas, sino que además las probaron en sí mismos y publicaron sus exhaustivas notas para que el resto de nosotros pudiéramos beneficiarnos de sus descubrimientos rompedores. Sasha es el psicofarmacólogo más grande que haya existido. Ann es pionera en el campo de la terapia asistida con empatógenos. Su historia de amor ha inspirado a millones de personas. Y eso solo para empezar.[20]

Tu cerebro cuando has tomado drogas

Aunque está claro que con Shulgin empezó todo, su impacto se hizo sentir principalmente en los extremos de la sociedad, más en concreto en los ámbitos de la aplicación de la ley y la contracultura. Pero son los investigadores de los psicodélicos de la siguiente generación, como Robin Carhart-Harris, quienes han llevado este impacto directamente a la sociedad en general.

El primer objeto de interés de Carhart-Harris no fueron las sustancias capaces de alterar la mente. Al principio, cuando acabó un máster en psicoanálisis en la Universidad Brunel (Inglaterra), fue el inconsciente lo que le llamó la atención:

Ahí estaba una parte de nuestra mente que parecía dirigir en gran medida nuestro comportamiento —nos explicó—, pero era increíblemente difícil de estudiar. Estuve en un seminario en el que el profesor enumeró todos los métodos que utilizamos para acceder a él: la asociación libre, el análisis de sueños, la hipnosis, los lapsus, los deslices lingüísticos. Ninguno era muy bueno. Excepto los sueños, todos son enfoques indirectos. Y soñamos cuando estamos dormidos, por lo que solo contamos con lo que recordamos de ellos. Si queríamos dar pasos adelante, teníamos que encontrar una mejor manera de explorar el inconsciente.[21]

En su búsqueda de esa mejor manera, Carhart-Harris leyó el libro clásico del psicólogo Stanislav Grof titulado *Realms of the Human Unconscious: Observations from LSD Research* [Ámbitos del inconsciente humano: observaciones a partir del estudio del LSD]. Uno de los principales argumentos de Grof era que, durante los estados psicodélicos, nuestras defensas egoicas están tan mermadas que casi podemos acceder directamente al inconsciente. Fue entonces cuando a Carhart-Harris se le encendió la bombilla: con herramientas como la IRMf podría sacar partido a este acceso, es decir, tomar imágenes del inconsciente en tiempo real.

Tras acabar el máster, cambió de carrera y se unió al laboratorio de David Nutt (el psicofarmacólogo a quien conocimos en el capítulo tres), en la Universidad de Bristol; aprendió los conceptos básicos de la neuroimagen investigando los sueños y efectuó una incursión inicial en las drogas psicodélicas mediante la obtención de imágenes del cerebro cuando está bajo la influencia de la MDMA. En 2009 pasó a dirigir una investigación sobre los psicodélicos en el Imperial College de Londres y se convirtió en la segunda persona de la historia en usar la IRMf para explorar el impacto neurológico de la psilocibina.[22] Y fue la primera en explorar el impacto del LSD.[23]

Estos fueron hitos importantes, como manifestó David Nutt al periódico *The Guardian*:

> Esto es para la neurociencia lo que fue el bosón de Higgs para la física de partículas. No sabíamos cómo se producían estos profundos efectos; era muy difícil de averiguar. Los científicos o bien tenían miedo o bien no tenían ganas de superar los enormes obstáculos que era necesario afrontar para descubrirlo.[24]

Por encima de todo, lo que revelaron esos primeros estudios centrados en las imágenes fue el término medio que Sasha Shulgin nunca definió; no disponía de las herramientas para ello. Shulgin nos proporcionó una variedad más amplia de sustancias químicas con las que probar e informes subjetivos sobre lo que sucedía cuando lo hacíamos. Carhart-Harris salvó esta distancia. Nos mostró lo que ocurría en el cerebro y esclareció los mecanismos neurológicos que subyacían a los informes subjetivos de Shulgin.

Estos mecanismos recién descubiertos arrojan más luz sobre dos de las características fundamentales del éxtasis: la ausencia del yo y la riqueza. Anteriormente en este libro exploramos cómo la desactivación de partes clave del cerebro, lo que se llama *hipofrontalidad transitoria*, es en gran parte responsable de la ausencia del yo. Carhart-Harris amplió este trabajo y ayudó a determinar exactamente qué partes del cerebro están implicadas en este proceso. Y esto es lo que nos contó:

> Muchos de los trabajos anteriores sobre los estados alterados basados en las imágenes nos proporcionaban impresiones estáticas del cerebro. Entonces efectuábamos correlaciones: cuando hemos tomado LSD, esa región se desactiva; cuando meditamos, esa región se desactiva... Pero la tecnología ha mejorado y ahora podemos obtener imágenes dinámicas. Así es como sabemos que la desaparición del yo no tiene que ver realmente con la desactivación de unas regiones específicas. Ocurre algo de mayor envergadura que esto: ocurre más bien que se desintegran redes enteras.

Una de las redes más importantes que debe «desintegrarse» es la del modo predeterminado, más conocida como *red neuronal por defecto*. Responsable de la divagación mental y la ensoñación diurna, esta red está activa cuando estamos despiertos pero no centrados en una tarea. Es el origen de gran parte de nuestro parloteo mental y, con ello, de gran parte de nuestra infelicidad. Pero como sucede con muchos de los sistemas cerebrales, la red neuronal por defecto es frágil. Basta con que haya un pequeño problema en un par de nodos para que se desconecte. «Los primeros psicólogos usaron denominaciones como *desintegración del ego* para describir los efectos de un estado alterado —nos dijo Carhart-Harris—. Estaban más en lo cierto de lo que podían sospechar.

En realidad, el ego no es más que una red, y elementos como las drogas psicodélicas, el *flow* y la meditación ponen en apuros estas conexiones. Literalmente, desintegran la red (en el sentido de que esta pierde su integridad)».

El otro descubrimiento importante realizado por Carhart-Harris y su equipo fue que se creaban nuevas redes. Los escáneres revelaron que los psicodélicos inducían conexiones muy sincronizadas entre áreas remotas del cerebro, de un tipo que normalmente no tienen lugar. Cuando investigadores como James Fadiman descubrieron que las drogas psicodélicas podían mejorar la resolución creativa de problemas, esas conexiones remotas eran la razón de esta mejora. O, como nos explicó Carhart-Harris, «lo que hemos hecho en esta investigación es comenzar a identificar las bases biológicas de la expansión mental que narran quienes han tomado drogas psicodélicas».

Carhart-Harris se propuso tomar imágenes en tiempo real del inconsciente y, cuando lo hizo, vio que este buscaba activamente nuevas ideas. Es un descubrimiento que ayuda a legitimar estas sustancias como herramientas que mejoran la capacidad de resolver los denominados *problemas retorcidos*. Y, según Carhart-Harris, no podría haberse producido en un mejor momento: «Mucha gente ha estado señalando que el mundo moderno está en crisis. No sé si estoy de acuerdo con las más pesimistas de estas evaluaciones, pero sí sé que es necesaria una gran flexibilidad cognitiva para resolver problemas complejos. Así que creo que toda esta investigación es oportuna. Mitiga nuestros miedos respecto a una herramienta de resolución de problemas que es potente. Tengo el presentimiento de que va a ser relevante en el futuro».

El léxico hiperespacial

El 22 de septiembre de 1823, un granjero de diecisiete años de Manchester (Nueva York) llamado Joseph Smith tuvo un extraño sueño en el que se le apareció un ángel llamado Moroni.[25] El ángel le habló de un tesoro enterrado en una colina que había detrás de su casa. Al despertar, Smith subió esa colina y, justo antes de llegar a la cima, desenterró un libro de hojas doradas. Unidas las páginas con tres anillos en forma de D y consistente, el texto, en extraños jeroglíficos (un lenguaje que más adelante dijo que era «egipcio reformado»), contenía una profecía que alteraría el curso de la historia de los Estados Unidos.

El libro hablaba de una tribu perdida de israelitas que había navegado a América del Norte en el año 600 a. C. Relataba la historia de un profeta llamado Mormón y la segunda venida de Jesucristo. De ser cierta, pondría patas arriba casi dos mil años de ortodoxia cristiana.

Pero había un pequeño problema: la falta de pruebas. El ángel no permitió que Smith bajara las tablillas doradas de la llamada *colina mormona* (también conocida como Cumorah). De hecho, cuando Smith tradujo la revelación y la publicó unos años más tarde como el Libro de Mormón, las planchas doradas no estaban en ninguna parte. Según Smith, el ángel se las había llevado para siempre.

Si bien muchos de los contemporáneos de Smith dudaron de su historia, y eruditos posteriores no encontraron indicios de que hubiese habido una cultura «egipcia reformada» en América del Norte, el relato de Smith es un evangelio para los fieles mormones. Su revelación fue tan convincente que inspiró una de las religiones con más éxito de la historia de los Estados Unidos. La Iglesia de Jesucristo de los Santos de los Últimos Días transformó los áridos desiertos de Utah en una teocracia ajardinada; se construyeron enormes templos y se constituyó una red de misiones globales que no ha dejado de tener un impacto en millones de personas hasta el día de hoy.

Y Joseph Smith no fue de ninguna manera la primera persona que tuvo una visión profética que supuso el nacimiento de una religión. Moisés dio inicio a tres de las tradiciones más grandes del mundo (el judaísmo, el islam y el cristianismo) cuando bajó del monte Sinaí con dos tablas de piedra escritas por «el dedo de Dios». En esta ocasión, también faltó el elemento probatorio.

Cuando Moisés regresó al campamento, encontró a los israelitas adorando a un becerro de oro. Enfurecido por su idolatría, destrozó los Diez Mandamientos recién forjados. Era la primera vez en la historia occidental registrada que Dios se había comunicado directamente con la humanidad, y la prueba fue destruida casi tan pronto como fue creada. Los escarmentados hebreos tuvieron que aceptar la palabra de Moisés.

Hasta hace poco, no había forma de verificar ese tipo de visiones. El acceso al éxtasis era inusual, y no se comprendían sus mecanismos ni su significado. Cuando alguien encontraba una vía directa de comunicación con Dios, la experiencia solía ser única; era irrepetible e imposible de confirmar. La única manera de evaluar la verdad revelada en esos estados era tener en cuenta la convicción de quien había tenido la visión o escuchar las historias de sus seguidores sobre ese hecho desencadenante.

Pero Sasha Shulgin y los investigadores que han venido después de él han cambiado nuestra forma de concebir las revelaciones. Porque aunque algunos digan que la farmacología es un truco para acceder a lo místico, no hay duda de que funciona. «[Algunas] personas pueden alcanzar estados trascendentes a través de la meditación o técnicas similares que inducen el trance —explicó en una ocasión Oliver Sacks, neurólogo de la Universidad de Nueva York—, pero las drogas ofrecen un atajo; prometen la trascendencia bajo demanda».[26] No hace falta subir a la cima de una montaña y esperar a que caiga un rayo. No hace falta sentarse en un cojín con la pregunta de si alguna vez llegará el nirvana. Toma la píldora, acepta el subidón y muy pronto estarás, sin lugar a dudas, en otro lugar. Esta facilidad de acceso significa que más personas pueden entrar en estos estados más a menudo y se pueden recopilar más datos. En consecuencia, ya no hay que considerar que la revelación que recibe una persona sea la Verdad.

No mucho después de la publicación de *PiHKAL* y *TiHKAL*, empezaron a aparecer grupos de discusión y foros *online* para proporcionar recetas clandestinas para los «químicos» de estar por casa y mapas detallados para los exploradores del espacio interior. El autor Erik Davis escribe lo siguiente de Erowid, uno de los lugares de Internet más grandes y mejor considerados a este respecto:

> Siendo, con diferencia, el espacio más entretenido, contiene miles de «informes de experiencias» relatados por psiconautas que «vuelan alto» (y toman notas) a partir de sus experiencias con cactus exóticos, ciertos fármacos y las novedosas fenetilaminas. [...] Estereotipados y extraños a la vez, estos informes proporcionan detalles [...] que no están presentes, en gran medida, en las nebulosas historias de «viajes» de antaño.[27]

Este enfoque farmacológico «de código abierto» nos ha proporcionado una manera de verificar la inspiración extática, y nos ha llevado del modelo «de uno a muchos», ejemplificado por lo que desencadenaron Moisés y Joseph Smith, a un modelo «de muchos a muchos». En lugar de tener que creer a otros sobre lo que ocurre «ahí fuera», ahora los exploradores pueden reproducir los experimentos originales y verlo por sí mismos. Este avance da un vuelco al ámbito, celosamente custodiado y a menudo reaccionario, de la verdad revelada y la revelación religiosa.

Pongamos, como ejemplo, la investigación del psiquiatra Rick Strassman en la Universidad de Nuevo México.[28] A principios de la década de 1990, Strassman estaba buscando una sustancia natural en el cuerpo humano que pudiera inducir estados místicos; esperaba que ello proporcionara una explicación a las revelaciones de Moisés y muchos otros profetas históricos. Inicialmente dirigió su atención a la melatonina, pero decepcionado con los resultados no tardó en tomar la decisión de centrarse en su prima la dimetiltriptamina (DMT). Tenía sentido que la DMT fuese una candidata: el cuerpo humano la produce de forma natural, pero se convierte en una potente sustancia psicodélica cuando es inhalada o inyectada.

Strassman se sorprendió al ver lo potente que era: «Contaba con más de veinte años de experiencia, ejercitación y estudio en [un] monasterio zen, y esperaba ese tipo de experiencias de iluminación de la [...] DMT».[29] Pero los sujetos de su estudio no experimentaron nada que pudiera considerarse fácilmente una vivencia budista. Más de la mitad de ellos volaron a galaxias distantes, tuvieron encuentros espeluznantes con entidades multidimensionales y, al volver, juraron que esas experiencias les parecieron tan reales como las de la vida que experimentamos en el estado de vigilia, en muchos casos incluso más reales.

Cuando Strassman publicó sus hallazgos en la revista budista *Tricycle*, se produjeron reacciones en su contra. Los lectores lo criticaron contundentemente y su comunidad de meditación lo expulsó por proponer que los estados místicos tal vez incluían otras experiencias además de la unidad zen. En 1995, no pudo aguantar más. Puso fin al proyecto, envió las sustancias químicas que le habían sobrado a la DEA y se retiró a las montañas de Taos, en Nuevo México, para tejer jerséis de alpaca.

Pero el precedente ofrecido por Strassman resultó convincente. A raíz de su estudio, se disparó el consumo no autorizado de DMT y su prima más potente, la 5-metoxi-N,N-dimetiltriptamina (5-MeO-DMT), que proporcionaron unas experiencias demasiado extrañas para todos, excepto para los «viajeros» más ansiosos de los años sesenta. Estas sustancias ofrecieron las que fueron realmente las primeras experiencias psicodélicas de la era digital; se hace referencia expresa a ellas en *samples* de disyóqueis, se habla ampliamente de ellas en *podcast* e inspiran foros en línea.

Un foro en particular, Hyperspace Lexicon, refleja un esfuerzo colectivo para codificar e interpretar el panorama completamente nuevo asociado a la DMT (que los aficionados llaman *hiperespacio*). Este sitio web* está lleno de neologismos que le habrían encantado a James Joyce. Entre muchos otros, hay *lumenorgastic* (*lumenorgásmico*) para hacer referencia a la experiencia orgásmica de la luz blanca, *mangotanglement* (*mangolazamiento*) para aludir a los elementos constitutivos fractales de colores brillantes de la realidad de la DMT, y *ontoseismic* (*ontosísmico*) para referirse a la destrucción total de la propia visión del mundo después de vislumbrar el universo de la DMT. Pero por debajo de la nomenclatura creativa, el «léxico hiperespacial» refleja un hito en nuestra forma de relacionarnos con la revelación extática.

Para que un concepto sea incluido en el Lexicon no puede provenir de la experiencia singular de nadie, sino que gran parte de la comunidad debe resonar con él. E incluso en este caso es acogido con cautela.

Fijémonos en la segunda entrada, *Akashic Book* ('libro akáshico'), un libro imaginado pero aparentemente real que, como dice el Lexicon, «contiene un conocimiento profundo en un idioma que no se

* https://wiki.dmt-nexus.me/Hyperspace_lexicon.

puede leer pero sí comprender. Es tan profundo [...] [que] contiene exactamente la sabiduría adecuada para esa persona en ese momento». Es imposible probar si Moisés y Joseph Smith percibieron ese mismo libro akáshico como tablas de piedra o planchas doradas, aunque las similitudes con la descripción que ofrece el Lexicon son notables. Sin embargo, a diferencia de lo que ocurre con las lecciones transmitidas por estos dos profetas, a nadie se le pide que se tome al pie de la letra las ideas que lea en ese libro. Si bien el Lexicon afirma que el conocimiento que contiene es profundo, incluso omnisciente, también especifica que es «para esa persona en ese momento». Otro ejemplo del carácter provisional del Lexicon es el sintagma *End of the Line* ('final del trayecto'), del cual se ofrece esta definición:

> Cuando tienes una experiencia DMT y sientes que has llegado al Punto Absoluto. El alfa y el omega del universo y de toda tu existencia. Entonces estás teniendo un avance de tipo «final del trayecto». Es muy posible que no sea cierto en absoluto, pero para ti, subjetivamente, es como si lo fuera.

Entonces, a pesar de que una experiencia del tipo «final del trayecto» pudo haber dado lugar a fanáticos del fuego del infierno en otras épocas, hoy tenemos exploradores anónimos que se refieren a la certeza de su experiencia con expresiones y frases como «sientes como si» y «es muy posible que no sea cierto en absoluto».

Si tomamos todo esto en conjunto, lo que parece estar surgiendo después de Shulgin, Carhart-Harris y Strassman es una especie de «gnosticismo agnóstico», una experiencia del infinito arraigada en la certeza de que todas las interpretaciones son personales, provisionales y parciales. Como resultado, nadie puede reclamar su visión particular de lo divino como la correcta, pues hay miles de otras «visiones» con las cuales compararla. ¿Y si alguien intenta ser el centro de atención? Hace tan solo unas décadas, podría haber originado una secta; en cambio, hoy en día estas personas son controladas en línea y después ignoradas.

Esto deja más espacio para la experimentación abierta. Desempodera a cualquiera que tenga la tentación de escalar posiciones y llegar a encontrarse en una situación privilegiada, y faculta a todos los demás para que encuentren un sentido a sus propias experiencias. Cuando el físico Enrico Fermi adivinó el número de afinadores de piano que había en Chicago, o la cantidad de estrellas que hay en nuestra galaxia, lo hizo aplicando estimaciones provisionales a problemas demasiado grandes. Y aunque nunca son exactos, sus cálculos suelen caer dentro de un orden de magnitud del número real, lo cual es suficiente para proceder a partir de ahí.

Hoy estamos siguiendo el ejemplo de Fermi al aplicar el poder de los macrodatos para dar respuestas aproximadas a las grandes preguntas. Uno o dos puntos de datos, como un Moisés o un Joseph Smith, nunca pueden indicar una tendencia, pero ¿qué pasa si disponemos de mil puntos de datos? ¿O de cien mil? Pues que empieza a dibujarse una imagen de los mundos que hay en nuestro interior. Y aunque esta imagen no es menos extraña que las revelaciones singulares que hemos presentado antes, sí podría decirse que es mucho más precisa.

Las moléculas del deseo

En 2010, el químico Lee Cronin vio una demostración de impresión en 3D mientras estaba asistiendo a una conferencia en Londres.[30] La tecnología llamó su atención. En su laboratorio, siempre tenía que fabricar instrumental, y se preguntó si las impresoras 3D podrían resolver este problema.

Cronin regresó a la Universidad de Glasgow, donde era profesor, y organizó un taller de factibilidad. No tardó mucho en descubrir que el sellador para baños, del tipo disponible en cualquier ferretería, podía usarse como materia prima, lo cual le permitiría imprimir tubos de ensayo y vasos de precipitados de cualquier tamaño o forma. También descubrió que la impresora podía usarse para crear moléculas simples. Al llenarla con «tintas químicas» (los reactivos a partir de los cuales se construyen las moléculas), Cronin creó el prototipo de una «impresora química» rudimentaria.

Desde entonces, ha pasado de las moléculas simples a compuestos más complicados. Su objetivo a corto plazo es descubrir cómo imprimir medicamentos de venta libre como el ibuprofeno. Su objetivo a largo plazo es crear un conjunto de tintas universales capaces de producir cualquier medicamento desde cero. «Casi todos los fármacos están hechos de moléculas simples como el carbono, el hidrógeno y el oxígeno, y de materiales fácilmente disponibles como la parafina y el aceite vegetal –nos explicó Cronin–. Con una impresora 3D, debería ser posible que con una cantidad relativamente pequeña de tintas se pudiera producir una molécula orgánica».

Este descubrimiento haría que los medicamentos se pudiesen descargar, lo cual permitiría que cualquier persona pudiese acceder a los que necesitase. Y haría mucho más que eso. «Por supuesto –nos dijo Cronin–, esta impresora también conducirá a nuevos marcos de descubrimiento y aumentará las posibilidades de que surjan nuevos tipos de drogas alteradoras de la mente».

Si bien hay todo tipo de plantas psicoactivas disponibles en línea, lo que permite a los aventureros destilar potentes psicodélicos con poco más que una olla de cocción lenta, algunos tarros de cristal y un cuentagotas, siempre puede ocurrir que la DEA y la Interpol les cierren el negocio a estos proveedores que se mueven dentro del mercado gris. Pero la impresora 3D de drogas de Cronin haría que este tipo de supervisión fuese casi imposible. Después de todo, ¿cómo se puede regular el acceso a las sustancias controladas cuando las materias primas son tan comunes como la cera de parafina y el aceite vegetal?

Además, las impresoras 3D tienen interfaces fáciles de usar, por lo que todo lo que se requiere para trabajar con una es la capacidad de apuntar con un ratón de ordenador y hacer clic. Y son económicas, por lo que usarlas no requiere grandes presupuestos ni laboratorios costosos. Su combinación de simplicidad y asequibilidad pone cada paso del proceso de la formulación química al alcance de cualquier persona que disponga de conexión a Internet y una toma de corriente. Entonces, quienes estén interesados en tomar una de las fórmulas de los «libros de recetas» de Shulgin y modificarla para crear la próxima gran alfabetamina solo tendrán que darle a la tecla de imprimir.

Y la impresora química 3D de Cronin no es el único avance que va a revolucionar la farmacología. Usando las cuatro letras del alfabeto genético como los unos y los ceros del código informático más utilizado, la biología sintética nos da la capacidad de programar las células vivas con la misma facilidad con la que programamos los ordenadores. Una vez que el código parezca correcto, podrá enviarse a un sintetizador de ADN y al cabo de unos días se recibirá un vial liofilizado en el correo electrónico que contendrá la propia creación genética.

No es sorprendente que los biólogos que trabajan con la biología sintética ya hayan descubierto cómo usar este proceso para producir sustancias psicoactivas. En agosto de 2014, unos investigadores de la Universidad de Stanford anunciaron que habían modificado genéticamente la levadura para producir el analgésico hidrocodona.[31] Las plantas de adormidera cultivadas por medios convencionales tardan un año más o menos en generar suficiente opio para producir este medicamento, pero esta nueva levadura puede lograrlo en cuestión de días. Mientras tanto, la compañía canadiense HyaSynth Bio está diseñando una levadura diferente para producir tetrahidrocannabinol (THC) y cannabidiol, dos de los ingredientes activos de la marihuana.[32]

«Esto es solo el comienzo —nos explicó el distinguido investigador y experto en biología sintética Andrew Hessel, de Autodesk—. Casi cualquier sustancia generada por una planta, un árbol o un hongo, incluidas todas las sustancias neuroactivas, está al alcance de la biología sintética. Aún no hemos llegado ahí, pero dentro de una década más o menos, esta tecnología debería ser capaz de tener un impacto en los mismos sitios receptores del cerebro en los que impactan las sustancias que alteran la mente».[33]

El autor Michael Pollan argumentó que la botánica del deseo (la idea de que las plantas embriagadoras nos moldean tanto como nosotros a ellas) ha jugado un papel desconocido pero importante en la evolución de la cultura. Pero independientemente de lo influyentes que hayan sido estas plantas, nuestra capacidad de usarlas se ha mantenido a raya en el transcurso de la historia: si la planta no crecía cerca y no estaba en la lista de sustancias aprobadas socialmente, los exploradores potenciales no tenían suerte.

La farmacología es una fuerza muy potente para el éxtasis porque cambia las reglas del juego. Con los recetarios químicos, el rigor de la neurociencia, los léxicos abiertos a la participación y, ahora, la democratización de los medios de producción, nos hemos liberado de las limitaciones geográficas y culturales que heredamos. Al tener acceso no solo a la botánica del deseo sino también a las *moléculas* del deseo, podemos continuar dando forma a estos compuestos aunque ellos, inevitablemente, nos conformen. Una coevolución de milenios ha sido comprimida y ha pasado a ser de minutos.

Capítulo siete

Tecnología

El oscuro secreto de Dean

E l por qué nunca estuvo en cuestión. Sigue sin estar claro qué pasó y cómo pasó, pero Dean Potter nunca tuvo dudas en cuanto al motivo.

Era el 16 de mayo de 2015. El lugar, el valle de Yosemite, en California. El momento, una agradable tarde de primavera, poco antes del ocaso. Potter, que era un alpinista que había batido un récord, caminado en la cuerda floja sobre abismos en la montaña y volado enfundado en un traje aéreo, se preparó para la aventura. Estaba a más de mil metros sobre el suelo del valle, de pie en la cumbre de Taft Point. Junto a su amigo y compañero de vuelo Graham Hunt, considerado uno de los mejores pilotos jóvenes, su objetivo era saltar del borde, desplazarse por el cañón y volar a través de un corte en forma de V situado en una cresta vecina, por encima de un acantilado que tenía un nombre siniestro: Hermano Perdido.[1]

Dean Potter jugó un papel importante en la escritura de *The Rise of Superman*. Era un buen amigo del Flow Genome Project, miembro de nuestro consejo asesor y tan entusiasta y reflexivo como cualquier deportista profesional que hayamos conocido. En 2013, cuando estábamos filmando la serie de videos *The Rise of Superman*,[2] Dean contó la historia de cómo estuvo a punto de morir cuando saltó a una cueva profunda en México practicando el salto base. Terminó con un mensaje muy elocuente: «Este año han perdido la vida más de veinte personas que saltaron con un traje aéreo. Morir no vale la pena. He estado dando muchas vueltas a eso. No quiero ser "ese tipo que tuvo suerte". Y lo he sido durante muchos años. Quiero ser ese tipo que es tal genio de la estrategia, se conoce tanto y está tan tranquilo que puede decir: "No, no voy a morir. Quiero vivir"».

Pero esa tarde en Yosemite, murió de todos modos.

Graham y Dean se lanzaron desde Taft Point. Cuarenta segundos después, el vuelo había terminado. Ambos hombres llegaron al corte de roca volando bajo, posiblemente porque los vientos más fríos y densos desencadenados por la puesta de sol les habían hecho perder altitud. Potter no titubeó, pero Hunt, al parecer, giró a la izquierda y después se desvió a la derecha, lo cual hizo que avanzase en diagonal y se encaminase directamente a la pared más lejana del cañón. Potter logró atravesar el corte, pero no tenía la altura que necesitaba y se estrelló contra las rocas del otro lado. Ambos hombres murieron enseguida a causa del impacto.

Hasta el día de hoy, los detalles del accidente siguen envueltos en el misterio. Nadie sabe *qué* hizo que Hunt se desviara y nadie sabe exactamente *cómo* perdió tanta altitud Potter. Pero el *por qué* estaba claro.

«Mirad —nos explicó Potter en una ocasión—, sé el oscuro secreto. Conozco mis opciones. Puedo sentarme en un cojín y meditar durante dos horas y tal vez vislumbre algo interesante, quizá durante dos segundos, pero me pongo un traje aéreo, salto de un acantilado y es instantáneo: guauuuu, ahí estoy, en un universo alternativo, durante horas».[3]

Este ha sido siempre el secreto oscuro de los adictos al *flow* que lo obtienen a través de los deportes de acción. El éxtasis solo surge cuando la atención está totalmente enfocada en el momento presente. En la meditación, por ejemplo, la razón por la que nos enfocamos en la respiración es que el hecho de seguir su ritmo nos conduce al ahora. Los psicodélicos abruman los sentidos con datos; nos lanzan tanta información por segundo que nos resulta imposible prestar atención a nada más. Y para los practicantes de deportes de acción y aventura que buscan el *flow*, el riesgo cumple esta misma función. Samuel Johnson comentó en una ocasión que «cuando un hombre sabe que va a ser ahorcado por la mañana, concentra su mente maravillosamente».

En 2015, la práctica de volar con un traje aéreo estaba proporcionando exactamente ese tipo de concentración basada en el peligro. Dean escribió estas palabras en un ensayo justo un mes antes de su fallecimiento:

> Empiezo a estremecerme y me pregunto si lo que estamos haciendo es correcto. El salto base con traje aéreo me parece una práctica segura, pero hay [tantos] individuos voladores que han perdido la vida solo este año… Debe de haber algún defecto en nuestro sistema, un secreto letal que no puedo comprender.

El «defecto letal» es que, para muchas personas, usar el deporte de alto riesgo para explorar el éxtasis es algo tan convincente y gratificante que, para ellas, la muerte es un precio que vale la pena pagar por tener esta experiencia. Steph Davis, la exesposa de Potter, que es escaladora profesional y vuela en traje aéreo, ha perdido a dos maridos en el contexto de la práctica deportiva, pero sigue volando.[4] El canto de sirena del universo alternativo en el que uno permanece durante lo que parecen ser horas, que sedujo a Dean, ha seguido seduciendo a los individuos voladores, que están convencidos de que pueden esquivar las rocas.

Y ¿qué hay para el resto de nosotros, para quienes tenemos una vida, un cónyuge y otros temas que nos importan? ¿No podemos acceder a este «universo alternativo»? ¿Tenemos que efectuar la elección imposible entre dedicar décadas a practicar [algo como la meditación] o aceptar unos riesgos intolerables para llegar más rápido?

Gracias a inventores como el paracaidista Alan Metni, cada vez más parece que la respuesta a esta pregunta es «no».[5] Metni comenzó su vida profesional como abogado en Vinson & Elkins, una compañía multinacional en la que han trabajado senadores, fiscales generales de los Estados Unidos y directores ejecutivos incluidos en la lista de los cien mejores de la revista *Fortune*. Pero el ámbito legal no era lo suyo, así que lo dejó para dedicarse a su verdadera pasión: saltar de aviones. Montó una tienda de campaña en un aeropuerto local y comenzó a entrenar sin descanso; en el proceso, dio más de diez mil saltos registrados y ganó tres campeonatos nacionales estadounidenses y un campeonato mundial de vuelo en formación.

Pero Metni no estaba satisfecho. Quería encontrar una manera de entrenar aún más duro, por lo que comenzó a experimentar con ventiladores gigantes y túneles de viento. A principios de la década de 2000, había perfeccionado una experiencia de paracaidismo bajo techo indistinguible de la verdadera caída libre. De repente, los equipos de competición podrían entrenar cientos de horas en un entorno absolutamente seguro. Con esta innovación, el patrón de excelencia en el nivel de élite cambió casi de la noche a la mañana. Incluso el Sexto Equipo SEAL acudió a trabajar con

Metni, no para aprender a saltar de los aviones (esta parte la dominaban bien), sino para ejercitar el trabajo en equipo, el *flow* grupal y el secreto para «darle al interruptor» mientras caían juntos por el espacio.

Metni nos dijo que «en todo el planeta, todo el mundo tiene el mismo sueño, sea cual sea la cultura a la que pertenezca, el idioma que hable o la religión que profese: volar». Así que fundó una compañía, iFly, y se propuso satisfacer ese sueño expandiendo los túneles de viento.

Hoy, iFly* está en diecinueve estados de los Estados Unidos y siete países más, cuenta con cincuenta y tres túneles y tiene unos ingresos que superan las diez cifras. Muchos miles de personas que nunca se habrían planteado saltar de un avión en perfecto estado ni saltar de un acantilado con un traje aéreo han cumplido este sueño, y lo han hecho en un entorno seguro. Al quitar el riesgo de la ecuación, iFly ha tomado un deporte que antes solo era para los temerarios y lo ha hecho accesible para todos, desde los tres años de edad en adelante.

Y el paracaidismo no es la única actividad de alto riesgo que ha experimentado una revolución en la accesibilidad. En todo el sector de los deportes de acción, los avances tecnológicos están proporcionando el acceso a la zona de una forma más segura y fácil que nunca. El esquí sobre nieve en polvo, con la sensación que aporta, completamente mágica, de flotar en la montaña, solía estar reservado a los mejores deportistas; hoy en día, los esquís extraanchos hacen que esta experiencia de flotación esté disponible para cualquiera que pueda hacer dos curvas seguidas. Las bicicletas de montaña, que antes brindaban unos descensos estremecedores a todos menos a los mejores ciclistas, cuentan actualmente con

---

* https://www.iflyworld.com.

suspensiones delanteras y traseras flexibles, neumáticos *balloon* de gran tamaño y la capacidad de rodar sobre los terrenos más difíciles. Incluso el *kitesurf*, que ha ofrecido imágenes de personas arrastradas a autopistas por las «cometas» gigantes que se utilizan para desplazarse sobre el agua, se ha suavizado. Un mejor equipo de seguridad permite a los novatos encontrar el equilibrio entre el viento y las olas en mucho menos tiempo y exponiéndose mucho menos.

La tendencia de que la innovación tecnológica proporcione un acceso más amplio y seguro a los estados alterados no se limita a los deportes de aventura. Como veremos en el resto de este capítulo, está presente en muchas disciplinas, lo que permite que más personas que nunca prueben lo que tienen que ofrecer estas experiencias. Estamos arrojando algo de luz sobre el oscuro secreto de Dean y mostrando que, si queremos, podemos ahorrarnos pagar gran parte del precio que él y muchos otros pioneros tuvieron que pagar. La tecnología está llevando el éxtasis a las masas y nos permite probarlo todo sin tener que arriesgarlo todo.

Cosas que explotan por la noche

Tony Andrews ha estado jugando con tu mente durante casi cincuenta años.[6] Si sales de noche a conciertos o clubes, él está allí, tal vez oculto a la vista, pero jugando con tu cabeza. Si alguna vez has asistido al popular concierto de música *country* Grand Ole Opry o a la sala de conciertos londinense Royal Albert Hall, o si has estado en Space, el icónico club de Ibiza que fue votado como el mejor del mundo, él también estaba ahí, afinando tu cerebro con una precisión increíble.

El campo profesional de Andrews es el sonido. Técnicamente, es un ingeniero de sonido que hace altavoces. Es el cofundador de la empresa de altavoces británica Funktion-One, y aunque este nombre tal vez no te resulte familiar, representa medio siglo de innovación sonora y la búsqueda de lo que Andrews ha llamado *el momento audio*.

El momento audio es un instante de absorción total. Andrews lo explicaba así en una conversación reciente:

> Es el punto en el que te implicas realmente con la música. [En el que] de repente te das cuenta de que te has visto transportado de alguna manera a otro lugar. [...] En el que te encuentras experimentando más de ti mismo de lo que creías que estaba ahí.

Andrews experimentó su primer momento audio a los nueve años. Su madre había traído a casa una copia de *Hound Dog*, de Elvis Presley. Cuando puso el disco, Andrews notó el cambio enseguida: «Sentí toda esa electricidad en mi cuerpo; no entendí lo que era, pero supe que me hizo sentir bien, y lo he estado buscando desde entonces».[7]

Con dieciséis años, estaba experimentando; construía sus propios altavoces de agudos y cabinas y probaba nuevas ideas. Un día, por ejemplo, colocó un altavoz en la esquina de su garaje, girado hacia dentro, de tal manera que el sonido chocó directamente con el ángulo formado por las paredes al encontrarse con el suelo. Las notas altas y medias desaparecieron, pero el bajo sonó a plena potencia. A partir de aquí, diseñó un altavoz rodeado de tres paredes, que se parecía un poco al pabellón de una trompeta. Fue el descubrimiento del bajo cargado en bocina, un invento que condujo a una mejora significativa de la calidad acústica en los conciertos en vivo y, por extensión, a una mayor cantidad de momentos audio transformadores que los asistentes a los conciertos podían experimentar.

Andrews también se dio cuenta de que si bien un equipo de música decente de los que tenía la gente en casa –aquellos que, se decía, eran de «alta fidelidad»– producía una calidad de sonido más que suficiente para inducir un cambio de conciencia, el problema era que no cabía mucha gente en una sala de estar. Si quería tener un impacto real, debía descubrir cómo llevar ese mismo sonido de alta calidad a más personas, construir un sistema capaz de reproducir el momento audio en un estadio. «Entonces –dice–, expresado de forma simple, la gente podría disponer de un lugar común para expandir la mente».[8]

Cuando tuvimos la oportunidad de estar delante de una torre de sonido de Funktion-One en un concierto reciente, nos hicimos una idea muy clara de lo lejos que había llegado Andrews en el perfeccionamiento de su momento audio. La experiencia fue menos la de escuchar música convencional y más la de que te lavasen a presión con una manguera de bomberos sónica. El bajo golpeaba nuestro pecho como una granada aturdidora y las notas altas hacían que se nos erizara el pelo de la nuca. Y el pensamiento no tuvo ningún tipo de cabida a lo largo de la experiencia.

Por supuesto, Andrews no ha sido el primero en conectar el poder de la música con la capacidad que tiene de cambiar la conciencia. En los últimos años, los científicos han descubierto que muchos de los lugares religiosos más antiguos del mundo tienen unas propiedades acústicas peculiares. Mientras estudiaba las cuevas de Arcy-sur-Cure en Francia, Iégor Reznikoff, etnógrafo musical de la Universidad de París, descubrió que el mayor conjunto de pinturas neolíticas se encuentra a más de un kilómetro de profundidad.[9] Se habían hecho intencionadamente en los lugares más interesantes de la cueva desde el punto de vista acústico: allí donde la resonancia era mayor. Escribe el autor Steven Johnson en *How We Got to Now* [La conquista de la actualidad]:

La teoría de Reznikoff es que las comunidades neandertales se reunían junto a las imágenes que habían pintado, y salmodiaban o cantaban en algún tipo de ritual chamánico, utilizando las reverberaciones de la cueva para amplificar mágicamente el sonido de las voces.[10]

Cuando los musicólogos siguieron el rastro de esta tendencia a través de la historia, descubrieron que lo que comenzó en las cuevas prehistóricas también era patente en las iglesias medievales. En Grecia, las iglesias fueron diseñadas con las paredes estrechas para producir un eco especial, una especie de triple rebote acústico destinado a representar el aleteo de las alas de un ángel.[11] En Francia, los arcos góticos de las catedrales de Notre Dame y Chartres actúan como altavoces de subgraves gigantes para los órganos tubulares.[12] Hace milenios que estamos haciendo «ingeniería acústica» para inducir cambios de conciencia. Explica el neurólogo Oliver Sacks en la revista *Brain*:

> [En] todas las sociedades, una función principal de la música es colectiva y comunitaria; sirve para reunir y unir a las personas. [...] Uno de los efectos más espectaculares del poder de la música es la inducción de estados de trance. [...] El trance —cantos y bailes extáticos, movimientos y gritos salvajes, tal vez un balanceo rítmico o una rigidez o inmovilidad que parece de tipo catatónico— [...] [es un] estado profundamente alterado; y aunque puede ser alcanzado por un solo individuo, a menudo parece que se ve facilitado en un grupo comunitario.[13]

Científicos que trabajan en el floreciente campo de la neuromusicología han comenzado a utilizar imágenes de alta potencia para descifrar estos efectos.[14] Al escuchar música, las ondas cerebrales se desplazan desde la beta alta de la conciencia de vigilia normal hacia alfa y *theta*, que son los rangos meditativos (e inductores del trance). Al mismo tiempo, disminuyen los niveles de las hormonas del estrés, como la noradrenalina y el cortisol, mientras que se disparan los niveles de las sustancias químicas gratificantes y que fomentan los lazos sociales, como la dopamina, las endorfinas, la serotonina y la oxitocina. Añadámosle el *arrastre*, por el que el cerebro de las personas se sincroniza tanto con el ritmo de la música como con el cerebro de quienes tienen alrededor, y tenemos una combinación potente para la *communitas*.

En un estudio reciente, Apple y el fabricante de altavoces Sonos analizaron más profundamente el poder que tiene la música para conectar.[15] Para seguir la pista a la cantidad de música que la gente escuchaba en casa (en promedio, cuatro horas y media al día) y lo que sucedía mientras la escuchaban, dispusieron en treinta hogares altavoces de Sonos, relojes de Apple, cámaras de Nest e iBeacons. Y resultó que cuando estaba sonando la música, la distancia entre los habitantes de la casa se redujo en un doce por ciento, mientras que la posibilidad de cocinar juntos aumentó en un treinta y tres, la de reírse juntos en un quince, la de invitar a otras personas a casa en un ochenta y cinco, la de decir «te quiero» en un dieciocho y, lo más revelador, la de tener sexo en un treinta y siete por ciento.

Esto también explica por qué el honor de hacer la presentación inaugural del Boom Festival de 2014 en Portugal, evento que es esencialmente la versión europea de Burning Man, no recayó en una estrella de cine o una estrella del *rock* o un disyóquey famoso, sino en Tony Andrews, el fabricante de altavoces, quien dio este mensaje al público: «Hace unos cuarenta y cinco años, llegó un momento en el que me di cuenta de que [...] un sonido potente puede facilitar que nuestra mente comunitaria se traslade a un espacio de

[...] unidad. Creo que es realmente necesario que la humanidad dé este paso».[16]

Unas veintiséis mil personas asistieron a esa edición del festival. Puesto que gracias a Andrews y al equipo de Funktion-One todo el espacio había sido preparado para que se escuchase ese «sonido potente», casi todos los asistentes pudieron experimentar ese cambio de mentalidad colectiva juntos. «Lo que estamos construyendo en el Templo de la Danza –nos explicó uno de sus diseñadores– es una tecnología para desintegrar el ego de la gente en masa».[17]

Y este es el mayor cambio que ha permitido la nueva tecnología. Los tambores y las voces solo llegan hasta cierto punto. En una cueva o una iglesia solo caben cierta cantidad de personas. Pero veintiséis mil individuos corresponden a la cantidad de habitantes de un pueblo grande o una ciudad pequeña. A los festivales de música electrónica de Las Vegas y Miami acuden más de un cuarto de millón de individuos. Nunca antes tanta gente había podido unirse y seguir el ritmo hasta salir de la mente.

El chamán digital

Uno de los colaboradores de Tony Andrews en el Boom Festival fue Android Jones, un modesto artista visual que tiene una habilidad especial para capturar imágenes. Empleado veterano de Industrial Light and Magic de George Lucas, así como el primer ilustrador no japonés para el legendario fabricante de juegos Nintendo, Jones se ha consolidado como uno de los creadores más prolíficos de la escena artística visionaria.[18]

Combinando su formación clásica en bellas artes con el poder del *software* digital, Jones crea imágenes que no son fáciles de clasificar: deidades arquetípicas a las que superpone geometrías fractales, amantes cósmicos proyectados a través de galaxias gigantes y máscaras ornamentadas extendidas a lo largo de laderas cristalinas. En el Boom Festival, «pintó en directo» sus imágenes en pantallas gigantes mientras unos bailarines se contorsionaban y pisaban fuerte, creando una vidriera animada para la Iglesia del Trance. Así como Funktion-One está perfeccionando paisajes sonoros, Jones está extendiendo el impacto del arte visual.

Desde 2011, se ha asociado con Obscura Digital para proyectar sus imágenes en edificios públicos icónicos de todo el mundo. En la Casa de la Ópera de Sídney, por ejemplo, pintó en vivo durante un concierto de la Orquesta Sinfónica de YouTube.[19] También ha transformado el Empire State Building, la sede de las Naciones Unidas y, más recientemente, la Basílica de San Pedro, en el Vaticano. «La aplicación de la proyección digital ha dado lugar a posibilidades incomparables —nos dijo Jones—. Saca el arte de los museos y lo lleva directamente a las personas que están viviendo su vida. El grado de acceso que proporciona supera cualquier cosa disponible en el pasado».

En el pasado, el arte sagrado solo se podía ver en los lugares sagrados. Si uno quería ver toros prehistóricos, tenía que descender a las cuevas de Lascaux. Solo los fieles que peregrinaban a Roma podían ver la Capilla Sixtina de Miguel Ángel *in situ*. El hecho de que el arte de Jones esté en archivos de ordenador y no en lienzos ofrece muchas más oportunidades a la hora de exponerlo. Cuando la diosa Kali tiene cuarenta pisos de altura en una de las fachadas del Empire State Building o se proyecta un montaje de la historia del planeta desde el punto de vista de Dios sobre una fachada del Vaticano, la gente puede encontrar lo sagrado en medio de lo mundano.

Y el arte visionario no solo se está volviendo mucho más accesible; con Internet, también se está volviendo interactivo. «Es imposible separar los comentarios que recibo, en línea o en persona, del proceso creativo en sí –nos explicó Jones–. Ya no es solo una experiencia unidireccional. Recibo toda esta retroalimentación no verbal (los *likes*, las comparticiones en Internet, etc.), la cual influye directamente en mi trabajo».

La retroalimentación no son solo *likes* y retuits. Android suele reinterpretar símbolos religiosos e iconos sagrados; recrea unas imágenes que están asociadas a un determinado significado cultural desde hace miles de años. Por eso, Jones ha sido calificado de «chamán pop», pero no todo el mundo agradece el impacto que pueden tener sus imágenes en alta fidelidad. Desde las proyecciones que efectuó en el Empire State y la sede de la ONU, y sobre todo después del espectáculo del Vaticano, Android ha provocado un animado movimiento conspiranoico en YouTube. Está acusado de todo, desde introducir clandestinamente ídolos paganos en los lugares sagrados de la Iglesia hasta programar mentes desprevenidas con imágenes de los *illuminati*. Un denunciante especialmente circunspecto consideró que el arte de Jones era tan psicoactivo que escribió lo siguiente: «Ni siquiera puedo seguir viendo estas imágenes, ni con el fin de alertar a otros sobre su verdadera intención».

«Al principio me reía de lo graciosa que es la gente y de lo desesperada que está por darle un sentido a lo que ve, de las especulaciones aleatorias que formula –nos dijo Jones–. Pero no son solo especulaciones. Algo les ocurre [a los espectadores] desde el punto de vista objetivo».

Una investigación realizada en la Universidad de Stanford respalda el presentimiento de Jones. Un estudio de 2012 reveló que los encuentros con la vastedad perceptiva, ya sea la espiral interminable de galaxias en el cielo nocturno o las enormes proyecciones de Jones, desencadenan una sensación de asombro que niega el yo y dilata el tiempo. Y esto sucede automáticamente, lo que significa que un encuentro con las proyecciones de Jones podría ser suficiente para llevar a los sujetos a un estado profundamente alterado, quieran o no.

En marzo de 2015, Jones incrementó aún más el impacto de su trabajo. Uniendo fuerzas con un grupo de monjes rusos que vivían en Tailandia (quienes, sorprendentemente, eran genios de la tecnología), pasó de proyectar su arte en superficies planas en 2D a hacerlo en 3D, ofreciendo así experiencias totalmente envolventes. Esos monjes codificadores reelaboraron los archivos multimedia originales de Jones para obtener una serie de escenas modulares. Cuando se unen y se proyectan sobre el «lienzo» de 360º que es una cúpula geodésica cerrada, la pantalla parece extenderse mucho más allá del espacio físico. En lugar de mirar hacia la bóveda curva de la Capilla Sixtina para ver un único mural, ahora se puede caminar a través de un paisaje absorbente e infinitamente cambiante, onírico, lleno de dioses y demonios, polvo de estrellas y galaxias, y cualquier otra cosa que Jones pueda soñar.

«Después de trabajar en este espacio 3D envolvente, es realmente difícil volver a crear imágenes para que sean proyectadas en un rectángulo colgado de una pared –admitió Jones–. No me había dado cuenta de lo limitadores que son los marcos».

Él no es el único que explora estas posibilidades. Empresas de realidad virtual y aumentada como Oculus y Magic Leap están atrayendo a los grandes medios de comunicación y la atención de los inversores en un momento en que todo el mundo se apresura hacia el paisaje que hay más allá de los marcos y las pantallas. Son indicadores tempranos de una nueva forma de consumir contenido que desdibuja cada vez más los límites entre lo real y lo simulado. Pero quizá más que cualquier otro artista, Jones está aprovechando esta tecnología para sacar a la gente de sus marcos de referencia normales y proporcionarle un atisbo del éxtasis.

Su proyecto más reciente, apropiadamente llamado Micro-DoseVR, es un juego envolvente de realidad virtual que ofrece un recorrido atómico a través de muchos de los compuestos de las alfabetaminas de Shulgin. La simulación, que adentra a la persona en ese mundo digital rodeada de música *deep trance* y las «moléculas del deseo», es más que suficiente para sacarla del estado de conciencia habitual. «Este es probablemente el verdadero valor de estas experiencias —nos explicó Jones—. Nos sacan de nuestro mundo condicionado. Nos abren a un ámbito que nunca podríamos haber experimentado, que solo podríamos haber soñado. Creemos que sabemos dónde están los límites, pero vemos todo eso y pensamos: "Si esto que estoy viendo es posible, ¿qué otras cosas son posibles?"».

La ingeniería de la iluminación

En 2011, Mikey Siegel, un experto en robótica formado en el MIT y la NASA, vivía en Silicon Valley y tenía el empleo de sus sueños. «Estaba en el cielo, un "cielo ingenieril" —nos dijo—. Podía construir robots, diseñar sistemas, codificar *software* y crear mis propios experimentos, y me pagaban muy bien. Tenía una larga lista de todo lo que creía que quería y todo en esa lista estaba tachado, pues lo había conseguido».[20] Pero ese «todo» no era suficiente.

Siegel se sentía ansioso e insatisfecho, como si su vida tuviera poca sustancia, como si, según nos dijo, su alma «estuviera en bancarrota». Así que hizo lo que los insatisfechos han hecho a menudo: emprendió una búsqueda. Caminó por las selvas de América del Sur y visitó *ashrams* en la India. Su perspectiva cambió, pero la visión que estaba buscando no llegaba.

Eso cambió en el contexto de un retiro de meditación de diez días que llevó a cabo en el desierto de California. Era el séptimo día y los participantes llevaban setenta minutos haciendo un ejercicio de concentración, tratando de prestar atención a las sensaciones corporales sin emitir juicios. Pero esas sensaciones abrumaban a Siegel. Después de una semana meditando con las piernas cruzadas, le dolían la espalda y el cuello, y tenía los muslos entumecidos. «Era un dolor devastador, y todo lo que estaba haciendo era juzgar», nos explicó.

Hasta que, de pronto, dejó de hacerlo. Algo cambió en su interior. La parte de su cerebro que había estado juzgando se desconectó de repente. «Era una sensación de libertad –nos contó–. Si la libertad pura se experimenta como una sensación, era esa. Me sentí más lúcido, presente y consciente que en ningún otro momento de mi vida. Y si podía experimentar un dolor extremo y aun así permanecer tranquilo y lúcido, pensé que quizá otras personas también podrían hacerlo. En ese instante, todo lo que creía sobre el potencial humano dio un vuelco».

Parecía una revelación de las que cambian la vida. Pero cuando Siegel llegó a casa procedente de ese retiro y retomó su rutina, no pudo integrar lo que había aprendido. Por más disciplinado que fuese, las prácticas de meditación que estaba tratando de usar fueron diseñadas en un momento diferente y para un mundo diferente. «En el mundo en el que vivía estaba rodeado de una tecnología y una información que parecían empujarme en una dirección muy distinta», nos comentó.

Fue entonces cuando se dio cuenta de que la meditación era una herramienta destinada a provocar una reacción muy específica en el cerebro, pero que no era la única disponible. De hecho, considerando todos los avances recientes en el ámbito de la ciencia del cerebro y los sensores portátiles, la meditación era una herramienta tecnológica rudimentaria. Por lo tanto, decidió construir otras mejores, y originó así el campo que se conoce como *ingeniería de la iluminación*.

Uno de sus primeros prototipos convertía la frecuencia cardíaca en un tono de audio. Se basó en investigaciones anteriores que mostraban que la oración, el yoga y la meditación podían producir cambios claros en la frecuencia cardíaca.

Llevé el aparato encima durante tres días seguidos, incluso para dormir —nos dijo Siegel—. Era molesto. *Bip*, *bip*, *bop*, *bip*, todo el rato. Pero al final de ese período aprendí a controlar los latidos de mi corazón trabajando, solamente, con esa muy estrecha porción de retroalimentación de audio. Pude hacer que mi frecuencia cardíaca pasase de los cuarenta latidos por minuto hasta los ochenta, y viceversa. No era mucho más que un juguete novedoso, pero me mostró lo que tal vez era posible lograr.

Desde entonces, las investigaciones se han disparado. «Científicos de todo el mundo están explorando las prácticas contemplativas —nos contó—. Están cartografiando un territorio. Y una gran cantidad de investigadores, entre ellos yo mismo, hemos comenzado a usar ese mapa para crear lo que podríamos llamar *dispositivos de autoconciencia asistidos por tecnología*. Se trata de herramientas que pueden ayudarnos a sintonizar nuestro entorno interno».

En su trabajo con la variabilidad de la frecuencia cardíaca, Siegel descubrió que si añadía al tono una pantalla visual y una medición electroencefalográfica (para que la persona dispusiera de neurorretroalimentación junto con la biorretroalimentación), podía lograr que grupos enteros de individuos sincronizasen sus frecuencias cardíacas y ondas cerebrales y entrasen, así, en el *flow* grupal. Su nuevo desafío es tomar esta misma tecnología y hacer una versión asequible y disponible para todo el mundo.

También ha ido más allá del ámbito de la frecuencia cardíaca y está investigando los ultrasonidos, la estimulación magnética transcraneal y la estimulación transcraneal por corriente directa, con la ayuda de unos dispositivos que disparan pulsos que llegan al cerebro y pueden activar y desactivar regiones corticales con relativa precisión. «En este momento, estamos empezando –nos explicó–. Así que tenemos artilugios que nos pueden hacer sentir como si hubiéramos bebido una copa de vino. No es exactamente lo que pueden generar décadas de entrenamiento meditativo, pero es un cambio de estado legítimo, fiable y repetible».

Dado que Siegel vivía en Silicon Valley, se vio obligado a crear una empresa, Consciousness Hacking, en torno a estas ideas.[21] Junto con Nichol Bradford y Jeffery Martin, también cofundó la Conferencia de Tecnología Transformativa* y comenzó a organizar encuentros centrados en «piratear» la conciencia.[22] En unos nueve meses, y sin haber gastado ni un centavo en publicidad, lo que comenzó siendo un grupo compuesto por un puñado de individuos ubicado en un punto del norte de California se convirtió en una red integrada por más de diez mil personas repartidas en veintitrés ubicaciones por todo el mundo. En junio de 2015, los esfuerzos de Siegel hicieron que *The New Yorker* se refiriera a su trabajo en un artículo.[23] La Universidad de Stanford también ha tomado nota: actualmente, Siegel está impartiendo cursos sobre este campo emergente a estudiantes universitarios.

«Durante los últimos trescientos años, la ciencia y la religión han permanecido separadas –nos explicó Siegel–. Pero ahora tenemos la capacidad de investigar este dominio e innovar en torno a la espiritualidad. Y a juzgar por la asistencia creciente a nuestros encuentros, los millones de dólares que llegan a este sector o las

---

* N. de los A.: Transformative Technology Conference (http://www.ttconf.org). Siegel la cofundó con el doctor Jeffery A. Martin y Nicole Bradford.

herramientas tecnológicas que ya están disponibles, está claro que muchos de nosotros estamos realmente interesados en la innovación espiritual».

Y si las predicciones de Siegel son acertadas, apenas hemos arañado la superficie: «La tecnología de la piratería de la conciencia se volverá tan dinámica, disponible y ubicua como los teléfonos móviles. Imaginemos lo que ocurrirá si podemos usar dispositivos personales para cambiar estas experiencias a la carta, para apoyar y catalizar los cambios más importantes que podemos hacer a gran escala. Cada vez tengo más la impresión de que podremos resintonizar el sistema nervioso de todo el planeta».

El gimnasio del *flow*

Estamos viendo una eclosión de herramientas tecnológicas, en muchos ámbitos, que proporcionan a más personas un mayor acceso al éxtasis que antes. Ahora tenemos recursos deportivos que brindan a los simples mortales la oportunidad de engañar a la muerte y perseguir el *flow*, sistemas de sonido que hacen entrar en trance a cientos de miles de individuos a la vez, un arte envolvente que transforma la realidad de la vigilia en un estado onírico interactivo y herramientas de «piratería biológica» que nos encaminan hacia la trascendencia. Cada uno de estos avances hace que salir de uno mismo sea más fácil y seguro que nunca para una cantidad cada vez más grande de población.

A pesar de estos desarrollos, todavía hay mucho potencial sin explotar. Parte del problema es que todas estas disciplinas (el deporte, la música, el arte y la biotecnología) están asociadas a subculturas distintas y cuentan con unas aplicaciones favoritas. Si bien es bastante habitual ver un par de estos ámbitos combinados (la música y las imágenes son muy compatibles, obviamente, como lo son el deporte y los sensores portátiles), no se suelen agrupar todos en una experiencia expresamente diseñada.

Pero se puede hacer. Estos avances son muy potentes tomados por separado, pero su impacto es considerablemente superior cuando se combinan. Es por eso por lo que, en los últimos años, hemos estado colaborando con algunos de los mejores diseñadores de experiencias, piratas biológicos y especialistas en rendimiento para ayudar a desarrollar el Flow Dojo (que podría traducirse como 'gimnasio del *flow*'), un centro de capacitación e investigación concebido explícitamente para fusionar esas tecnologías. Siendo en el mismo grado un Circo del Sol, unos X Games (certamen estadounidense de deportes extremos) y un museo de ciencias interactivo, es un laboratorio de aprendizaje dedicado a establecer los componentes básicos del desempeño óptimo.

En otoño de 2015, tuvimos la oportunidad de llevar un prototipo del Dojo a la sede de Google en Silicon Valley y participar en un proyecto de aprendizaje conjunto.[*] A lo largo de seis semanas, un selecto equipo de ingenieros, programadores y gerentes se comprometió a seguir un programa de ejercitación del *flow*, experiencia que culminó con dos semanas en una versión beta del centro de capacitación.

La premisa era simple: si uno ejercita su cuerpo y su mente, y maneja su energía y su atención, podrá entrar en el estado de *flow* con mayor frecuencia y tener un mejor desempeño en el trabajo y en el hogar. Cada día, los participantes intervenían en diversas actividades: el seguimiento del sueño, un protocolo en cuanto a la dieta y la hidratación, el movimiento funcional (diseñado para deshacer los desequilibrios provocados por el sedentarismo) y ejercicios de

---

[*] Puedes ver en qué consistió en https://vimeo.com/153320792.

audio y respiración para influir en el cerebro. Solo con estas prácticas básicas, los sujetos afirmaron haber visto incrementadas sus experiencias de *flow* entre un treinta y cinco y un ochenta por ciento en los días laborables. La mayor sorpresa que se llevaron quienes participaron en el proyecto fue que también experimentaron más el *flow* en el hogar, donde la dinámica familiar solía ser menos racional y predecible que los algoritmos que manejaban en el trabajo.

Cuando esta base estuvo bien establecida, llegamos a la parte interesante: el Dojo en sí. En nuestra investigación para *The Rise of Superman*, habíamos entrevistado a más de doscientos deportistas profesionales y de élite del ámbito de los deportes de aventura para averiguar cuál era la estrategia secreta que usaban para entrar en el estado de *flow* con tanta rapidez. Una y otra vez, nos dijeron que todo se reducía a dos cosas: los desencadenantes correctos y la gravedad.

El equipo comenzó a diseñar el Flow Dojo a partir de ahí. ¿Era posible usar la tecnología para simular esas condiciones de una manera más segura y accesible? ¿Podríamos imitar algo de iFly, la empresa de paracaidismo bajo techo de Alan Metni, y recrear la encarnación del *flow* y sus consecuencias, para proporcionar a la gente corriente una idea de lo que es el estado de *flow*? Si combinábamos los diseños acústicos de Tony Andrews, las imágenes digitales de Android Jones y la tecnología cerebral de Mikey Siegel, ¿podríamos construir un entorno novedoso e interactivo? En caso afirmativo, podríamos conducir a los usuarios a estados cumbre, y los investigadores podrían obtener datos de un valor inestimable en el proceso. Esto nos proporcionaría una oportunidad única de estudiar el impacto de los dispositivos portátiles, el diseño de la experiencia y los parámetros biométricos de los usuarios, todo en el mismo contexto. Podríamos, literalmente, empezar a hacer ingeniería inversa para obtener el «genoma» de los estados asociados al máximo desempeño.

Por lo tanto, reunimos a un grupo de ingenieros para desarrollar equipos de entrenamiento cinético que pudiesen brindar esas experiencias. Imagínate equipos de juego de los parques infantiles, pero pensados para adultos y de características mucho más extremas: columpios gigantes que dan la vuelta y hacen que estés bocabajo a seis metros del suelo, y te someten a 3 g (*g* es el símbolo de Fuerza g, una medida de aceleración) cuando te impulsas a través del fondo del arco; giroscopios sometidos a momentos de fuerza y columpios de surf, complementados con efectos Doppler sobre el sonido y señales led, que te permiten dar vueltas y giros sin que corras el riesgo de acabar en el hospital.

Los diseñadores también integraron sensores y retroalimentación audiovisual en el equipo, para que los usuarios obtengan datos en tiempo real sobre varios parámetros del campo de la física (como la fuerza g, las revoluciones por minuto y la amplitud) y biométricos (como datos electroencefalográficos, sobre la variabilidad de la frecuencia cardíaca y la respiración). Hacer que ese tipo de datos no los ofrezcan relojes inteligentes y ordenadores portátiles evita que estén sometidos al procesamiento mental consciente de la corteza prefrontal, y el hecho de que los usuarios no estén expuestos a estas distracciones facilita que salgan de sí mismos y entren en la zona.

Aun así, cuando Serguéi Brin, uno de los cofundadores de Google, se subió al columpio que daba vueltas, no estábamos seguros de lo que iba a pasar. Brin es un entusiasta de los deportes de acción y los practica todos, desde el salto base hasta el *kitesurf*. Además, en una conferencia TED de hace unos años, encabezó la tabla de clasificación en una demostración de ejercitación del *mindfulness* medida con un electroencefalógrafo. Por lo tanto, ya tenía algo de experiencia en los elementos físicos y mentales de esta ejercitación, pero nunca había puesto a prueba los dos a la vez.

Para empezar, lo conectamos a un monitor de variabilidad de la frecuencia cardíaca para establecer los parámetros cardíacos de base. Luego se ató a las fijaciones de la tabla y comenzó a impulsar el columpio cada vez a mayor altura. La mayoría de las personas deben enfrentarse a dos límites al usar este artilugio. El primer límite lo encuentran cuando alcanzan el punto más alto al que llegaron nunca con un columpio típico, que suele ser unos cincuenta grados. Si pueden superar esta zona segura conocida, el siguiente límite lo encuentran cuando están bocabajo y deben impulsar su peso hacia delante (en contra de lo que indica el sentido común cuando se está a seis metros del suelo) para empujar el columpio a la máxima velocidad.

Brin superó esos dos límites; hizo que el columpio diese la vuelta (solo el cinco por ciento de los sujetos, aproximadamente, logran realizar esta hazaña en su primer intento) y luego procedió a detener el balanceo en su punto culminante para hacer que el columpio empezase e moverse hacia atrás. Cuando comparamos los datos de biorretroalimentación correspondientes a sus sesiones con los de base, vimos que su cerebro y su ritmo cardíaco perdieron coherencia cuando empezó a esforzarse, pero que la recuperaron cuando su sabiduría corporal descubrió cómo adaptarse. El único comentario que hizo al finalizar fue este: «Quiero uno en mi patio trasero».

Los datos respaldan el instinto de Brin de seguir ejercitando estas habilidades. Las investigaciones sobre la cognición encarnada muestran que nos volvemos más flexibles y resilientes cuando ejercitamos juntos el cuerpo y la mente, y en situaciones cada vez más dinámicas. Es por eso por lo que los SEAL dicen que «nunca llegas a estar a la altura de la ocasión; no te elevas más allá del nivel de tu entrenamiento»,[*] por lo cual se ejercitan extraordinariamente en

---

[*] N. de los A.: Esta cita se suele atribuir a un Navy SEAL anónimo (y los miembros del equipo la repiten a menudo), pero es más probable que su origen se encuentre en el poeta griego Arquíloco.

cada escenario posible. Es un corolario más avanzado que el consejo de Amy Cuddy sobre la postura de poder: una vez que hayas aprendido lo básico, comienza a subir la apuesta. Intenta permanecer centrado en condiciones más difíciles (por ejemplo, controla tu actividad cardíaca y cerebral mientras te estás columpiando dando vueltas). La ciencia nos indica que si queremos ejercitarnos para gozar de estabilidad en todas las condiciones es esencial que, antes, practiquemos con la inestabilidad.

Más adelante en esa misma visita, el otro fundador de Google, Larry Page, probó una de las creaciones más nuevas de Mikey Siegel: una mezcla de sonido envolvente y retroalimentación visual en 3D diseñada para fomentar la conexión entre las personas. Sentados bajo una cúpula cerrada, él y su esposa se pusieron pequeños altavoces de graves en la espalda, por lo que literalmente sintieron el bajo a través de su cuerpo, no de sus oídos. Después vieron cómo dos flores digitales se abrían y se cerraban en la pantalla que los rodeaba. Pero había un truco: Larry sentía el latido del corazón de su esposa y observaba cómo su flor (la de él) se abría y cerraba de acuerdo con el ritmo cardíaco de su esposa, y en el caso de ella ocurría exactamente lo mismo, pero a la inversa. Al cruzar deliberadamente los circuitos de retroalimentación, esa instalación crea una empatía mediada tecnológicamente, sin necesidad de que nadie hable. La experiencia fue tan absorbente que cuando los aspersores nocturnos se encendieron y los rociaron accidentalmente, supusieron que eso formaba parte de la simulación.

Si bien el campo del diseño y la puesta en práctica de la experiencia envolvente está en sus inicios, los primeros resultados, como los de este proyecto que se llevó a cabo en la sede de Google, permiten inferir que si se combinan todos los avances tecnológicos (el movimiento, el sonido, la luz y los sensores) con un programa de capacitación práctica en el ámbito de la cognición encarnada, es posible inducir un abanico de estados no ordinarios de forma mucho más precisa y asumiendo muchos menos riesgos. En el pasado, tener un atisbo de la ausencia del yo podría haber requerido volar con un traje aéreo (una práctica muy arriesgada), aislarse en un monasterio durante una década o tomar una dosis heroica (y posiblemente imprudente) de una sustancia de efectos impredecibles. Hoy en día, podemos servirnos de innovaciones como el Flow Dojo para manipular hábilmente los mandos y palancas de nuestro cuerpo y nuestra mente, y obtener unos avances similares experimentando muchos menos inconvenientes.

En realidad, este es el verdadero poder de la tecnología y las cuatro fuerzas en general: permiten a más personas acceder más al éxtasis de maneras más seguras y asequibles. Sin el cambio que se produjo en el campo de la psicología, la idea de aprovechar los estados alterados con fines prácticos habría parecido una locura; pero actualmente sabemos que pueden sanar traumas, estimular la creatividad y acelerar el desarrollo personal. Sin los avances que han tenido lugar en el campo de la neurobiología, las experiencias místicas seguirían envueltas en el misterio; pero actualmente sabemos qué ajustes debemos efectuar exactamente en el cuerpo y la mente para recrearlas por nosotros mismos. Sin los progresos que han tenido lugar en el campo de la farmacología, nuestra exploración de los estados no ordinarios habría permanecido limitada por los factores geográficos, la Iglesia y los Estados; pero ahora sabemos que hay muchos compuestos que permiten acceder a una información y unos conocimientos potencialmente reveladores. Sin los desarrollos tecnológicos, muy pocos se veían obligados a arriesgar demasiado para vislumbrar el valor inherente a los estados alterados; pero actualmente sabemos cómo preparar y fomentar estas experiencias de manera segura y a gran escala.

Impulsada por estos cambios, la comprensión que tenemos del éxtasis avanza actualmente a un ritmo exponencial. Los hallazgos que se producen en un dominio fundamentan y respaldan los avances que tienen lugar en otros. Las investigaciones son accesibles, el acceso se ha visto «democratizado» y, como veremos de forma mucho más evidente en la tercera parte de este libro, por todos lados se ven pruebas de que estas cuatro fuerzas están impulsando una revolución.

El camino a Eleuisis

El camino del exceso conduce al palacio de la sabiduría.

William Blake

Capítulo ocho

Atrapa un fuego

El vivero de ideas del futuro

Si lo tuyo son los dispositivos y artilugios, tu lugar de peregrinación es el Consumer Electronics Show ('feria de electrónica de consumo') de Las Vegas (es un evento anual). Si lo tuyo son los superhéroes y las novelas gráficas, debes acudir a la Comic-Con ('convención de cómics') de San Diego. Pero si estás persiguiendo el éxtasis, si quieres ver las cuatro fuerzas «armadas y desplegadas» para experimentar su efecto conjunto, dirígete al festival del desierto en el que Larry Page y Serguéi Brin pusieron a prueba a Eric Schmidt: Burning Man.

Cada año, a unas tres horas de Reno yendo hacia el noreste, en un vasto suelo alcalino conocido como *desierto de Black Rock*, encontrarás a los principales protagonistas de la segunda parte de este libro. Ahí está Tony Andrews vestido con un jersey de cachemira morado, golpeando el bajo desde un automóvil artístico de Funktion-One. Mikey Siegel también está por ahí, mostrando la neurorretroalimentación a los curiosos, muchos de ellos sucios a causa del polvo. Android Jones ha erigido una cúpula gigante para

mostrar su arte visionario inductor del trance. Hay talleres dirigidos por terapeutas sexuales de prestigio mundial, conferencias
sobre neuroteología impartidas por científicos de primera línea y
todas las alfabetaminas revolucionarias que Sasha Shulgin ha soñado. A lo lejos, incluso se puede ver la Fuerza Aérea Red Bull, vestida
con trajes ardientes y llegando a la ciudad enfundada en trajes aé-
reos. Independientemente de lo que se pueda decir sobre el evento, Burning Man es sin lugar a dudas la feria comercial centrada en
el éxtasis más grande del mundo. Escribe Erik Davis:

> Burning Man extiende agresivamente la tradición del éxtasis he-
> dónico. Imágenes [salvajes], sonidos desorientadores y un exce-
> so consciente de estimulación sensorial [...] todo ayuda a socavar
> los marcos estabilizados. [...] [Es una] máquina cerebral de espec-
> tro sensorial completo diseñada para ponernos en sintonía con la
> construcción continua de nuestra mente en tiempo real, sobre la
> marcha.[1]

Michael Michaels, uno de los fundadores de Burning Man
(conocido como Danger Ranger en el evento), lo explica de este
modo:

> En Burning Man, hemos encontrado una manera de salir de la caja
> que nos limita. Lo que hacemos, literalmente, es tomar la realidad
> de las personas y romperla. Burning Man es un motor de transfor-
> mación: tiene un *hardware* y un *software*, que pueden ajustarse y mo-
> dificarse. Y lo hemos hecho. Llevamos a la gente a este vasto lugar
> seco, en medio de la nada, donde las condiciones son muy duras.
> El festival les quita el equipaje a las personas, aquello que traían
> consigo en cuanto a quienes pensaban que eran. Y las coloca en un
> entorno comunitario en el que tienen que conectarse entre sí, un

espacio en el que todo es posible. Así, rompe su vieja realidad y las ayuda a darse cuenta de que pueden crear la suya.[2]

En otras palabras: el festival es un motor de transformación especialmente concebido para invocar la ausencia del yo, la intemporalidad, la ausencia de esfuerzo y la riqueza, es decir, las categorías AIAR.

Este motor de transformación ha inducido un cambio real en el mundo, cada vez en mayor medida. Y este es el tema de este capítulo. Si en la parte anterior examinábamos el surgimiento de las cuatro fuerzas, en esta abordamos la pregunta que, de forma natural, surge a continuación: ¿está conduciendo a una innovación práctica la inspiración radical que proporcionan estas fuerzas? Anteriormente explorábamos algunos estudios que mostraban que los estados no ordinarios pueden impulsar significativamente la creatividad y la resolución de problemas en condiciones controladas. Aquí, queremos salir del laboratorio y ver si el éxtasis está ayudando a resolver problemas retorcidos en el mundo real. Y Burning Man es tal vez el mejor lugar en el que iniciar esta investigación.

Lo primero que hay que ver es quién acude al festival. A diferencia de lo que ocurría en la época del festival de Woodstock, los asistentes ya no son solo bohemios contraculturales que «se han activado, han sintonizado y han abandonado». Sin duda, siguen llegando muchos anarquistas punks, artistas industriales y habitantes de almacenes que no encajan bien en la corriente social principal. Pero hoy el festival también cuenta en sus filas con miembros de una subcultura de alto poder adquisitivo, celebridades de la tecnología que tienen acceso a capital, a los mercados y a las plataformas de comunicación global.

Cuando Tim Ferriss mencionó que casi todos los multimillonarios que conoce de Silicon Valley toman psicodélicos para que los ayuden a resolver problemas complejos, Burning Man se convirtió en uno de los lugares preferidos de estos individuos en los que exponerse y dar la talla. «Si no has estado [en Burning Man], sencillamente no llegas a Silicon Valley —señaló en *ReCode* Elon Musk, emprendedor en serie que lleva mucho tiempo asistiendo al festival—. Podrías tomar la fiesta más loca de Los Ángeles y multiplicarla por mil, y ni siquiera se le acercaría».[3]

En ciertos círculos, mencionar «la playa» o «Black Rock City» (otras formas de referirse al festival) hace que forjemos una camaradería instantánea con aquellos que también han pasado por ese bautismo de fuego. Participar en los célebres campamentos de Burning Man ha pasado de otorgar prestigio en el ámbito contracultural callejero a facilitar el desarrollo profesional. Así lo refleja la periodista Vanessa Hua en el *San Francisco Chronicle*:

> Burning Man ha pasado a estar tan incorporado y a ser tan aceptado en parte de la cultura tecnológica que este evento altera los ritmos de trabajo, aparece en los currículums y es incluso una modalidad de desarrollo profesional reconocida. Todo ello es indicativo de que la norma ha adoptado partes de un acontecimiento que anteriormente se consideraba aberrante.[4]

Durante la última década sobre todo, el festival ha ocupado un lugar en la agenda de personas que podían tener también programada la asistencia al encuentro de Davos, a las charlas TED o a muchos otros encuentros de perfil alto. En 2013, John Perry Barlow, miembro de la Facultad de Derecho de la Universidad de Harvard y antiguo letrista de Grateful Dead, tuiteó despreocupadamente desde Burning Man: «Me he pasado gran parte de la tarde conversando con Larry Harvey, alcalde de Burning Man, y el general Wesley Clark, que está aquí».[5] En una de las fiestas de peor fama del planeta, la realeza contracultural se estaba codeando con un excomandante supremo de la OTAN que había sido precandidato a presidente de los Estados Unidos.

Tres años después, el entonces presidente Barack Obama bromeó sobre el evento en la cena de la Asociación de Corresponsales de la Casa Blanca: «Hace poco, una joven se me acercó y me dijo que estaba harta de que los políticos se interpusieran en el camino de sus sueños. ¡Como si fuésemos a dejar que Malia [la hija mayor de Barack Obama] vaya a Burning Man este año! Esto no ocurrirá. Bernie [Sanders] [un senador estadounidense] tal vez la dejaría ir. Nosotros no».[6]

Si a un presidente de los Estados Unidos se le ocurre hacer un comentario sobre el evento, y si Elon Musk afirma que es fundamental para la cultura de Silicon Valley, tal vez sea algo más que una fiesta que dura una semana. Y esto es lo segundo que debemos explorar en nuestra evaluación: por qué tantas personas creativas y talentosas hacen todo lo posible por congregarse allí una vez al año. Podemos descartar que la motivación sea solamente el sexo, las drogas o la música. Estos caprichos, por más tentadores que puedan ser, son poco más que mercancías en cualquier ciudad importante. Tiene que ser algo bastante convincente lo que inspire a la gente a reservar una semana de su agenda para deambular por un paraje inhóspito ubicado en medio de la nada.

Investigaciones recientes realizadas sobre Burning Man arrojan un poco de luz sobre este «algo». En 2015, un equipo de científicos encabezados por Molly Crockett, neuropsicóloga de la Universidad de Oxford, unió fuerzas con el censo de la ciudad efímera de Black Rock para observar más de cerca el poder del festival.[7] En su estudio, el setenta y cinco por ciento de los asistentes afirmaron haber tenido una experiencia transformadora en el evento, y el ochenta y cinco por ciento de estos dijeron que los beneficios persistieron durante semanas y meses. El porcentaje es increíblemente alto: tres de cada cuatro personas que asisten al evento cambian significativamente a causa de este.

Y esto no ocurre de forma accidental. Al vagar en medio de ese caos intencionado a las dos de la madrugada rodeados de dinosaurios que arrojan fuego, barcos piratas gigantescos iluminados con neón y los latidos palpitantes de un *hip hop* galáctico, las personas se ven desproveídas de todos sus puntos de referencia familiares, incluidos los temporales, y salen en gran medida de su estado de conciencia normal. La locura del evento, la radical autosuficiencia que requiere, la capacidad de crear unos *alter egos* descomunales y habitar en ellos, todo ello se combina para crear una *zona autónoma temporal*, un lugar donde pueden salir de sí mismas y convertirse en lo que quieran, aunque solo sea durante una breve semana.[8] Es la mayor concentración que existe de recursos tecnológicos destinados a alterar el estado de conciencia, concebidos para el colectivo, y no para nadie en particular.

Esto nos lleva al aspecto final y más importante de nuestra evaluación: la sorprendente cantidad de innovaciones que inspira este evento constantemente. Los asistentes conciben «la playa» como un espacio aislado en el que pueden soñar ideas, ponerlas a prueba y, a menudo, compartirlas libremente con todos. Larry Page, el cofundador de Google, dijo estas palabras en la conferencia Google I/O de 2013:

> Me gusta ir a Burning Man. [Es] un entorno donde la gente puede experimentar. Creo que como tecnólogos deberíamos tener algunos lugares seguros donde podamos probar cosas y descubrir el efecto que tienen en la sociedad, en las personas, sin tener que desplegarlas por todo el mundo.[9]

En 2007, Elon Musk hizo exactamente eso; presentó un primer prototipo de su descapotable eléctrico Tesla en el evento.[10] También se le ocurrieron las ideas fundacionales tanto de la empresa de energía renovable SolarCity como del sistema de transporte ultrarrápido Hyperloop mientras estaba en «la playa».[11] Y fiel al principio del regalo de Burning Man, regaló ambas iniciativas. SolarCity fue para sus primos; Hyperloop, publicado en Internet como un documento técnico, fue un ofrecimiento al mundo en general (que desde entonces ha inspirado la creación de dos empresas).

Tony Hsieh, fundador y director ejecutivo de Zappos, le dijo a *Playboy* que la experiencia de la conciencia colectiva, lo que él llama el «interruptor de la colmena», es la razón por la que acude al evento. Ese «sentimiento de unidad con las otras personas en el espacio, de unidad con la música y entre los que estamos ahí [...] es por eso por lo que voy a Burning Man».[12] El festival ha tenido un impacto tan grande en Hsieh que este ejecutivo ha incorporado las ideas del evento en la cultura corporativa de Zappos; ha reorganizado la empresa para hacer que sea lo más fácil posible darle al «interruptor de la colmena». También ha encabezado el Downtown Project ('proyecto centro'), un intento de revitalizar el centro de Las Vegas con la inclusión radical, el arte interactivo y otros elementos centrales del festival.

Si bien se ha hablado mucho del hecho de que los esfuerzos de Hsieh han sufrido reveses y dificultades, lo sorprendente sería que las cosas hubiesen ido de otra manera. Hsieh ha tomado ideas surgidas en Burning Man y está intentando reinventar la cultura de una empresa incluida en la lista Fortune 500 y revitalizar (por un valor de trescientos cincuenta millones de dólares) un núcleo urbano deteriorado.[13] Se trata de un cambio estructural en el mundo real, con todos los riesgos y complicaciones que conlleva.

Los proyectos de Musk no están exentos de complicaciones. Pero reinventar el transporte y crear un nuevo tipo de red de energía (por no hablar de sus esfuerzos por colonizar Marte) son problemas tan retorcidos que han resistido todos los esfuerzos anteriores por resolverlos. Lo que dejan claro estos ejemplos es que la perspectiva proporcionada por la conciencia y la cultura no ordinarias ofrece un camino diferente hacia delante, una forma de abordar los desafíos intratables con ojos nuevos.

A su vez, todas estas aplicaciones prácticas han inspirado a los organizadores de Burning Man. Hace unos años, asistimos al evento para hablar en su serie anual de charlas TEDx y luego fuimos invitados a una pequeña tertulia organizada por Danger Ranger. Ahí no solo asistieron titanes tecnológicos de Silicon Valley. Vicepresidentes sénior de Goldman Sachs, jefes de las agencias de publicidad creativa más grandes del mundo y líderes del Foro Económico Mundial estaban discretamente ahí, usando nombres imaginarios extravagantes, lejos de los *flashes* y la mirada atenta de los medios y los mercados. Su objetivo era forjar un futuro basado en la experiencia compartida de la *communitas* a lo grande: querían crear una comunidad Burning Man permanente, un lugar donde los experimentos con las cuatro fuerzas pudiesen llevarse a cabo durante todo el año. Como escribió recientemente Will Roger, cofundador de Burning Man:

> Yo diría que la propuesta forma parte del separatismo utópico, que cuenta con manifestaciones muy variadas, que se puede encontrar en el auge de la tecnología moderna: los esfuerzos de Peter Thiel para establecer comunidades autónomas en los océanos o el intento de Tony Hsieh de fomentar el emprendimiento en Las Vegas. Pero podría decirse que una comunidad permanente de Burning Man sería la manifestación más interesante y realizable de dicho separatismo utópico.[14]

En el verano de 2016 lograron exactamente eso: finalizaron la compra de Fly Ranch, una parcela de más de mil seiscientas hectáreas situada a pocos kilómetros al norte del lugar donde se celebraba el festival, llena de géiseres, aguas termales y humedales. En el momento de anunciarlo, la organización dio este mensaje:

> Todo esto forma parte de la evolución de Burning Man, que está pasando de ser un experimento efímero a ser un movimiento cultural global que tiene un impacto en las normas y estructuras sociales, económicas y artísticas. La cultura de Burning Man es cada vez más reconocida e influyente en todo el mundo.[15]

Cuando se rompe el dique

Una de las partes más interesantes de esta historia no es solo que los organizadores del festival estén tratando de establecer una patria para el éxtasis. Es que algunas de las lecciones más duras y difíciles asociadas a la construcción de una ciudad desde cero están siendo útiles miles de kilómetros más allá del desierto de Nevada. Entonces, si queremos seguir explorando cómo los estados no ordinarios están ayudando a resolver problemas retorcidos en entornos difíciles, debemos fijarnos en lo que se está haciendo en algunos de los lugares más problemáticos del planeta, los que han sido asolados por desastres naturales y guerras prolongadas.

Para comprender mejor cómo un encuentro de una semana puede tener un impacto de tanto alcance es importante saber que, como preparación para el evento, todo lo que hace la organización central de Burning Man es definir las calles e instalar los baños. Todos los otros componentes de la ciudad improvisada (los campamentos, las manifestaciones artísticas gigantescas, los generadores, las instalaciones médicas y el mantenimiento de la paz) está organizado por voluntarios. Al unirse para crear una ciudad de setenta mil habitantes, los *burners* (así se denominan a sí mismos los asistentes al festival Burning Man comprometidos) son pioneros en cuanto a formas fundamentalmente diferentes de organizar y movilizar a la gente frente a algunas de las condiciones más duras del planeta, y están utilizando el poder unitivo de la *communitas* para hacerlo.

Una de las primeras veces en que esas habilidades fueron puestas realmente a prueba fue en 2005. Era el 29 de agosto, y el huracán Katrina, en la costa del golfo de México, estaba a menos de una hora de tocar tierra. Tras el paso de la tormenta, el coste de los daños sería de ciento ocho mil millones de dólares de Florida a Texas.[16] Sería uno de los cinco peores huracanes de la historia de los Estados Unidos.

Mientras tanto, en Nevada, el cielo estaba despejado, hacía poco viento y Burning Man estaba en pleno apogeo. El campamento PlayaGon (nombre que resulta de combinar *playa* y *Pentágono*) estaba lleno de gente. En él había funcionarios de alto rango del Pentágono, futuristas y piratas informáticos, que tenían la misión de configurar y ejecutar las retransmisiones en vivo y el wifi de emergencia. Pero cuando les llegó la noticia del Katrina, dejaron de lado un momento sus deberes para echar un vistazo. El doctor Bruce Damer, ingeniero biomédico de la Universidad de California y contratista de la NASA, contó lo que pasó:

Uno de nuestros muchachos se apoderó de un satélite de reconocimiento. Nuestro teléfono satelital inalámbrico del Pentágono sonó, el general del otro lado preguntó qué estaba ocurriendo y le dijo a nuestro muchacho que no respondiera. Entonces tuvimos el control de ese satélite y pudimos ver entrar al Katrina.[17]

Y para no perder la oportunidad de hacer una «broma de alta tecnología», el equipo de PlayaGon encendió docenas de bengalas de hidrazina (palitos luminosos de uso militar) alrededor de su campamento y programó el satélite para que siguiera esas llamas desde el espacio, también.

Pero esos datos en tiempo real del Katrina azotando la costa del golfo de México sembraron la preocupación. Los «habitantes» de PlayaGon quisieron ayudar, y también muchos otros «ciudadanos» del festival. Después de reunir más de cuarenta mil dólares en concepto de ayuda entre los asistentes interesados en colaborar, un equipo de avanzada abandonó el festival, condujo hasta la costa del golfo y se puso a trabajar.

Inspirándose en Médicos sin Fronteras, llamaron Burners without Borders ('burners sin fronteras') a su incipiente organización.[18] En ese momento, Nueva Orleans estaba recibiendo toda la atención del país, pero esos burners decidieron centrar sus esfuerzos en las poblaciones costeras de Misisipi, que también se habían visto dañadas, pero habían sido ignoradas en gran medida.

Lo primero que hicieron fue establecer una tienda en un parking y construir un centro de distribución muy necesario para organizaciones benéficas establecidas como Oxfam y la Cruz Roja. A continuación, en el transcurso de ocho meses, donaron más de un millón de dólares para la eliminación de escombros y residuos y las tareas de reconstrucción. La organización hizo de todo, desde restaurar un templo vietnamita en Biloxi hasta demoler y reconstruir todo el pueblo de Pearlington. Como señaló CNET (un sitio web de multimedia estadounidense):

> Ese no era un grupo improvisado de diez o veinte bonachones poco capaces que se presentaban sin un plan. Eran más de ciento cincuenta personas que traían equipos pesados, suministros de

alimentos y agua, [y] años de experiencia sobreviviendo y prospe-
rando en entornos hostiles y aislados.

Antes de partir, se unieron con los residentes locales para
construir una escultura gigante con los residuos de la inundación y,
como era de esperar, le prendieron fuego. Ardió como una enorme
hoguera catártica, hasta quedar reducida a cenizas. «Nuestro pueblo fue destruido y tanto el Gobierno como nuestros dirigentes lo
abandonaron a su suerte –dijo un habitante de Pearlington–, pero
[Burners without Borders] vino y nos recordó que incluso en medio de toda esa desolación había una oportunidad para el arte, la
celebración y la comunidad».

Desde ese momento, Burners without Borders se ha convertido en una organización internacional que ha actuado en zonas de
desastre: en Perú cuando aconteció el terremoto de 2007, en Japón cuando se produjo el desastre de Fukushima o en Nueva Jersey cuando se vio afectada por el huracán Sandy. Y se ha cerrado un
círculo en las relaciones forjadas con los lugareños de esas zonas,
pues dirigentes de esas comunidades acudieron a Burning Man en
los años posteriores a los hechos para ver el origen de toda esa capacidad y todo ese entusiasmo.

En un ejemplo aún más espectacular de la propagación del
impacto de Burning Man, el doctor Dave Warner exportó su espíritu central al Afganistán devastado por la guerra. En 2011, Warner, un experto en visualización de datos, el mismo tipo que había
pirateado ese satélite para ver el Katrina, estaba en Jalalabad, a solo
unos cuarenta y ocho kilómetros de las cuevas de Tora Bora, donde
Osama bin Laden había escapado de las fuerzas estadounidenses
una década antes. Warner es un hombre alto con el pelo y la barba
largos y canosos, un personaje fascinante, brillante, iconoclasta y
muy productivo, con un currículum que dice: «Fue instructor de

ejercicios del Ejército de los Estados Unidos [...] neurocientífico doctorado, tecnólogo idealista, *burner* abnegado, aficionado a los psicodélicos, entrometido insaciable y (lo más extraño de todo) contratista en materia de defensa».[19]

Él y una pandilla de científicos del MIT, que se llamaban a sí mismos Synergy Strike Force (algo así como 'fuerza de choque que actúa en sinergia'), se habían plantado en Jalalabad para difundir «el evangelio de la información abierta». Basándose en el principio de inclusión radical de Burning Man, Warner insistió en que ningún proyecto de Synergy Strike Force fuese nunca material clasificado y en que la información se compartiese con todo el mundo. «Estoy desmantelando la Estrella de la Muerte –le dijo a un periodista de guerra– para construir hornos solares para *ewoks**».[20]

De manera que abrió un «*burner* bar» en el que intercambió bebidas gratis por *terabytes* de información. Era más como una cabaña *tiki*, en realidad: cubierta de bambú, con un solo refrigerador con algunas Heineken y una botella de licor, pero también un letrero que decía: «Compartimos información, comunicación (y cerveza)».

En sus reuniones de inteligencia, ningún detalle era insignificante: los proyectos de reconstrucción, los movimientos de tropas, los planes de construcción, las planificaciones hidrológicas, la ubicación de los centros de salud y los recintos electorales, los nombres de los agricultores locales e incluso los cultivos que esos agricultores estaban plantando. Warner tomó toda la información de su programa, que sería conocido como Beer for Data ('cerveza por datos'), y la conectó a una herramienta de visualización de datos que había creado. Los resultados superaron a los que sería

---

* N. del T.: Los *ewoks* son una raza enana que aparece en *El retorno del Jedi*, dentro de la saga *La guerra de las galaxias*. También en esta saga, la Estrella de la Muerte es el arma más mortífera.

capaz de obtener cualquier agencia de tres letras que se te ocurra[*] y, como Warner había rechazado los controles de seguridad, podía «regalarlos» a cualquiera que los pidiera.

Y muchos los pidieron. El Pentágono confió en sus datos, pero también lo hicieron las Naciones Unidas, funcionarios afganos, trabajadores humanitarios y periodistas. En uno de los entornos más caóticos del mundo, los regalos, la transparencia y la inclusión radical salvaron vidas y dólares.

Si bien Burners without Borders y Beer for Data constituyen dos de los primeros ejemplos de la exportación de los principios del festival a zonas de crisis, es poco probable que sean los últimos. Como escribió Peter Hirshberg, antiguo ejecutivo de Apple, en su libro *From Bitcoin to Burning Man and Beyond* [Desde Bitcoin hasta Burning Man y más allá]:

> Con tanta experiencia en la autoorganización de su propia infraestructura municipal en un entorno hostil, a los *burners* se les da especialmente bien operar durante las crisis caóticas en que los servicios normales (el agua corriente, la electricidad, los canales de comunicación y los sistemas de saneamiento) no están disponibles. Los *burners* no solo sobreviven en este tipo de entornos, sino que, además, crean cultura, arte y comunidad en ellos.[21]

Es por esta razón por lo que Rosie von Lila, exjefa de asuntos comunitarios de la organización Burning Man, ha sido invitada al Pentágono tres veces y a las Naciones Unidas en dos ocasiones para tratar el tema de las infraestructuras dentro de las planificaciones para los escenarios catastróficos. «Me sorprendió lo muy

---

* N. del T.: Los autores están induciendo al lector a pensar en la CIA y, posiblemente, también en el FBI. El sector de la inteligencia estadounidense cuenta con varias agencias, además de la CIA, cuyas siglas están compuestas por tres letras.

interesados que estaban —nos dijo Von Lila—. Las organizaciones tradicionales se están dando cuenta de las limitaciones que presenta la movilización desde arriba hacia abajo y están estudiando seriamente cómo la movilización comunitaria, desde abajo hacia arriba (las lecciones centrales de la comunidad de Burning Man) se pueden implementar en entornos que se encuentren en una situación crítica».[22]

O en cualquier tipo de entorno, de hecho. Los «proyectos de demostración» de Burning Man se pueden ver en todas partes. Aquí hay algunas muestras: instalaciones de energía solar en reservas rurales indias (Black Rock Solar); espacios comunitarios experimentales en áreas metropolitanas arruinadas (The Generator, en Reno, Nevada), o aplicaciones para teléfonos inteligentes (como Firechat, que fue diseñada como una red de comunicación entre iguales en Burning Man, pero después jugó un papel determinante en los movimientos de protesta de Taiwán, Hong Kong y Rusia).[23] Y como los *burners* defienden enérgicamente un enfoque de código abierto, no comercial, sus esfuerzos son fáciles de compartir y difíciles de censurar.

Actualmente hay eventos relacionados con Burning Man en unos treinta países, desde Israel hasta Sudáfrica y Japón, que proporcionan un acceso global a la experiencia. Se ha hablado de *diáspora contracultural*, pero este concepto podría ser demasiado limitado. Después de todo, ¿qué tiene de contracultural el auxilio en caso de desastre, la recopilación de inteligencia y la planificación urbana?

Todos esos proyectos proporcionaron soluciones creativas a problemas retorcidos persistentes, que desafiaban los mejores planes de los ejércitos, los gobiernos y las agencias de ayuda humanitaria más poderosos del planeta. Basándose en el ingenio, la colaboración y el trabajo incesante de una comunidad forjada por el éxtasis, los *burners* están extendiendo su impacto mucho más allá de la celebración original. Continúa escribiendo Hirshberg:

Burning Man no inventó el festival, el coche artístico o la zona autónoma temporal más de lo que Apple inventó el ordenador personal. Pero como este otro ente innovador emprendedor [...] Burning Man ejecutó el concepto maravillosamente, y a través de su trabajo está teniendo un impacto descomunal en nuestra cultura, y posiblemente en nuestro futuro.[24]

Perturbando a los brahmanes

Mientras que los principios y conocimientos de Burning Man están siendo implementados en algunas de las condiciones más duras del planeta por voluntarios con presupuestos limitados, en una gran cantidad de ejemplos de este capítulo estaba implicada la clase creativa, es decir, personas que contaban con los recursos, la influencia y el tiempo necesarios para llevar a cabo estos emprendimientos. Lo habitual es que las cosas funcionen de esta manera.

Al menos desde los misterios eleusinos, que contaban con eminencias como Platón y Pitágoras entre sus miembros, la cultura del éxtasis a menudo ha sido expandida por una élite bien formada. En Europa, vimos esto con los rabelaisianos del siglo XVI y el Club del Hachís del siglo XVIII, que exploraron los estados alterados, la sexualidad abierta y las filosofías libertinas en busca de inspiración.[25] En la alta sociedad de los años veinte, la casa de Mabel Dodge Luhan en Taos (Nuevo México) ofreció un lugar de encuentro y mescalina a todos, desde D. H. Lawrence hasta Georgia O'Keeffe y Carl Jung.[26] En la década de 1960, los fundadores de Esalen y el instituto mismo combinaron la bohemia con lo académico, a lo que contribuyeron personas formadas en las Universidades de Stanford y Harvard, y la comunidad intelectual europea.[27] A pesar de que todos estos movimientos comenzaron con unos pocos individuos, acabaron teniendo un impacto desmesurado en la filosofía, el arte y la cultura.

En julio de 2013, experimentamos un ejemplo contemporáneo de esta dinámica en las montañas de Utah, donde un pequeño pero influyente grupo de innovadores están construyendo comunidad a partir de lo que llaman «el poder de las experiencias cumbre compartidas». Guiados por Jon Batiste y su banda musical de Nueva Orleans, nos encontramos recorriendo un bosque de álamos temblones en medio de una gran multitud de artistas, activistas y empresarios. Al cabo de unos treinta minutos, la procesión llegó a una pradera sembrada de flores silvestres y a la mesa más larga que habíamos visto nunca. Tenía cuatrocientos metros de largo; era una línea recta y continua que se extendía por toda la ladera, y en ella había vajilla, cubertería y mantelería de lino blanco para mil personas.

Cuando nos sentamos, advertimos todos los pequeños detalles expresamente concebidos para despertar el asombro y el deleite, como radios con manivelas tocando *jazz* desde una estación de AM pirata y petacas de güisqui de acero inoxidable con versos de Walt Whitman inscritos en un lado. Los anfitriones procedieron a servir a todos ellos mismos; habían preparado una comida inventiva consistente en varios platos. Después, en perfecta sincronía con la salida de la luna llena en el este y la puesta de sol ardiente en el oeste, todos levantamos un vaso para brindar por la palpable sensación de comunidad presente esa noche.

Después de la cena, todo el bosque se transformó en un país de las maravillas iluminado por luces led. En los escenarios sonoros sonaba de todo, desde electrónica pulsante hasta poesía hablada. Carros artísticos de mariposas y gusanos zumbadores recorrían los caminos de tierra en ambos sentidos. Y a lo lejos, esparcidos por la ladera, había pabellones, cúpulas y tiendas que albergaban a todos quienes se habían reunido para conectar entre sí y colaborar durante ese fin de semana de verano.

Aunque había ecos de Burning Man en todas partes en ese evento (el entorno remoto, la acampada glamurosa, el arte, el espectáculo y la fantasía), había dos diferencias cruciales: no solo tenía lugar a más de dos mil setecientos metros sobre el nivel del mar sino que, además, no iba a desaparecer en el plazo de una semana. Esa reunión de verano era una fiesta de presentación. Solo siete semanas antes, los anfitriones, Summit Series, habían comprado toda la montaña.

«Queríamos un lugar permanente —nos explicó Jeff Rosenthal, cofundador de Summit—. Queríamos construir un pueblo dedicado [...] a lo que los estados alterados pueden proporcionar realmente: creatividad, colaboración, innovación, emprendimiento y comunidad. Y como nuestra comunidad compartía esa visión, pudimos recaudar cuarenta millones de dólares y comprar un área de esquí (Powder Mountain) que se encuentra en una cadena montañosa del tamaño de Manhattan».[28] Mientras que la gente de Burning Man está empezando a construirse una «patria», Summit ya ha dado este paso.

Ya hay más de quinientos sitios para viviendas en ese terreno y gente como Richard Branson, Kobe Bryant, Beth Comstock (la directora de Marketing de General Electric) y Trevor Edwards (el presidente de Nike) se ha comprometido con el proyecto. Y en lugar de promover la típica planificación de viviendas de lujo, están fomentando activamente la comunidad prohibiendo las casas de gran tamaño y concentrando el desarrollo en vecindarios en que las viviendas están muy agrupadas. Y todo se está construyendo según las normas medioambientales LEED de nivel platino (el más alto de todos). Es el primer pueblo ecológico del mundo inspirado en el éxtasis, aunque no comenzó de esa manera.

El inicio de Summit se sitúa en 2008, cuando cinco empresarios de veintitantos años se unieron para resolver un problema común. No conocían a emprendedores que hubiesen tenido un *verdadero* éxito y no tenían a nadie a quien pedir consejo. Entonces, se les ocurrió una solución creativa: llamar en frío a líderes empresariales y pedirles que fuesen a esquiar.

Se presentaron diecinueve individuos, incluidos Tony Hsieh, de Zappos, y Dustin Moskovitz, cofundador de Facebook. Rosenthal nos explicó:

> Hemos descubierto que cuando se toma un conjunto de personas diversas y muy brillantes y se deja que compartan una experiencia de inmersión dinámica, se obtienen grandes resultados. Se crearon amistades de por vida. Acabamos con el carácter tedioso y transaccional del trabajo en red. Supongo que se podría decir que una de las cosas que descubrimos en ese viaje fue que los estados alterados aceleran los negocios.

Ese experimento único no tardó en convertirse en la Serie Summit, una sucesión de «no conferencias» construidas sobre esas originales conclusiones. Esta serie, que se ha llamado «mezcla de TED y Burning Man» o «el Davos moderno», ha tocado una fibra sensible.[29] El primer evento de Summit fue un viaje a esquiar para diecinueve personas, el segundo fue un viaje a México para sesenta, y el tercero tuvo lugar en la Casa Blanca.

Tras haber oído hablar de la organización, el entonces presidente Obama les dijo que acudiesen a una cena, a la que debían presentarse con treinta y cinco líderes jóvenes, para hablar sobre la cultura *millennial* y el futuro de la innovación. Y aquello que transmitieron en la Casa Blanca, y que han estado implementando desde entonces, es una visión del emprendimiento social que valora tanto el propósito como las ganancias.

Actualmente, cuando Summit organiza un fin de semana, hay empresarios, activistas y artistas poco conocidos junto con gente como Questlove, Eric Schmidt y Martha Stewart. Este tipo de «polinización cruzada» ha dado lugar a algunas colaboraciones interesantes. Summit movilizó a un equipo de biólogos marinos, aventureros y filántropos para que organizara un viaje de protección del océano por el Caribe y recaudó más de dos millones de dólares para establecer una reserva natural. Asimismo, ha apoyado a Pencils of Promise ('lápices prometedores'), una organización no lucrativa dedicada a la escolarización primaria y secundaria en el mundo que ha construido casi cuatrocientas escuelas, y ha ayudado a lanzar Falling Whistles ('la caída de los silbidos'), una red global en la que participan más de ciento veinte mil miembros dedicada a poner fin al fenómeno de los niños soldados en el Congo.

Pero no les interesa solamente la labor sin fines de lucro. También han lanzado un fondo de capital riesgo que ha ayudado a crear docenas de nuevas compañías, incluida la empresa de zapatos TOMS, basada en el modelo «comprar uno, donar uno»; la empresa de venta de gafas advenediza Warby Parker, y Uber, el gigante de los viajes compartidos. Utilizando los estados no ordinarios para promover la comunidad, están reinventando el serio mundo de las redes profesionales, la filantropía y el capital riesgo.

Y Summit no es la única organización que está aprovechando estas lecciones para acelerar el cambio. MaiTai Global, iniciado en 2006 por el capitalista de riesgo Bill Tai y Susi Mai, leyenda del *kitesurf*, utiliza los deportes de acción (principalmente el surf y el *kitesurf*) para estimular el *flow* grupal y el espíritu empresarial.[30] La suya es una asociación potente: Tai forma parte de la junta directiva de media docena de las compañías más conocidas de Silicon Valley, mientras que Mai es la única mujer que ha recibido el estatus de *deportista Red Bull* (uno de los máximos honores en el ámbito de los deportes de acción).

MaiTai organiza encuentros de varios días que combinan sesiones de *kiteboarding*, conversaciones extraoficiales con fundadores, maratones de lanzamiento de empresas emergentes y un ambiente de festival transformador. «Organizamos nuestras experiencias de forma muy estratégica —nos explicó Mai—. Encontramos la combinación correcta de personas realmente interesantes y las sometemos a experiencias potentes de cambio de estado que aceleran el vínculo social. Es la misma fórmula que se utiliza en Burning Man y en Summit».[31]

Mai también señaló que hay muchos intercambios entre estas culturas. «No tardamos nada en obtener mucho apoyo por parte de la comunidad de Burning Man. Los *burners* entendieron instintivamente lo que estábamos tratando de hacer, así que comenzaron a aparecer. Y es una comunidad muy participativa, así que cuando los *burners* aparecen, construyen cosas, comienzan a organizar e implican a todos».

Implican *mucho* a todos. Hasta la fecha, docenas de compañías han aprovechado el talento y los contactos de la comunidad para obtener fondos de riesgo y encontrar socios clave; en la mayoría de los casos, los acuerdos se han alcanzado con un apretón de manos en la playa, al final de una magnífica sesión de *kitesurf*, momento en el cual, como dice Tai, «todos están sintiendo el subidón». También han visto que los deportes de acción constituyen un filtro que permite adivinar si una empresa emergente va a tener éxito. «Nos hemos dado cuenta de que el aprendizaje del *kitesurf* presenta muchos paralelismos con los desafíos del emprendimiento —nos explicó Mai—. Si alguien tiene el valor y la presencia mental que exige este deporte, esto dice mucho sobre el carácter de esa persona y cómo se comporta en general, en la vida». Y los paralelismos no son solo conceptuales. A lo largo de los años, los miembros de MaiTai han fundado y liderado empresas con un valor de mercado de más de veinte mil millones de dólares en conjunto, lo que los convierte en uno de los grupos de emprendedores más influyentes (y deportivos) del mundo.[32]

A partir de su experiencia, MaiTai ha creado recientemente el Extreme Technology Challenge ('desafío tecnológico extremo'). En lugar de que empresas emergentes prometedoras vayan por ahí buscando fondos, el Challenge las reúne en el Consumer Electronics Show de Las Vegas para que participen en un festival de presentación destinado a invertir este proceso. Tai nos explicó que «en lugar de que una multitud de fundadores se presenten a una serie de reuniones de treinta minutos con capitalistas de riesgo, y esos financiadores tengan luego que investigar discretamente a los posibles líderes, pasamos tiempo real juntos en un entorno en el que se revela el verdadero carácter de las personas».

Los finalistas reciben una invitación al escondite caribeño de Richard Branson, la isla Necker, donde, entre sesiones de *kitesurf*, pueden presentar sus respectivos proyectos al mismísimo Branson. En Necker, como en Burning Man y en la Powder Mountain de Summit, todo está deliberadamente diseñado para fomentar la *communitas*.[33] Experimentamos esto de primera mano cuando fuimos invitados a la isla para hablar sobre el *flow* y el espíritu empresarial. Desde las tirolinas que hay junto al acantilado que nos llevan al lugar del desayuno hasta la impresionante arquitectura de inspiración balinesa, pasando por un amplio repertorio de deportes de acción, todo está construido para activar ese estado de concentración desprovisto de esfuerzo. «Cuando lo hago [entrar en «la zona»] —nos dijo Branson ante unos batidos en su porche trasero una mañana— hago un trabajo magnífico durante dos horas adicionales, y las otras doce son muy, muy productivas. Tratar de alcanzar este equilibrio en la vida es realmente importante; no estoy diciendo que uno no deba "festejar duro" también [además de trabajar duro]».

Branson y MaiTai están adoptando este mismo enfoque para organizar los encuentros de Carbon War Room,* una organización transnacional dedicada a la sostenibilidad energética en el Caribe, y los del Blockchain Summit, un consorcio internacional que explora aplicaciones socialmente beneficiosas para monedas alternativas. Al reunir a individuos apasionados y talentosos para jugar y trabajar, están trazando un rumbo hacia un futuro más innovador y sostenible.

Un ejemplo ilustrativo: un *jacuzzi* de cedro situado encima de la casa principal de la isla Necker. Los invitados se reúnen allí para remojarse, hablar y mirar las estrellas, y fue en una de esas reuniones nocturnas donde Branson concibió su empresa más ambiciosa:

Ahí es donde tuve la idea de Virgin Galactic. La NASA aún no había creado una nave espacial en la que yo pudiera volar, y si esperaba demasiado, dejaría de estar por aquí [en este mundo]. «Entonces —pensé—, construyamos la nuestra». Quiero decir, ¿quién en su sano juicio no mira esas estrellas y no sueña con ir allí?[34]

Y lograr que los innovadores estén «en su sano juicio» es lo que Summit, MaiTai y Branson han hecho tan bien. Al darse cuenta de que los estados no ordinarios son más que una simple diversión recreativa y que, de hecho, pueden aumentar la confianza, extender la cooperación y acelerar los avances, una nueva generación de

---

* Ver https://rmi.org/carbon-war-room/.

empresarios, filántropos y activistas está poniendo patas arriba la gestión empresarial habitual.

Tiempos de éxtasis en la sociedad en general

Si el único indicio de que las cuatro fuerzas que están apareciendo en el mundo se encontrara en las reuniones exóticas que mantienen unos pocos afortunados, su impacto permanecería seriamente limitado; estaríamos ante un «éxtasis por goteo». Pero lo que está surgiendo es más variado que eso. El efecto dominó de las empresas y los proyectos de estos innovadores está empezando a manifestarse incluso en la sociedad en general, según un patrón de difusión predecible.

En su influyente libro *Cruzando el abismo*, Geoffrey Moore describió exactamente cómo ganan fuerza las nuevas ideas.[35] Al principio, cuando se producen avances rompedores, solo se suman a ellos aquellos individuos dispuestos a tolerar el riesgo y la incertidumbre asociados a una tecnología novedosa, motivados por los beneficios que les reportará el hecho de ser los primeros en difundirla. A continuación hay un espacio vacío, lo que Moore llama «el abismo», que toda idea tiene que cruzar para atraer a un público cada vez mayor. Moore cree que el hecho de ser capaz de atraer a esa «mayoría temprana» al otro lado del abismo es el verdadero rasgo distintivo de la innovación disruptiva.

Hasta ahora, nos hemos centrado principalmente en los pioneros y los primeros en adoptar las innovaciones, es decir, en aquellos que impulsan más visiblemente la evolución de las cuatro fuerzas. Ahora queremos tomarnos un momento para referirnos a los indicios de aplicaciones más amplias; vamos a centrarnos en los ámbitos en los que se ha cruzado el abismo y una mayoría temprana

244

determinante está comenzando a incorporar en su vida diaria herramientas y técnicas que cambian el estado de conciencia.

Para empezar, fijémonos en la primera fuerza, la psicología. Gracias al trabajo de Martin Seligman y otros, una nueva generación de expertos en psicología positiva está reconcibiendo la meditación; están prescindiendo de sus connotaciones espirituales y pregonando los beneficios que tiene según los estudios científicos. Esta nueva versión de la meditación, conocida como *reducción del estrés basada en la atención plena*, está ganando terreno en lugares que nunca habrían aceptado las versiones anteriores. Dieciocho millones de estadounidenses practican este tipo de meditación con regularidad,[36] y en 2016 se calculaba que a finales de 2017 el cuarenta y cuatro por ciento de las empresas estadounidenses ofrecerían formación en atención plena (o *mindfulness*) a sus empleados.[37] Desde que lanzó su programa, Aetna estima que ha ahorrado dos mil dólares por empleado en costes de atención médica y ha ganado tres mil dólares por empleado en productividad.[38] Este retorno cuantificable de la inversión ayuda a explicar por qué el sector de la meditación y la atención plena creció hasta rozar los mil millones de dólares en 2015.[39] Lo que había sido el dominio de los buscadores y *swamis* es actualmente un componente básico de los departamentos de recursos humanos.

Y el impacto de la psicología positiva se está extendiendo mucho más allá del lugar de trabajo. En la Universidad de Harvard, el curso de felicidad que imparte el profesor Tal Ben Shahar es el más popular de la historia de la universidad,[40] mientras que los libros de divulgación sobre la ciencia del bienestar encabezan constantemente las listas de los más vendidos. Y este enfoque sobre la forma óptima de vivir no está mejorando nuestro estado de ánimo solamente; está estimulando nuestro crecimiento personal. Uno de los estudiantes de posgrado de Bob Kegan determinó recientemente que cuando llegan a la universidad muchos *millennials* han alcanzado etapas de desarrollo adulto (con todos los incrementos de capacidad asociados) que sus padres no alcanzaron hasta la mediana edad.[41]

Estamos viendo un avance similar en el terreno de la neurobiología. Legitimadas por los descubrimientos en el campo de la cognición encarnada, las prácticas físicas contemplativas como el yoga, el taichí y el *chi kung* se han convertido en las actividades de interior más populares de los Estados Unidos. Tomemos el yoga como ejemplo. Esta tradición de cinco mil años fue un pasatiempo contracultural hasta la década de 1990. Pero una vez que los investigadores comenzaron a encontrar que la práctica presentaba todo tipo de beneficios, desde la mejora de la función cognitiva hasta la reducción de la presión arterial, el público en general empezó a cruzar el abismo.[42] Desde 2015, unos treinta y seis millones de estadounidenses practican yoga con regularidad.[43] Una actividad que cambia el estado mental incidiendo en el cuerpo se ha vuelto más popular, en términos de participación, que el fútbol.[44]

En cuanto a las aplicaciones basadas en la alta tecnología, los tratamientos que cambian el estado de conciencia, como la estimulación magnética transcraneal, están superando a los antidepresivos, y muchos ejecutivos de Silicon Valley se salen de lo convencional al usar la tecnología para «desfragmentar» su disco duro mental y aumentar el rendimiento. Empresas como Bulletproof Executive ('ejecutivo a prueba de balas'), de Dave Asprey, están ayudando a las personas a biopiratear su vida diaria con todo tipo de recursos, desde sensores inteligentes hasta los nootrópicos (suplementos estimulantes del cerebro). Este sector se está expandiendo tan rápidamente que Bulletproof se ha convertido en menos de cuatro años en una empresa de nueve cifras,[45] y cientos de otras compañías están inundando el mercado.

En el ámbito de la farmacología, aceptamos cada vez más las sustancias que cambian nuestra conciencia. La marihuana, que ha sido considerada una «hierba demoníaca», ha dado lugar al sector industrial de más rápido crecimiento en los Estados Unidos.[46] Se espera que el conjunto de la economía del cannabis (que incluye el legal y el de uso medicinal) mueva veintidós mil millones de dólares en 2020.[47] A finales de 2016, veintiocho estados del país habían legalizado la marihuana medicinal, y ocho de ellos (Colorado, Washington, Oregón, Nevada, California, Massachusetts y Alaska, y el distrito de Columbia [en Carolina del Sur]), también habían legalizado su uso recreativo. La previsión es que bastantes más estados sigan su ejemplo próximamente. Como dijo a la CNN Peter Reuter, profesor de Política de Drogas de la Universidad de Maryland, «estoy sorprendido por el aumento a largo plazo del apoyo a la legalización de la marihuana. No tiene precedentes. No parece un problema».[48]

Y el cannabis solo es el signo más obvio de este cambio. Ya sea que estemos examinando psicodélicos como el LSD o empatógenos como la MDMA, las drogas que alteran la mente son más populares que en cualquier otro momento de la historia. Treinta y dos millones de estadounidenses (es decir, casi el diez por ciento de la población) consumen psicodélicos de manera regular y afirman que lo hacen por razones fundamentadas.[49] Según un estudio de 2013 publicado en una revista de los Institutos Nacionales de la Salud estadounidenses, las motivaciones más habituales son «potenciar las experiencias místicas, la introspección y la curiosidad».[50] Es la trascendencia, no la decadencia, lo que parece estar impulsando el consumo.

En el ámbito de la tecnología ha habido avances similares. Hace unas décadas, los aparatos que ofrecían imágenes cerebrales eran máquinas multimillonarias que solo se encontraban en un puñado de laboratorios universitarios. Actualmente se han vuelto tan omnipresentes y accesibles como los teléfonos inteligentes que llevamos en el bolsillo. Con un puñado de sensores fáciles de usar, ahora podemos medir las hormonas, la frecuencia cardíaca, las ondas cerebrales y la respiración y obtener imágenes mucho más claras de nuestra salud en tiempo real.

En el verano de 2016, por ejemplo, Jay Blahnik, el diseñador principal del reloj de Apple, nos dijo cuáles eran las previsiones respecto a ese producto. En los próximos años, el reloj conectará esos sensores para convertirse en una plataforma para la investigación, no sujeta a patentes, de todo tipo de fenómenos que afectan al individuo, desde la obesidad hasta el máximo desempeño. En una prueba beta de veinticuatro horas, más de treinta mil individuos se ofrecieron como voluntarios para contribuir con sus datos personales a una investigación sobre el alzhéimer, lo que hizo que ese estudio pasase a ser, de la noche a la mañana, cuatro veces más grande que el segundo estudio en el que participaron más sujetos.

Y Apple es solo parte de una tendencia más amplia. Entre 2000 y 2009, las empresas presentaron casi cuatrocientas patentes de neurotecnología.[51] Esta cantidad se duplicó en 2010 y se volvió a duplicar en 2016. Con los datos que proporcionan estos dispositivos, no solo podemos tomar un atajo en favor de una mejor salud, sino también en pro de una autoconciencia más profunda, pues podemos ejercitar en cuestión de semanas y meses lo que los yoguis y monjes solían tardar décadas en dominar.

Si bien todos estos son ejemplos de cómo las cuatro fuerzas pueden adentrarse a un nivel profundo en el seno de la sociedad en general, pueden parecer poco dignos de mención a estas alturas. Esto tiene una explicación. Ray Kurzweil, el director de ingeniería de Google, señaló en una ocasión que es difícil para las personas no científicas hacer el seguimiento de los avances en el terreno de la inteligencia artificial porque, cuando aparecen en el mundo real, «no parecen más sofisticados que un cajero automático que habla».

Esto también es cierto en cuanto al éxtasis. Amas de casa que practican *kundalini* yoga, hombres de negocios que toman microdosis de psicodélicos, frikis de la tecnología que hacen el seguimiento de parámetros biométricos, Los Simpson acudiendo a Burning Man... Estos desarrollos pueden parecer poca cosa, pero son los «cajeros automáticos parlantes» de los estados alterados. Constituyen una prueba de que se ha cruzado el abismo, de que lo que una vez estuvo a la vanguardia está, ahora, integrado en lo cotidiano.

Nada nuevo bajo el sol

Bajo el ardiente sol de agosto, en el oeste de los Estados Unidos, decenas de miles de inadaptados se reúnen para adorar y celebrar. Esos buscadores están ahí porque rechazan la cerrazón de la religión de sus padres, pero tampoco los inspira la irreligiosidad de su sociedad en transición. Anhelan la experiencia mística directa, y se han unido para encontrarla.

Se quedan despiertos toda la noche bailando, tocando música, emborrachándose y amontonándose para ver a los artistas principales.[52] De pie sobre plataformas gigantescas, estos artistas llevan a las multitudes a un trance colectivo. Cuando les apetece, lo cual suele ocurrir, los asistentes tienen relaciones sexuales bajo el cielo abierto.

Después, cuando regresan a la vida cotidiana, transforman el mundo tal como lo conocen. Estimulados por su reciente iniciación, desafían las convenciones sociales, políticas y espirituales existentes. Sus esfuerzos son tan notables que los pueblos y ciudades donde se congregan se denominan distritos «quemados».*

---

* N. del T.: *Burned-over*; adviértase la semejanza con *burning* ('en llamas'), de Burning Man.

Todo esto ocurrió en un tiempo y un lugar, pero ese tiempo no era hoy y el lugar no era el desierto de Black Rock. Sucedió en 1801 en Cane Ridge (Kentucky) con ocasión del *segundo gran despertar*, uno de los mayores resurgimientos espirituales de la historia de los Estados Unidos.

La tinta con la que se había redactado la Constitución apenas se había secado, y el límite occidental del país solo llegaba hasta los Apalaches, pero ya se estaban sentando las bases de la vibrante tradición extática estadounidense. Las personas reunidas en Cane Ridge formaron parte de un renacimiento de mayor alcance que tuvo lugar en esa época. Más de veinte mil colonos acamparon y escucharon a los predicadores itinerantes que, desde plataformas elevadas, hablaban a frenéticas multitudes del *rapto* venidero. Entre los sermones, la gente pasaba el rato junto a sus tiendas de campaña y cobertizos, con violines y banjos, tocando las melodías escocesas e irlandesas que más tarde se convertirían en la música *bluegrass*. Y a pesar de la finalidad aparentemente piadosa del encuentro, hubo mucha ingesta de bebidas alcohólicas y mucha fornicación. Incluso en aquel entonces, era muy difícil disimular el «sentimiento del Espíritu Santo».

Esos resurgimientos ofrecieron conexión y comunidad en un mundo que la gente percibía que estaba fragmentado y agitado. A lo largo del medio siglo siguiente, toda una generación de jóvenes y apasionados se sumó a la tendencia. El segundo gran despertar dio origen a movimientos de justicia social que fueron desde la templanza en el consumo de alcohol y la defensa de los derechos de las mujeres hasta la abolición de la esclavitud; infundió una conciencia activista en la política estadounidense para los años venideros. Incluso la revelación que obtuvo Joseph Smith en una colina tuvo lugar en uno de esos distritos «quemados».

Al reflexionar sobre el surgimiento de las cuatro fuerzas y el lugar al que conducen, puede ser útil que nos demos cuenta de que la revolución que estamos experimentando hoy podría ser más la norma que la excepción. La espiritualidad estadounidense siempre ha favorecido lo directo sobre lo inferido y lo inmediato sobre lo gradual. Siempre se ha extendido desde los bancos y púlpitos hacia las ciudades y los campos.

En este contexto, podríamos considerar que el momento actual constituye, legítimamente, un *gran despertar*. Solo que esta vez lo mítico ha sido reemplazado por lo empírico. Las personas se unen para ver por sí mismas en muchos lugares, desde el desierto de Nevada y las zonas catastróficas de la costa del Golfo y Afganistán hasta las montañas de Utah y las aceras de las calles principales de pueblos y ciudades. Y lo que están descubriendo es que colectivamente contamos con más capacidad, resistencia, facultad para la innovación y creatividad de las que podríamos tener individualmente. Esta realidad es tan significativa hoy como lo fue hace más de doscientos años. Entonces, incluso si realmente no hay «nada nuevo bajo el sol», cada vez que sale, sigue valiendo la pena contemplar lo que hay.

Capítulo nueve

Quemando la casa

Aunque una masa crítica de población pueda estar cruzando el abismo e incorporando los beneficios de los estados no ordinarios a su vida y su trabajo, esto no significa que esta revolución no causará problemas. Históricamente, cada vez que ha aparecido el éxtasis, se han producido convulsiones y usos inapropiados. Esto se debe a que, si bien las ideas proporcionadas por las cuatro fuerzas pueden darnos una mejor manera de estabilizar estas experiencias y reducir este riesgo, siempre habrá quienes intentarán conducirlas hacia otros extremos.

En el apartado «Flautistas, cultos y comunistas» (página 102) abordamos estos peligros; examinamos las trampas que los estados no ordinarios pueden plantear a los individuos y los grupos, a saber, el problema de la coerción y el de la persuasión. Aquí vamos a ahondar en esa argumentación enfocándonos en dos de los ámbitos que presentan mayor interés, hoy en día, en cuanto a la coacción y la persuasión: el militar y el de la mercadotecnia.

Empezaremos por el ámbito militar, repasando los intentos llevados a cabo por el Gobierno estadounidense, durante más de medio siglo, encaminados a convertir la conciencia en un arma. Después pasaremos al ámbito de la mercadotecnia, en el que el poder del éxtasis se está utilizando para abrir nuestras billeteras. Esta última categoría es de aparición más reciente, sin duda, pero el potencial de abuso es elevado. En ambos casos veremos cómo la aplicación de los estados no ordinarios, como ocurre con otras herramientas tecnológicas potentes, tiene repercusiones tanto éticas como políticas.

El burro atómico

Era el año 1953 y el Pentágono tenía un problema.[1] El coronel Frank Schwable, piloto del Cuerpo de Marines de los Estados Unidos, que había sido derribado sobre Corea del Norte, apareció en la radio china y confesó que le habían ordenado desplegar armas biológicas. Ese suceso puso al Pentágono en una situación muy comprometida. Si admitía el relato de Schwable, sería manifiesto que habría violado la Convención de Ginebra, mientras que si no le daba crédito, perjudicaría a un oficial condecorado y prisionero de guerra.

Entonces, el secretario de Defensa exigió, como explica Annie Jacobsen en su libro *The Pentagon's Brain* [El cerebro del Pentágono], «una campaña total para difamar a los coreanos [atribuyéndoles] un nuevo tipo de crimen de guerra y una nueva clase de refinamiento en sus atroces técnicas: el asesinato mental o *menticidio*».[2] Si Schwable hubiera sido víctima del asesinato mental comunista, su testimonio podría ser invalidado y su patriotismo confirmado. Una solución «pulcra» a un gran problema.

La mayoría de los cargos del Pentágono estuvieron de acuerdo en que *menticidio* no era un término muy logrado. Pero la CIA había estado poniendo a prueba, discretamente, una denominación más convincente en los artículos de opinión de *The New York Times*:

brainwashing ('lavado de cerebro').[3] Esta tuvo éxito. *Lavado de cerebro* evocaba uno de los temores más grandes en la época de la Guerra Fría: la idea de que la propia individualidad, el libre albedrío personal, podía ser secuestrado por un estado totalitario.

La CIA sembró el espectro del lavado de cerebro con tanto éxito en la mente del público estadounidense y dentro de su propia cultura operativa que llegó a considerarse una de las principales amenazas de la Guerra Fría. Entonces, a pesar de que la misma CIA había concebido ese «hombre del saco», la actividad de perfeccionar dispositivos de control mental y drogas para combatirlo pasó a ser un alto secreto y una prioridad máxima.

No mucho después de la declaración de Schwable en la radio, el Departamento de Defensa se enteró de que un joven y brillante neurocientífico de la Universidad de Pensilvania podría haber descubierto la herramienta tecnológica que estaban buscando. Representantes de casi todas las agencias gubernamentales (la CIA, la NSA, el FBI, el Ejército, la Armada, la Fuerza Aérea y el Departamento de Estado) se abrieron paso hasta la puerta del doctor John Lilly.[4]

Lilly había resuelto los dos mayores problemas técnicos que presentaba la inducción mecánica del éxtasis bajo demanda. El primero era que el hecho de insertar electrodos a través del cráneo y meterlos dentro del cerebro ocasionaba demasiados daños, en todas las ocasiones. El segundo era que inducir una corriente unidireccional a través de las terminaciones nerviosas tendía a quemar los circuitos de forma irreparable.[5]

Pero Lilly había creado unas pequeñas mangas de acero inoxidable que podían meterse por el cráneo de un sujeto y permitían deslizar electrodos de gasa, sin que prácticamente se produjese hinchazón o un daño duradero. También había construido una máquina que enviaba unos pulsos eléctricos bidireccionales a través del cerebro que estimulaban las neuronas sin desequilibrarlas. El procedimiento en sí era casi indoloro; el sujeto solo notaba los pinchazos cuando se introducían las guías de la manga. Los electrodos se podían insertar a cualquier profundidad del cerebro, desde la corteza hasta la amígdala. Y las guías podían permanecer incrustadas e indetectables durante meses o incluso años.

Lilly había descubierto que, en los primates, el sistema del placer (lo que podría llamarse el circuito extático básico del cerebro) se correlacionaba directamente con la red de la excitación sexual. Los monos machos entrenados para usar su dispositivo para la autoestimulación elegían tener orgasmos sin parar durante dieciséis horas, a lo cual seguían ocho horas de sueño profundo, después de lo cual retomaban esa actividad.[6] Lilly había descubierto que el placer era una búsqueda infinitamente motivadora y potencialmente agotadora (al menos en los machos).

Por esta razón, cuando el director del Instituto Nacional de la Salud Mental estadounidense (NIMH, por sus siglas en inglés) le dijo que informara al Pentágono sobre su trabajo, Lilly expresó su preocupación. Escribió en su autobiografía, *The Scientist* [El científico]:

> Cualquier persona que disponga del aparato adecuado puede realizar esto de forma encubierta en un ser humano. Si esta técnica llegara a manos de una agencia secreta, tendría el control total sobre un ser humano y podría cambiar sus creencias con extrema rapidez, y habría pocos indicios de que lo habría hecho.[7]

Para evitar esto, Lilly detalló una serie de condiciones innegociables bajo las cuales estaría dispuesto a hablar de sus hallazgos. Nada de lo que diría podría ser material clasificado y todo lo que compartiera podrían repetirlo experimentalmente tanto él como sus colegas.[8] Mucho antes de que Linus Torvalds regalara el códi-go fuente a Linux, o Sasha Shulgin publicara su recetario químico, o Elon Musk compartiera todas las patentes de automóviles y ba-terías de Tesla, Lilly tomó partido en favor de que su herramienta inductora del éxtasis permaneciese accesible.

Con lo que no había contado era con lo implacable que podía ser el Ejército. No mucho después de esa presentación inicial, al-guien se puso en contacto con Lilly. Esta vez era un representante no identificado de Sandia Corporation (una subsidiaria de Loc-kheed Martin y contratista de defensa desde hacía mucho tiempo). Quería «aprender la técnica de insertar las guías de manga en la cabeza de animales grandes». De nuevo, Lilly insistió en mantener el trabajo desclasificado, pero aceptó dejar que el hombre fuera y filmara sus últimos experimentos.[9]

Unos años más tarde, *Harper's Magazine* escribió un extenso artículo sobre Sandia en el que esta detallaba su proyecto de la «su-permula»: un híbrido de burro y yegua equipado con implantes de electrodos y una brújula solar. La mula llevaba su carga, muy proba-blemente un maletín nuclear, en línea recta, independientemente de las características del terreno. Si se desviaba, la castigaban con dolor; si no, la recompensaban con placer. Al leer el artículo, Lilly se sorprendió al reconocer, en una foto, al hombre que había filma-do su experimento. Sandia había logrado tomar el éxtasis inducido mecánicamente y aprovecharlo para librar una guerra nuclear.[10]

Desolado, Lilly se dio cuenta de que antes de que pudiera completar su investigación, las agencias gubernamentales iban a apropiarse de ella. Desautorizó la experimentación con sujetos de prueba animales o humanos, y concluyó que la autoexperimenta-ción era la única forma ética de explorar los límites de la mente. Salió del NIMH y dejó de investigar sobre las «ayudas neurofisio-lógicas». Sin embargo, a pesar de que abandonó su puesto y su fuente de financiación, y de que arriesgó su reputación y, en última instancia, su vida, el trabajo de Lilly resultaría infinitamente fascinante para las comunidades militares y de inteligencia en las próximas décadas.

El que controla el interruptor

En 2010, Tim Wu, profesor de la Facultad de Derecho de la Universidad de Columbia, descubrió que las tecnologías de la información, que van desde el telégrafo hasta la radio, las películas y, en última instancia, Internet, tienden a comportarse de manera similar: empiezan siendo utópicas y democráticas y acaban siendo centralizadas y hegemónicas. En su libro *El interruptor principal*, Wu llama a esto «el Ciclo»; se trata de una batalla recurrente entre el acceso y el control que aparece cada vez que surgen estos avances:

> La historia muestra una progresión típica de las tecnologías de la información: pasan de ser el pasatiempo de alguien a ser el negocio de alguien; se pasa de los artilugios toscos a los productos sofisticados; se pasa de un canal al que se puede acceder libremente a uno estrictamente controlado por una sola corporación o un solo cártel. Se pasa de [un] sistema abierto a otro cerrado.[11]

Cuando los operadores de radio empezaron a colocar torres a principios de la década de 1920, por ejemplo, era para que las personas pudieran hablar entre sí y compartir ideas en un medio de transmisión abierta. «Todas esas comunidades y casas desconectadas se unirán a través de la radio como nunca estuvieron unidas por el telégrafo y el teléfono», escribió *Scientific American*.[12] Pero no fue eso lo que terminó pasando.

A mediados de los años veinte, AT&T y RCA se unieron para crear la National Broadcasting Corporation (NBC) con el fin de controlar el acceso al ancho de banda y crear una empresa multinacional ingente que persiste hasta nuestros días. En la década de 2000, otro gigante, Clear Channel Communications, controlaba la cuota de mercado y las listas de reproducción en más de treinta países. Se trata de unificación, ciertamente, pero no del tipo democratizador que imaginaron los pioneros.

Puesto que el Ciclo es inevitable, Wu cree que no hay una cuestión más importante que quién es el propietario de la plataforma, es decir, de los medios por los cuales las personas acceden a la información y la comparten. Esto lo llevó a acuñar la denominación *neutralidad de la red* en 2003 y a generar un debate permanente sobre el equilibrio entre el poder cívico y el corporativo en relación con Internet. Esto también inspiró el título de su libro de 2010. «Antes de plantear cualquier pregunta sobre la libertad de expresión hay que responder esta otra: ¿quién controla el interruptor principal?», escribió.[13]

Si bien las tecnologías de la información comenzaron siendo concretas y físicas (los ganaderos colocaron cables de telégrafo para conectar sus granjas a los pueblos y las estaciones de radio construyeron antenas gigantes para transmitir en AM), se están volviendo cada vez más virtuales; son un ejemplo de ello los unos y ceros de Internet y las infinitas complejidades de los algoritmos de búsqueda de Google. Y con las cuatro fuerzas, la tecnología de la información está pasando de lo virtual a lo *perceptivo*.

La tecnología del éxtasis no se limita a los chips de silicio y las pantallas de visualización. Como estableció la investigación inicial de John Lilly, se trata de saber cómo manipular los mandos y palancas de nuestro cerebro. Cuando lo hacemos bien, se suscitan esas inestimables sensaciones de ausencia del yo, intemporalidad, ausencia de esfuerzo y riqueza. ¿En qué consiste este último paso, la riqueza? Es la información a la que normalmente no podemos acceder. Como dijo W. B. Yeats, «el mundo está lleno de cosas mágicas que esperan pacientemente que nuestros sentidos se agudicen».[*]

Una vez que la tecnología de la información se vuelve perceptiva, como en el caso de los estados no ordinarios, el Ciclo se transforma en algo aún más potente. Nuestra mente se convierte en la plataforma. El tira y afloja entre el acceso y el control se torna en una batalla por la libertad cognitiva. Y si bien los Estados han tratado de regular en todo momento las sustancias químicas externas que dan forma a la conciencia, ¿qué sucede cuando intentan regular la neuroquímica interna?

Si esto te parece exagerado, ten en cuenta que los deportistas de élite ya presentan *pasaportes biológicos* a la Agencia Mundial Antidopaje para confirmar sus líneas de base únicas en cuanto a las hormonas, los perfiles sanguíneos y las sustancias neuroquímicas.[14] Si se salen de esa línea de base sin permiso oficial, son penalizados e incluso se les imputan cargos criminales.[**] De la misma manera que los regímenes declaraban que ciertos libros eran subversivos, no cuesta demasiado imaginar que un gobierno declare que cierta sustancia química cerebral es subversiva. Una combinación reveladora de neurotransmisores que circulen por tu torrente sanguíneo

---

[*] N. de los A.: Estas palabras se atribuyen apócrifamente a Yeats, quien fue iniciado en varios cultos esotéricos. Y es igual de probable que constituyan una variación de las que escribió Eden Phillipot en su libro *A Shadow Passes* [Pasa una sombra], de 1919: «El universo está lleno de cosas mágicas que esperan pacientemente que nuestro ingenio se agudice».

[**] N. de los A.: Y esto solo es la punta del iceberg. Como señaló el etnofarmacólogo Jon Ott, la Ley de Sustancias Controladas estadounidense de 1970 prohíbe específicamente poseer cualquier cantidad de DMT, lo cual, dado que es una sustancia que los humanos producen endógenamente, significa que «cualquier ser humano es culpable de poseerla» [Graham St. John [2015], *Mystery School in Hyperspace: A Cultural History of DMT* [Berkeley, EUA: Evolver], p. 8].

podría bastar para que te incluyesen en una lista de sospechosos, o algo peor.

Por lo tanto, aunque es tentador anunciar que las cuatro fuerzas constituyen un avance que va a hacer que el éxtasis esté disponible para las masas, seríamos ingenuos si pensáramos que un patrón histórico persistente, la batalla por el control del interruptor principal, no se manifestará esta vez.

Espías y chiflados

La lucha por el dispositivo de estimulación cerebral de Lilly fue un ejemplo temprano del Ciclo en acción; un ejemplo de si una herramienta tecnológica inductora del éxtasis podría permanecer accesible o terminaría sometida a un control central. Desde entonces, esa lucha se ha convertido en un juego del gato y el ratón, que lleva décadas vigente, entre los «espías» de la Comunidad de Inteligencia de los Estados Unidos y los «chiflados» de la contracultura. Científicos como Lilly han sido pioneros, en repetidas ocasiones, de nuevas técnicas destinadas a alterar la conciencia, y el Gobierno ha tratado de llevarlas al ámbito militar. O los «espías» han trabajado en nuevas aplicaciones de alto secreto, que se han filtrado y han sido reutilizadas por los «chiflados». Y aunque algunas de las historias que contaremos en este apartado pueden parecer tan extravagantes que te cuestionarás si son ciertas, apoyan en todos los casos la tesis de Wu: el juego de alto riesgo por el control del interruptor principal.

Resulta que varios de los funcionarios del Pentágono que llamaron a la puerta de Lilly estaban financiados por la CIA. Formaban parte del MK-ULTRA, posiblemente el proyecto de lavado de cerebro más grande y notorio de la historia de los Estados Unidos, en el que participaron unas ochenta instituciones, entre ellas universidades, colegios, hospitales, cárceles y compañías farmacéuticas. Su objetivo era encontrar sustancias químicas que pudieran controlar y confundir a los combatientes enemigos, a poblaciones civiles y a jefes de Estado; incluso había un plan de espionaje destinado a «colarle» a Fidel Castro un cigarro empapado en LSD.[15] Relata Jay Stevens en *Storming Heaven* [Asaltando el cielo]:

> Dentro de la propia CIA, [los agentes] tomaban LSD regularmente: en la oficina, en las fiestas de la Agencia, para comparar su equilibrio mental con el de sus colegas... Si te dabas la vuelta por la mañana, podía ser que algún listillo dejase caer unos microgramos en tu café. Era un juego que se jugaba con el arma más exaltada, la mente, y a veces se producían situaciones embarazosas: «espías» endurecidos rompían a llorar o se ponían sensibleros con respecto a la fraternidad humana.[16]

Además de estas travesuras entre colegas, el programa trabajó con pérdidas de juicio más importantes. Dieron dosis repetidas a pacientes mentales y le pidieron a uno de los suyos, un químico del Centro de Armas Biológicas de Fort Detrick, que saltara o fuera arrojado (no se sabe muy bien) por la ventana de un hotel de la ciudad de Nueva York situada en la planta número trece.[17] Y en los anales de las consecuencias no deseadas, el MK-ULTRA ocupa un lugar destacado por haber desatado, accidentalmente, un leviatán: la revolución psicodélica de la década de 1960.

Casi exactamente dos mil quinientos años después de que Alcibíades robó el ciceón, un joven estudiante llamado Ken Kesey también robó un poco, solo que esta vez a la CIA. Como Alcibíades, Kesey era irresistiblemente persuasivo y controvertido; logró asistir sin pagar a un seminario de posgrado de escritura en la

Universidad de Stanford, lo que le valió un juicio penal y el «destierro». Así como Sócrates había dudado de si Alcibíades era un alumno digno, Wallace Stegner, la gran figura literaria que dirigía el Departamento de Escritura de Stanford, tampoco tenía en muy buena consideración a Kesey. Dijo de él que era «una especie de analfabeto muy talentoso» y «una amenaza para la civilización, el intelectualismo y la sobriedad».[18] Y resultó que su evaluación no iba muy desencaminada.

Para obtener información de base para su novela *Alguien voló sobre el nido del cuco*, en que la acción transcurre en un establecimiento de salud mental, Kesey había sido voluntario en un hospital de la U. S. Veterans Administration ('administración de veteranos de los Estados Unidos') el cual, sin que lo supiesen el joven autor ni muchos de los jefes médicos, estaba implicado en el proyecto MK-ULTRA. Como quería ganar un poco de dinero extra, un amigo lo introdujo en unos experimentos en los que se pagaban setenta y cinco dólares por sesión a los sujetos. En esos experimentos, los médicos probaban con drogas psicomiméticas, es decir, con sustancias químicas como el LSD que imitaban el colapso mental característico de la psicosis. Los científicos «no tenían las agallas para probar consigo mismos —dijo Kesey, más adelante, a la revista *Stanford Alumni*—, así que contrataban a estudiantes. Cuando volvíamos [de las sesiones], nos miraban y decían: "¡Hagan lo que hagan, no los dejen volver a esa habitación!"».[19]

En Perry Lane, el enclave de cabañas bohemias donde vivía, Kesey y su panda de bromistas, cada vez más numerosa, sacaron material del laboratorio y lo llevaron al campo. «El voluntario Kesey se entregó a la ciencia en el hospital para veteranos de Menlo Park —relata Tom Wolfe en *Ponche de ácido lisérgico*— y de alguna manera las drogas se ponían en pie, salían de allí y se dirigían a Perry Lane».[20] Sigue explicando Wolfe:

La mitad del tiempo, Perry Lane era una especie de área de concentración de fraternidades universitarias en la que todo el mundo
estaba fuera, en el césped, en una agradable tarde de otoño, en sá-
bado [...] jugando al fútbol americano [...] una hora después, Kesey
y su círculo estaban enganchados a algo que solo ellos y algunos investigadores neurofarmacológicos de vanguardia conocían en todo
el mundo.[21]

Lo que sucedió a continuación está bien documentado en la
tradición de la contracultura. Kesey trasladó el experimento a las
colinas que había sobre Palo Alto y acudieron el periodista y escri-
tor Hunter S. Thompson, los moteros de Hells Angels ('ángeles del
infierno'), Neal Cassady (icono de la generación *beat*, retratado en
la clásica novela *En el camino*, de Jack Kerouac) y una banda pequeña
y rara llamada Grateful Dead, liderada por un guitarrista sin men-
tón pero extrañamente magnético llamado Jerry García. Armados
con muchos litros de pintura fluorescente, luces estroboscópicas y
el vehículo artístico prototípico –un autobús de International Har-
vester trucado de 1939 llamado *Further* ('más lejos')–, Kesey y sus
seguidores, los Merry Pranksters, iniciaron la cultura psicodélica
de la costa oeste de los Estados Unidos.[22] Se les había arrebatado a
los «espías» el control del interruptor principal, y ni Silicon Valley
ni el resto del mundo volverían a ser lo mismo.

A lo largo de la década siguiente, el misticismo oriental, la
sexualidad libre y el lema «sigue tu dicha» plantearon un desafío
directo a los valores tradicionales de la sociedad estadounidense. Pero mientras los «chiflados» compartían con entusiasmo técnicas esotéricas con un público más amplio, los «espías» nunca
perdieron interés en el movimiento que habían originado accidentalmente. A mediados de la década de 1970 había estallado el
escándalo Watergate, los norvietnamitas habían tomado Saigón y

un Departamento de Defensa desmoralizado necesitaba inspiración, desesperadamente. Según *Fortune*, «una ronda de búsqueda del alma posterior a Vietnam culminó con el establecimiento de la Fuerza de Tarea Delta, un cuadro de oficiales del Ejército cuya misión era buscar nuevas ideas».[23] Nadie era mejor para buscar esas ideas que Jim Channon, teniente coronel del Ejército y veterano de dos períodos de servicio en Vietnam, quien dijo en una entrevista: «Acabo de cumplir mi deber de fin de semana de recorrer todos esos lugares, como Esalen, hacer amigos y descubrir qué es realmente esa tecnología esotérica».[24]

Cuando hubo finalizado su recorrido por los *jacuzzis* y cristales, Channon se había convertido en uno más, a todos los efectos. Escribió *The First Earth Battalion Operations Manual* [El manual de operaciones del primer batallón de la Tierra], obra en la que argumentaba que cultivar deliberadamente estados no ordinarios, como la capacidad de experimentar el amor universal, percibir el aura, tener experiencias fuera del cuerpo, ver el futuro y, quizá lo más destacable, «encontrar al enemigo de ojos brillantes», podría transformar el estamento militar.[25]

Por más excéntrico (y desfasado) que parezca, el manifiesto de Channon adquirió un estatus legendario entre los pensadores progresistas del Ejército. En «Teletranspórtame, Spock: el nuevo campo de batalla mental», un artículo de 1980 para la revista oficial *Military Review*, el teniente coronel John Alexander argumentó que «se vislumbra en el horizonte una nueva dimensión del campo de batalla que puede desafiar nuestros conceptos del tiempo y el espacio tal como los percibimos. Claramente, las armas psicotrónicas (mente/materia) ya existen; solo se duda de sus capacidades».[26] Incluso el famoso eslogan «Sé todo lo que puedas ser» del Ejército estadounidense surgió de la misión de la Task Force Delta de desbloquear el potencial humano.

Un par de años después, el Pentágono encargó el Proyecto Guerrero Troyano, un entrenamiento intensivo de seis meses para la mente, el cuerpo y el espíritu destinado a los boinas verdes (las Fuerzas Especiales del Ejército de los Estados Unidos). El programa incluía meditar con un lama tibetano, sesiones de neurorretroalimentación y biorretroalimentación en un laboratorio informático de vanguardia, orar con un monje benedictino y practicar el aikido, un arte marcial japonés que está al servicio de la paz universal. Fue un asalto frontal a la neurofisiología del éxtasis (y el precedente directo del gimnasio mental de los SEAL). Para el escudo de armas, combinaron la mitología antigua con la popular: un caballo de madera sobre dos sables de luz cruzados. ¿Su lema? *Vi Cit Tecum* ('que la fuerza te acompañe').

Si bien estos avances dieron lugar a algunos resultados nobles, como los programas de atención plena y reducción del estrés para los reclutas y el entrenamiento en artes marciales para el Cuerpo de Marines, también hubo algunas aplicaciones más sombrías. En su manual, Channon había abogado por las capacidades apaciguadoras, relajantes e inspiradoras de la música, esperando que los bajos, no las bombas, prevalecieran en el campo de batalla del futuro. Casi como un comentario casual añadió que, si todo lo demás fallaba, «podrían usarse sonidos desagradables y discordantes para desorientar a los combatientes enemigos».[27]

Pero este breve comentario no pasó inadvertido. En mayo de 2003, *Newsweek* publicó un pequeño artículo titulado «PSYOPS: cruel e inusual» en el que se revelaba que las unidades de detención militar de los Estados Unidos usaban una combinación de luces brillantes, sonidos desorientadores y otras tácticas destinadas a cambiar el estado de conciencia para hundir a los prisioneros iraquíes.[28] «Funciona, créanme —declaró un agente estadounidense—. En el entrenamiento me obligaron a escuchar la canción *I Love You*, de Barney, durante cuarenta y cinco minutos. No quiero volver a pasar por eso nunca más».

Esta cancioncilla dio lugar a mil clips. Pero en lugar de reconocer que las tácticas de interrogatorio de los militares eran éticamente cuestionables, el ciclo de la noticia prosiguió felizmente; hubo presentadores de televisión que incluyeron un gag en el que se decía «Barney es una tortura para nosotros también» entre las imágenes de pandas en el zoológico y el parte meteorológico. Lo que comenzó como un intento de infundir a los militares el idealismo del movimiento del potencial humano se había convertido en una herramienta para la guerra psicológica, y el Ciclo continuó.

Y hoy en día sigue haciéndolo. Pensemos en el papel clandestino del Gobierno en Burning Man. Aparentemente, el festival, un encuentro de una semana en una zona totalmente insignificante del desierto, no es lo que podría considerarse un «objetivo de alto valor». Pero durante los pocos días de su existencia, la ciudad improvisada del evento tiene el dudoso honor de ser una de las poblaciones más vigiladas del país. A pesar de que se producen menos delitos violentos que en la mayor parte de los suburbios de tamaño mediano, atrae a más de una docena de agencias estatales y federales, que acuden con un equipo de espionaje, valorado en millones de dólares, dotado de alta tecnología, gafas infrarrojas y vehículos tácticos, y hay agentes encubiertos.

Documentos muy detallados publicados recientemente en virtud de la Ley de Libertad de Información estadounidense han revelado que el FBI lleva años ejecutando un programa de inteligencia en Burning Man.[29] La razón oficial ha sido buscar terroristas estadounidenses y seguir la pista a posibles amenazas procedentes de extremistas islámicos. Pero lo más probable es que el FBI haya estado ejecutando estrategias de su Programa de Contrainteligencia, del tipo que aplicó en la década de 1960 para infiltrarse y desestabilizar a las Panteras Negras, a los Estudiantes para una Sociedad Democrática y al Movimiento Indígena Estadounidense.[30] En caso de ser así, cabe esperar que el evento sea aún más vigilado en el futuro, que la presencia policial aumente, que se infiltren agentes provocadores y se persigan de forma agresiva los delitos no violentos. Aunque es difícil saber si se trató de una anomalía o del comienzo de una tendencia, el caso es que en 2015 se disparó la presencia de los agentes vestidos de paisano y los encubiertos, y los arrestos en el festival aumentaron un seiscientos por ciento.[31]

Podemos decir sin temor a equivocarnos que la Comunidad de Inteligencia de los Estados Unidos sabe que algo grande está sucediendo en el desierto, si bien no puede entender de qué se trata. Esto se debe a que, aparte de las señales externas evidentes (las explosiones de fuego, los disfraces salvajes y las fiestas de baile que duran toda la noche), lo que realmente está sucediendo tiene lugar en la mente de los asistentes. A los agentes que están sobre el terreno «el festival debe de parecerles un martes de Carnaval más ruidoso, o una celebración de Año Nuevo en Times Square con menos borrachos y más abrazos». Pero no es así como lo ven los altos mandos. En algunos casos, como vimos cuando el campamento PlayaGon se apoderó de un satélite espía y el ex comandante supremo de la OTAN asistió a Burning Man, están enterados de lo que ocurre.

Y este patrón repetido de los «espías acostados con los chiflados», desde los tanques de flotación *hippies* en el gimnasio mental de los SEAL hasta las desventuras de Kesey en el hospital de la administración de veteranos, pasando por las sesiones de *jacuzzi* del teniente coronel Channon en Esalen y la presencia del Pentágono en Burning Man, pone claramente de manifiesto la pugna por hacerse con el control del interruptor principal. Y, lo que es más fundamental, ilustra uno de los retos centrales en relación con el éxtasis: cómo garantizar que las potentes técnicas que tienen como finalidad alterar la conciencia no se usen por las razones equivocadas.

El dicho de que una herramienta dada «es moralmente neutra» es un lugar común en los escritos filosóficos de las universidades, pero es inquietantemente literal en el caso de las tecnologías del éxtasis. Como vimos en capítulos anteriores, el éxtasis totalmente expresado tiende a promover la empatía, la compasión y el bienestar. Pero ¿qué ocurre cuando solo se expresa en un ochenta por ciento?

La breve incursión que hemos realizado en el último medio siglo ha bastado para mostrar que el éxtasis puede dirigirse fácilmente hacia finalidades más sombrías. La ausencia del yo que es el sello distintivo de un estado no ordinario está muy cerca del lavado de cerebro que el Pentágono buscaba tan desesperadamente en la década de 1950. La intemporalidad, desprovista de puntos de referencia, puede parecerse mucho a la esquizofrenia paranoide, y ha sido un detonante del confinamiento en solitario durante siglos. La neuroquímica eufórica de la ausencia de esfuerzo, como advirtió John Lilly, puede crear dependencia en quien pueda administrarse ese subidón de felicidad. La riqueza de la información puede explotarse a modo de suero de la verdad, como intentaron hacer los médicos del MK-ULTRA, o amplificarse para abrumar a los reacios, como orquestó la guardia militar en Irak.

De la misma manera que se requiere una sociedad mucho menos desarrollada para detonar una bomba nuclear que para inventarla, el poder del éxtasis tienta constantemente a quienes no tienen ni idea de cómo reproducirlo por sí mismos. Pero una vez que lo ven en acción, una vez que pueden discernir la lógica fundamental, no les cuesta mucho redirigirlo a finalidades que mortificarían a sus creadores originales.

¡Soma, delicioso soma!

Si la posibilidad de que el complejo militar e industrial secuestre el éxtasis para sus propios fines es aleccionadora, un resultado igualmente probable es que terminemos seducidos por nuestros propios deseos. De hecho, el control no a través de la coerción, como lo han ejercido los Estados totalitarios, sino a través de la persuasión es una perspectiva aún más probable.

En 2007, algunas de las marcas más grandes del mundo (Apple, Coca-Cola, American Express, Nike, Samsung, Sony y Ford) aportaron siete millones de dólares para financiar un estudio sobre los aspectos neurocientíficos del comportamiento del comprador.[32] Querían saber si había formas más efectivas de vender sus productos y unieron fuerzas para financiar el estudio de *neuromarketing* más grande jamás realizado. Fue un intento de reemplazar los grupos focales,* que no eran muy fiables, por los escáneres cerebrales.

El investigador y consultor de *marketing* Martin Lindstrom se asoció con la neurocientífica británica Gemma Calvert para materializar el proyecto. En el transcurso de tres años, utilizaron la resonancia magnética funcional y los electroencefalogramas para explorar el cerebro de más de dos mil personas mientras tomaban varias decisiones de compra. Los investigadores descubrieron que el hecho de colocar productos en programas de televisión y películas rara vez funciona, que las etiquetas de advertencia de los cigarrillos en realidad estimulan la necesidad de fumar más y que las compras y la espiritualidad parecen basarse en unos circuitos neuronales similares.[33] Esto último fue lo más sorprendente.

---

* N. del T.: Un grupo focal es un grupo de conversación dirigido por un moderador, en el que participan miembros de un grupo social específico, especialmente creado para indagar acerca de las actitudes y reacciones de ese grupo frente a un asunto social o político, o un tema de interés comercial. Fuente: Wikipedia.

Cuando los sujetos profundamente religiosos ven iconografía sagrada o reflexionan sobre la idea que tienen de Dios, los escáneres cerebrales revelan hiperactividad en el núcleo caudado, una parte del sistema del placer que se correlaciona con los sentimientos de alegría, amor y serenidad. Pero Lindstrom y Calvert descubrieron que esta misma región cerebral se ilumina cuando los sujetos ven imágenes asociadas con marcas fuertes, como Ferrari o Apple. Calvert manifestó esta conclusión:

> [...] no había un modo discernible de distinguir entre la forma en que el cerebro de los sujetos reaccionaba ante marcas potentes y la forma en que reaccionaba ante iconos y figuras religiosas. [...] Claramente, nuestro vínculo emocional con las marcas potentes [...] presenta fuertes paralelismos con los sentimientos que tenemos sobre la religión.[34]

La defensa de Lindstrom de la revolución del *neuromarketing* tuvo una gran repercusión mediática y lo ubicó en la lista de *Time* de las «100 personas más influyentes». Pero también suscitó rechazo. Los críticos señalaron acertadamente que el solo hecho de que los símbolos espirituales y los logotipos corporativos activen regiones cerebrales similares no significa que comprar sea una experiencia religiosa. Aunque Lindstrom pudiera haber exagerado las capacidades del *neuromarketing* en 2007 (después de todo, es un experto en mercadotecnia), en la siguiente década la idea de manipular los mandos y palancas del cerebro para fines puramente comerciales ganó mucho peso.

En 2013, por ejemplo, se nos pidió que presentáramos la reunión anual de la Advertising Research Foundation ('fundación para la investigación sobre la publicidad'). Esta fundación, que es un consorcio global en el que están presentes casi todas las principales marcas que se te ocurran (desde Coca-Cola, Wal-Mart y Procter & Gamble hasta agencias creativas como J. Walter Thompson, Ogilvy & Mather y Omnicom, pasando por gigantes tecnológicos como Facebook, Google y Twitter), quería aprender sobre el uso del *flow* en el ámbito de la publicidad. ¿Podría este estado de conciencia jugar un papel importante en la incitación a comprar? ¿Se podría utilizar la mecánica del éxtasis para impulsar la cuota de mercado?

Para comprender esta posibilidad, es útil conocer algunos de los desarrollos que han llevado al mercado actual. A finales del siglo XX, comenzamos a pasar de la venta de ideas, la llamada *economía de la información*, a la venta de sentimientos, o lo que el autor Alvin Toffler llamó la *economía de la experiencia*.[35] Es por eso por lo que las tiendas minoristas comenzaron a parecer parques temáticos. ¿Por qué, en lugar de almacenar productos en estantes como Wal-Mart, el minorista Cabela's ha convertido sus tiendas en el paraíso de los cazadores con sus montajes de caza mayor, sus representaciones de laderas de montañas y sus acuarios gigantes? Y ¿por qué puede Starbucks cobrar cuatro dólares por una taza de café de cincuenta centavos? Pues porque proporcionan ese acogedor «tercer espacio» entre el lugar de trabajo y el hogar.[36]

Pero nosotros estábamos en la Advertising Research Foundation para hablar de la siguiente etapa: el paso de la economía de la experiencia a lo que el autor Joe Pine llama la *economía de la transformación*. En este mercado, lo que se nos vende es quiénes podemos llegar a ser, o, como explica Pine, «en la economía de la transformación, ¡el cliente ES el producto!».[37]

De entrada, la idea de favorecer productos que puedan ayudarnos a convertirnos en lo que queremos ser no suena mal. Pongamos el sector del *fitness* como ejemplo. En la economía de la experiencia, uno de los líderes indiscutibles es Equinox Gyms, que combina equipos de última generación, vestíbulos con encanto y baños de vapor de eucalipto para dar la impresión de un entrenamiento de lujo. Podrás adelgazar tanto como los modelos publicitarios o no, pero seguramente te sentirás como si tuvieses un millón de dólares mientras estás ahí.[38]

En la economía de la transformación, CrossFit cobra casi lo mismo pero no ofrece ninguno de esos beneficios. En cambio, lo que obtienes es la promesa de que después de estar sudando tres meses en sus espacios de entrenamiento te convertirás en una persona radicalmente distinta. Tendrás otro aspecto, sin duda, pero debido al énfasis que ponen en aceptar desafíos y superar límites, también tendrás la oportunidad de actuar y pensar de manera diferente. Esta es una «transformación» positiva que muchos están dispuestos a sufrir y por la que están dispuestos a pagar un plus.[39]

Sin embargo, no cuesta mucho encauzar este deseo de cambio personal con propósitos más comerciales. En una campaña de Jeep, crearon pantanos de barro en las ferias de condados.[40] Con una música estruendosa y luces intermitentes que amplificaban las sensaciones, Jeep dejó que los visitantes saltaran a una de sus plataformas estacionarias, pusieran en marcha el motor e hicieran rodar los neumáticos, de manera que el barro que había debajo de estos saliera despedido. El carácter novedoso de la experiencia, el rápido cambio de sensaciones, las luces, la música y la multitud de vítores fueron más que suficientes para activar la maquinaria de placer del cerebro y hacer que los veinteañeros fogosos se obsesionaran durante semanas con las opciones de arrendamiento que no requerían efectuar un pago inicial.

Esa campaña de Jeep funcionó muy bien porque suscitó un estado de máxima excitación en sus participantes y luego les vendió una transformación imaginaria de sus vidas (que empezaba con la compra de un 4x4). Bajo esas condiciones de amplificación, la atención que presta el individuo a los estímulos entrantes aumenta.

Pero al verse mitigada la actividad de la corteza prefrontal, la mayor parte de los mecanismos de control de los impulsos se desconectan. Para las personas que no están acostumbradas a esta combinación, los resultados pueden ser costosos.

El sector de los videojuegos puede haber avanzado más que ningún otro en este camino. Nicholas Kardaras, uno de los mejores especialistas en adicciones de los Estados Unidos, explicaba esto a la revista *Vice* en fechas recientes:

> Los videojuegos son un sector industrial multimillonario que contrata a los mejores neurocientíficos y psicólogos del comportamiento para hacer que sean lo más adictivos posible. Quienes los crean realizan las pruebas beta* con adolescentes a quienes les miden las respuestas galvánicas de la piel y la presión arterial; también les hacen un electrocardiograma. Si el juego no eleva su presión arterial de 140 a 180, retocan el producto para que suscite una mayor liberación de adrenalina. [...] Los videojuegos incrementan la dopamina en la misma medida que el sexo, y casi tanto como la cocaína. Por lo tanto, esta combinación de adrenalina y dopamina es un potente «dos en uno» en cuanto a la adicción.[41]

Armadas con el conocimiento de nuestros anhelos más profundos y la comprensión exacta de cómo cebarlos, las grandes corporaciones tienen una clara ventaja en el juego de la influencia. De la misma manera que Google adapta las búsquedas basándose en nuestro historial y los anuncios dirigidos nos persiguen en Internet hasta que compramos, estamos entrando en una era en la que otros

---

* N. del T.: Las pruebas beta permiten verificar la calidad de un producto tecnológico cuando está terminado de forma completa o parcial; para ello, se les ofrece a personas con perfil de usuario para que lo prueben y hagan los comentarios que estimen pertinentes.

pueden usar nuestros anhelos de trascendencia para apropiarse de nuestra toma de decisiones.

Una vez que uno comprende lo que Lindstrom llama *comprología*, puede suscitar en los consumidores desprevenidos toda la neuroquímica inductora de placer que sea posible. Y como ocurre con los esfuerzos de la Comunidad de Inteligencia, el éxtasis es transformador si se manifiesta al cien por cien, pero si se manifiesta en un ochenta por ciento es..., bueno, lo que quieras que sea.

Con el avance de las cuatro fuerzas, se ha vuelto cada vez más sencillo encontrar formas de moldear decisiones que ni siquiera somos conscientes de que estamos tomando. Menos de un año después de nuestra presentación a la Advertising Research Foundation, la DARPA realizó un experimento en el que demostró que, en realidad, es muy fácil.

En su estudio, una narradora ejercitada contó a un público conectado a electroencefalógrafos y monitores de frecuencia cardíaca una historia desgarradora de acoso infantil. A continuación pidió a los asistentes que efectuaran una donación a una organización que trabaja para poner fin a estos comportamientos. Solo examinando los parámetros biométricos, los científicos de la DARPA pudieron predecir con un setenta por ciento de precisión quiénes se habían sentido más conmovidos por la historia y quiénes elegirían dar dinero a la causa. Los datos fisiológicos bastaron para predecir estos gastos futuros.[42]

También descubrieron cómo fomentar ese impulso. Para que el discurso fuera más efectivo (es decir, para inducir el mayor gasto posible), tenía que ser muy atractivo, y el contraste entre los elementos positivos y negativos de la historia debía ser significativo. La oradora llevaba un auricular discreto mientras estaba en el escenario, que permitió que los investigadores le proporcionaran una retroalimentación instantánea a partir de lo que indicaba la biorretroalimentación obtenida de los asistentes: le indicaron que cambiara la historia sobre la marcha; le dijeron que incrementara la tensión o que fuera más empática, y todo el rato debía influir en el público para alterar su comportamiento.

Aunque este estudio se centró en un ejemplo de persuasión relativamente benigno, el hecho de que lo financiara la DARPA nos debería hacer reflexionar. Imagina que los presentadores de noticias o los políticos manejaran una tecnología similar y fuesen capaces de tocar la fibra sensible de la gente, avivar la indignación, inspirar esperanza e incluso desencadenar la *communitas* al leer nuestros parámetros neurobiológicos e influir en ellos. Si la «política de los grupos focales» nos deja con mal sabor de boca, ¿cómo empeorarían las cosas con la «política de la biorretroalimentación»?

Kevin Kelly, futurista y cofundador de la revista *Wired*, tiene algunas ideas. En un artículo de 2016 sobre las empresas de moda en aquel momento en el campo de la realidad virtual, Oculus y Magic Leap, Kelly analiza el potencial de la realidad virtual como tecnología de vigilancia y control:

> Es muy fácil imaginar que una compañía que logre dominar el universo de realidad virtual almacenará rápidamente datos íntimos no solo sobre tus preferencias y las de tres mil millones de personas más, sino también [...] sobre mil detalles de otro tipo. Hacer esto en la vida real sería costoso e intrusivo, pero hacerlo en el ámbito de la realidad virtual será invisible y barato.[43]

Los sistemas de realidad virtual no tardarán en registrar todo, desde la mirada y el tono de voz hasta otros parámetros biométricos que la DARPA ya ha integrado: la neuroquímica, la liberación de hormonas, las ondas cerebrales y la coherencia cardíaca. Sigue diciendo Kelly:

Este seguimiento exhaustivo de tu comportamiento dentro de estos mundos [de realidad virtual] podría usarse para venderte cosas, redirigir tu atención, recopilar un historial de tus intereses, persuadirte subliminalmente, cuantificar los actos que llevas a cabo en favor de tu superación personal [...], etc. Si un teléfono inteligente es un dispositivo de vigilancia que llevamos voluntariamente en el bolsillo, la realidad virtual será un estado de vigilancia total al que ingresaremos voluntariamente.[44]

Imagina el tipo de experiencia visual envolvente que está creando Android Jones, que ya está diseñada para provocar un cambio de estado, y añádele este tipo de biorretroalimentación en bucle. A cambio de la emoción de tener un subidón, renunciaremos voluntariamente a detalles íntimos sobre nosotros mismos. Será el nuevo precio que tendremos que pagar por llevar la mente a otros espacios.

La novela distópica de Aldous Huxley *Un mundo feliz* nos permite vislumbrar cómo podría suceder esto. Ambientada en el año 2054, Huxley describió un mundo hipercomercializado en el que la gente estaba condicionada por el lavado de cerebro y las distracciones sexuales (en forma de «orgías-porfías» grupales) y el *soma*, un antidepresivo psicodélico que presenta «todas las ventajas del cristianismo y el alcohol, y ninguno de sus defectos».[45] Neil Postman, profesor de la Universidad de Nueva York, escribió:

En *1984* [de George Orwell] [...] se controla a la gente infligiéndole dolor. En *Un mundo feliz*, se la controla infligiéndole placer. En resumen, Orwell temía que nuestros miedos fuesen nuestra perdición. Huxley temía que lo fuesen nuestros deseos.[46]

Aunque la posibilidad de que una nación invada deliberadamente nuestra mente para modelar nuestro comportamiento y controlarlo puede parecer un vestigio de la paranoia de la Guerra Fría, la posibilidad de que las corporaciones multinacionales modifiquen deliberadamente nuestros deseos subconscientes para vendernos más cosas ya está aquí.

El éxtasis quiere ser libre

Entonces, si estas dos dinámicas (la comercialización y la militarización) son lo suficientemente potentes como para apropiarse de nuestros impulsos más profundos, ¿qué posibilidades tenemos realmente de mantener nuestra independencia? Sin duda, es una guerra asimétrica. En comparación con nuestra búsqueda de nuestro propio camino paso a paso, los gobiernos y las corporaciones tienen un interés mucho mayor en controlar el éxtasis, y cuentan con el presupuesto para ello. Jugando con estas viejas reglas, no tenemos ninguna posibilidad.

En *El interruptor principal*, Tim Wu reconoce esto, y describe la lucha por cualquier tecnología de la información como un tira y afloja inevitable entre los Estados nación y las corporaciones, y afirma que cualquiera de estos dos ámbitos, si no está sometido a un control, genera desequilibrios. Los Estados pueden extralimitarse. Las empresas pueden monopolizar. Por lo tanto, Wu llama a restringir «todo poder derivado del control de la información». «Si creemos en la libertad —escribe—, debe ser libertad tanto respecto de la coerción privada como de la pública».[47]

Esta es la razón por la que muchos de los Prometeos que hemos conocido en este libro se han posicionado en favor del «código abierto». Cuando el Gobierno llamó a su puerta, John Lilly exigió que sus ideas permanecieran desclasificadas. Cuando Sasha Shulgin recibió el primer indicio de una ofensiva por parte de la DEA, publicó todas sus recetas farmacológicas. La voluntad de que el éxtasis sea accesible para todos subyace en los efectos democratizadores de las reuniones de Mikey Siegel destinadas a «piratear» la conciencia, en la aplicación de la meditación orgásmica que ha creado OneTaste para que pueda descargarse en cualquier parte del mundo y en la diáspora de los voluntarios de Burning Man. El éxtasis de «código abierto» sigue siendo uno de los mejores contrapesos a la coerción pública y privada.

Y una vez que tomamos esas ideas compartidas libremente y las usamos para autoinducirnos estados no ordinarios, ¿qué encontramos? Una experiencia autovalidada de ausencia del yo, intemporalidad, ausencia de esfuerzo y riqueza. En resumen, todos los ingredientes necesarios para un misticismo racional, que prescinde de los intermediarios y permanece arraigado en la certeza de la experiencia vivida. Esta capacidad de actualizar y promover continuamente nuestra propia comprensión frente a los intentos de cualquier persona o entidad de restringirla o reutilizarla puede ser la clave para salir del estancamiento.

Wu está de acuerdo: «El Ciclo está impulsado por innovaciones disruptivas que [...] provocan la quiebra de los poderes dominantes y cambian el mundo. Estas innovaciones son extremadamente poco frecuentes, pero son las que hacen que el Ciclo continúe».[48] El enfoque de «código abierto» para los estados no ordinarios hace que las «innovaciones disruptivas» de Wu sean un poco menos infrecuentes, y que la capacidad de compartirlas y distribuirlas sea menos susceptible de apropiación. Y si bien las cuatro fuerzas no garantizan una revolución sin sangre, sí aseguran que más personas puedan decidir por sí mismas.

Y esta es la paradoja última de estos estados: toda esta liberación está asociada con una dosis inevitable de responsabilidad. Aunque estos estados brindan acceso a un mejor desempeño y a una perspectiva más amplia, estas ventajas tienen un precio. Entre nuestras tendencias rebeldes y los peligros de la militarización y la comercialización, es más fácil que nunca quedarse dormido frente al interruptor.

Capítulo diez

Ingeniería hedónica

S i la responsabilidad de democratizar el éxtasis recae directamente sobre nosotros, debemos recordar que ya no estamos protegidos por el cercado. Estamos solos. Cuando se trata de explorar la conciencia, como solía decir Sasha Shulgin, «no hay experimentos casuales».[1]

Este es el objetivo de este capítulo final: proporcionar un conjunto de pautas para ejercitar los estados no ordinarios y compartir algunas ideas clave derivadas de las investigaciones en este ámbito. Identificaremos los peligros conocidos y los aspectos con los que suelen tropezar quienes tienen un exceso de celo y sugeriremos un puñado de soluciones para los problemas más comunes que se presentan. De algún modo, se trata de un manual del usuario para el éxtasis.

«Problemas conocidos» de las características AIAR

Al final del capítulo sobre la neurobiología, presentamos una «actualización potencial» para dar sentido al éxtasis: pasar de considerar que nuestro ego es nuestro sistema operativo a considerar que es una interfaz de usuario. Efectuar este cambio puede ayudarnos a descargar nuestra psicología y gestionar la intensidad de un abanico más amplio de estados sin «sobrecargar nuestro procesador». De todos modos, a la hora de explorar esos estados tenemos que lidiar con todo un conjunto de «problemas conocidos», que podemos decir que constituyen el lado negativo de las características AIAR. En el éxtasis, la exposición a la ausencia del yo, la intemporalidad, la ausencia de esfuerzo y la riqueza puede salir mal, de maneras predecibles. Cada una de estas experiencias tiene un peligro asociado, que tenemos la oportunidad de evitar si lo conocemos de antemano.

Ausencia del yo: no se trata de ti

Podrías llamarlo *complejo mesiánico* y no estarías equivocado. Ciertamente, los mesías aparecen en tropel. Pero también las vírgenes Marías, los reyes Davides y al menos un Sansón, que demostró su virilidad al romper una pared del hospital psiquiátrico de la antigua Jerusalén. Hay miles de casos registrados de peregrinos que visitan la ciudad y pierden la noción de la realidad a causa del peso de toda esa historia sagrada. En lugar de decidir que han tenido una experiencia mística en la que se han sentido *como* Jesucristo, llegan a la conclusión de que *son* Jesucristo y de que deben actuar en consecuencia.

Identificado por primera vez en la década de 1930, el *síndrome de Jerusalén* es un ataque de locura transitorio provocado por la visita a uno de los lugares más sagrados del mundo.[2] Es una sobredosis de asombro espiritual, en la que la relevancia histórica y la potencia religiosa se unen para abrumar a los que no están preparados.

Ocasionalmente, afecta a personas con problemas mentales pre-existentes, y sobre todo a individuos muy devotos. De vez en cuando, afecta a algún turista típico.

Los psicólogos llaman *inflación extrema del ego* a esta reacción. A menudo, la experiencia de la ausencia del yo es tan nueva y convincente que la persona tiene la impresión de que nadie más se ha sentido así antes, lo cual constituye una prueba, para ese individuo, de que ha recibido algún tipo de unción sagrada. Cuando esta impresión es desencadenada por un encuentro inspirador con el Muro de las Lamentaciones, el resultado es el síndrome de Jerusalén. Pero puede ocurrir esto mismo con cualquier experiencia extática. Es por eso por lo que Burning Man[3] aconseja a las personas que no tomen decisiones que vayan a cambiar su vida durante al menos un mes después del evento,[*] y es también la razón por la que los portales de información sobre psicodélicos en línea como Erowid están llenos de consejos como: «No creas todo lo que piensas».

En los estados no ordinarios, la dopamina a menudo se dispara, mientras que la actividad en la corteza prefrontal se desploma. De repente, encontramos conexiones entre ideas que nunca se nos habían ocurrido. Algunas de esas conexiones son ideas útiles; otras son vuelos de la imaginación. En 2009, el neurólogo suizo Peter Brugger descubrió que los individuos con más dopamina en el organismo tienen más probabilidades de creer en las conspiraciones secretas y las abducciones extraterrestres. Sufren *apofenia*, «la tendencia a verse abrumados por las coincidencias significativas», y detectan patrones donde los demás no ven ninguno.[4]

Cuando la corteza prefrontal se desconecta, también lo hacen el control de los impulsos, la capacidad de planificar a largo plazo y la facultad del razonamiento crítico.[5] Perdemos la capacidad de

---

[*] Para leer cuáles son algunas de las recomendaciones concretas que se hacen, consulta en el apartado de notas la nota 3 correspondiente a este capítulo.

verificar y ponderar.* Combina esto con un exceso de dopamina que nos dice que las conexiones que estamos efectuando son radicalmente importantes y debemos actuar de inmediato a partir de ellas, que *somos* radicalmente importantes y que se nos debe escuchar, y no es difícil imaginar que la cosa va a acabar mal.

Por lo tanto, sea lo que sea lo que surja, por más fantástica que sea tu experiencia, es útil que recuerdes que *no se trata de ti*. Acepta los encuentros con la ausencia del yo por todas las posibilidades que inspiran, pero integra esas lecciones en tus roles y responsabilidades cotidianos. Como nos recuerda el maestro y autor budista Jack Kornfield, «después del éxtasis, la colada».[6]

Intemporalidad: no se trata del ahora

En 1806, el general Zebulon Pike se dispuso a inspeccionar las Montañas Rocosas.[7] Cuando cruzó a Colorado y vio por primera vez el pico de más de cuatro mil metros que acabaría por llevar su nombre, escribió en su diario que esperaba acampar en su cumbre en el plazo de dos días, tres como máximo. Tres semanas después, él y un pequeño grupo compuesto por sus hombres desistieron de la escalada, derrotados. El mismísimo Pike no pudo escalar el pico de Pike. Y por una razón comprensible: totalmente desacostumbrado al aire enrarecido y a una altura tan elevada, había juzgado mal la distancia y la magnitud del terreno que estaba explorando.

Un problema similar surge cuando nos encontramos con la intemporalidad en los estados no ordinarios. Nuestra capacidad de

---

* N. de los A.: Hemos simplificado demasiado la relación entre la corteza prefrontal y la función ejecutiva; como indica el metaanálisis del que hemos sacado esta información (consulta la nota 5), las relaciones que hay entre la neuroanatomía y la conciencia son más complejas.

calcular con precisión lo cerca o lejos en el tiempo que ocurren las cosas, tanto en nuestra vida como en el mundo en general, puede verse seriamente sesgada.[8] En condiciones normales, con una corteza prefrontal activa que explora constantemente escenarios del pasado y el futuro, pasamos muy poco tiempo viviendo completamente en el presente. Entonces, cuando un estado no ordinario nos sumerge en la inmediatez del profundo ahora, ello aporta una sensación adicional de gravedad al momento.[*]

Los movimientos religiosos populares, desde los adventistas del Séptimo Día en la década de 1840 hasta los adeptos al final del calendario maya en 2012, han apostado por marcar determinadas fechas en el calendario, y han perdido dichas apuestas.[9] Los psiconautas contemporáneos incluso han acuñado un término para esta distorsión persistente: *escatotesia*, que es la percepción del Escatón, o el fin del mundo. El Hyperspace Lexicon arroja algo de luz sobre este término:

> No es necesariamente el «fin de los tiempos» en sentido absoluto, sino que puede ser la sensación de un gran evento situado en el futuro cercano al que nos acercamos, el final de un eón, un punto en el tiempo después del cual nada será lo mismo.[10]

Esta distorsión no la sufren solamente los aspirantes a profetas. Cualquier persona que experimente la claridad y la inmediatez del éxtasis e intente traer a la realidad los conocimientos que ha adquirido debe tener en cuenta el desfase temporal. Un surfista que en estado de *flow* se encarame a una ola y realice una serie de

---

* N. de los A.: David Eagleman es amigo nuestro y miembro del consejo asesor del Flow Genome Project, y está realizando algunos trabajos muy interesantes sobre la percepción del tiempo. Para ver algunos de los conceptos básicos de su investigación, consulta el artículo cuya referencia encontrarás en la nota 8.

movimientos consecutivos que nunca había logrado efectuar puede necesitar meses de duro entrenamiento para poder reproducirlos en un concurso. Un emprendedor que vislumbre un modelo de negocio brillante mientras baila en un festival puede necesitar años para construir la empresa que lo haga realidad. Un músico que escuche una obra musical completa en su cabeza durante un retiro de meditación puede ser que necesite el resto de su vida para adquirir la habilidad suficiente para interpretarla.

No pasa nada si prevemos que esto será así, pero nos desmoralizaremos si no lo tenemos en cuenta. «La mayoría de las personas sobrestiman lo que pueden hacer en un año y subestiman lo que pueden hacer en diez», afirmó Bill Gates en una ocasión.[11] Al tratar de aterrizar las ideas surgidas del éxtasis, es fundamental que apreciemos la diferencia entre la inmediatez del «profundo ahora» y el desarrollo frustrantemente progresivo del día a día. Como aprendió Zebulon Pike por las malas, los objetos que se ven en el espejo a veces están mucho más lejos de lo que parecen cuando nos encontramos a una gran altura. Recuerda, entonces, que *no se trata del ahora*.

Ausencia de esfuerzo: no seas un adicto a la dicha

En el caso de la ausencia de esfuerzo, vemos otro tipo de aspecto negativo: la combinación de todas esas sustancias neuroquímicas gratificantes y una inspiración desbordante puede ser embriagadora. Una vez que han probado la fugaz ausencia de esfuerzo del éxtasis, algunos individuos deciden que la vida debe consistir, siempre, en un estado de tranquilidad perpetua. Entonces se convierten en adictos a la felicidad, en perseguidores del estado no ordinario; se niegan a hacer cualquier cosa a menos que puedan «fluir».

Piensa por un momento que eres un escurridor (un cuenco lleno de agujeros). Cuando experimentas un estado cumbre, es como si alguien abriese el grifo de la cocina y ese escurridor se llenase de agua, a pesar de los agujeros, gracias a la gran cantidad de líquido que cae en él. Mientras fluye el agua experimentas, por un momento, lo que es ser un cuenco. Te sientes completo, y si estás realmente inspirado, te sientes bendito.

Hasta que alguien cierra el grifo, la experiencia cumbre termina y toda el agua que contenías se escapa. En cuestión de momentos, vuelves a estar donde empezaste. La información se va. La inspiración que te era tan fácil sostener unos momentos antes se desvanece. Y ahora tienes que tomar una decisión: ¿te comprometerás con el trabajo aburrido y repetitivo consistente en tapar tus fugas o irás en busca del próximo «grifo extático» para volverte a llenar?

A menudo se olvida el papel que pueden tener que desempeñar el trabajo duro y la persistencia. En 2014, Ryan Holiday lanzó un libro sobre este tema exactamente, que ha sido un éxito de ventas: *El obstáculo en el camino*. En él ofrece una versión actualizada de la afirmación del estoico romano Marco Aurelio de que «los impedimentos para la acción hacen avanzar la acción; lo que se interpone en el camino se convierte en el camino».[12] Esto es muy cierto en la vía del éxtasis. El «esfuerzo carente de esfuerzo» requiere mucho trabajo.

Por lo tanto, haz lo difícil, y el resto será mucho más fácil: disfruta el estado, pero asegúrate de hacer el trabajo. Y por más tentador que sea, *no te conviertas en un adicto a la dicha*.

Riqueza: no te sumerjas demasiado

El 17 de noviembre de 2013, Nick Mevoli apostó por sí mismo por última vez y perdió.[13] Ocurrió en el agujero azul de Dean, una pequeña zona en el océano de doscientos dos metros de profundidad en las Bahamas. Mevoli era una estrella emergente en la comunidad del buceo libre, modalidad en la que los buzos llegan a tanta profundidad como pueden habiendo tomado una bocanada de aire. Había saltado a la fama en los dos años anteriores al ganar concursos y batir récords. Le encantaba la vida bajo el agua. «El agua es la aceptación de lo desconocido, de los demonios, de las emociones, de soltarse y dejarse fluir libremente con ella –había escrito en su blog–. Ven al agua dispuesto a ser consumido por ella, pero confía también en tu habilidad para regresar».[14] Ese día, justo después de salir de una inmersión de calentamiento de setenta y dos metros en el agujero azul, Mevoli sufrió un paro cardíaco y murió. Esta vez, no pudo regresar.

Cuando se le pidió que comentara el accidente, Natalia Molchanova, considerada por muchos como la mejor buceadora del mundo (en la modalidad de buceo libre), dijo que «el mayor problema con los apneístas [...] [es que] ahora van demasiado profundo demasiado rápido».[15] Menos de dos años después, frente a la costa de la isla de Formentera (España), Molchanova realizó una rápida inmersión recreativa. Hizo su serie habitual de ejercicios de respiración, se colocó un peso ligero en el cinturón para que ello la ayudase a descender y nadó hacia abajo sola. Se suponía que era una inmersión intrascendente, para despejar la cabeza. Pero Molchanova tampoco regresó.

Y este es el problema que el buceo libre comparte con muchas otras técnicas favorecedoras de un cambio de estado de conciencia: debes regresar demasiado pronto y siempre te preguntarás si podrías haberte sumergido más. Ve demasiado lejos y es posible que no regreses. «Cuando bajamos, entendemos que estamos completos –le había dicho Molchanova a un entrevistador poco antes de su muerte–. Somos uno con el mundo».[16] Este sentimiento se llama *el éxtasis de las profundidades*; es una euforia producida por alteraciones en la química de los gases de los pulmones, y es responsable de una de cada diez muertes por inmersión.

Quienes exploran los estados no ordinarios están expuestos a un peligro similar. Puedes permanecer demasiado tiempo ahí, fascinado por lo que estás descubriendo. También puedes quedar embelesado por lo profundo. Y si Mevoli y Molchanova proporcionan las historias de advertencia en el ámbito del buceo libre, el caso análogo más emblemático del éxtasis lo ofrece alguien cuya historia, ahora, conocemos bien: el doctor John Lilly. Tras abandonar sus experimentos en el Instituto Nacional de Salud Mental, Lilly profundizó cada vez más en su investigación de los tanques de flotación combinados con los psicodélicos. Equilibró con precisión los efectos de la ketamina y la privación sensorial, de tal manera que fue capaz de llegar a los confines del espacio interior. Para poder mantener el contacto con la realidad tipo *Matrix* que encontró allí, Lilly comenzó a inyectarse ketamina sobre una base horaria, a menudo durante semanas consecutivas.

En una ocasión el tanque estaba demasiado caliente, pero cuando trató de levantarse y ajustar la temperatura volvió a caer e, inmovilizado por la ketamina, se hundió.[17] Cuando su esposa, Toni, entró en el laboratorio, encontró a su marido flotando bocaabajo... y azul. Lo revivió usando una técnica de reanimación cardiopulmonar que había aprendido leyendo el *National Enquirer* solo dos días antes.

Eso no fue suficiente para detener a Lilly; el éxtasis de las profundidades lo seguía llamando. Aunque la ketamina es tan inofensiva que se usa habitualmente como anestésico para los niños y las mujeres embarazadas, también tiene la reputación, en otros ambientes, de ser «la heroína de los psicodélicos». Como descubrió Lilly, es la información completamente nueva que proporciona, no su química, lo que es tan adictivo.

No mucho después de ese ahogamiento casi fatal, tuvo otro flirteo con la muerte. En el hospital, Lilly tenía un libro sobre las experiencias cercanas a la muerte y, como dijo más tarde, fue visitado por las mismas entidades que se había estado encontrando en el tanque de flotación. Le presentaron una elección: irse con ellas para siempre, o regresar a su cuerpo, curarse y enfocarse en actividades más mundanas. Finalmente, Lilly captó el mensaje. Abandonó su investigación con los psicodélicos y se retiró con su esposa a Hawái, donde vivió hasta los ochenta y cuatro años.

Es posible que no haya habido otro investigador que se haya sumergido tan profundamente en los misterios de la conciencia como John Lilly. Tal vez tuvo suerte o, como él creía, recibió ayuda de otros ámbitos dimensionales. Pero, sin duda, su rigurosa formación como científico y su insistencia en preservar una postura crítica y objetiva ante las experiencias más inauditas le salvó la mente y, posiblemente, la vida. Después de todo su periplo, Lilly llegó a una conclusión fundamental:

> Lo que uno cree que es verdad, es verdad o se vuelve verdad, dentro de ciertos límites que se encuentran de manera experiencial y experimental. Estos límites son creencias adicionales a trascender. En el territorio de la mente, no hay límites.

En caso de que tuviese razón y realmente no haya límites para la conciencia, no se trata de continuar hasta haberlo encontrado todo, sino de regresar antes de perderlo todo. Porque realmente no importa lo que encontremos ahí abajo, allí fuera o allá arriba si no somos capaces de llevarlo a tierra firme. Por tanto, tómalo todo, pero no lo agarres muy fuerte. Y, lo más importante, *no te sumerjas demasiado*.

Esto nos deja con cuatro reglas generales que debemos seguir a la hora de explorar los estados no ordinarios: las reglas *no se trata de ti* y *no se trata del ahora* nos ayudan a equilibrar la inflación del ego y la distorsión del tiempo. Y las reglas *no seas un adicto a la dicha* y *no te sumerjas demasiado* aseguran que no nos dejaremos seducir por las sensaciones y la información que surgen en los estados alterados.

¿Son estos los únicos «problemas conocidos»? No, ni mucho menos. Echa un vistazo a cualquiera de las tradiciones contemplativas del mundo o al *Manual diagnóstico y estadístico de los trastornos mentales* y encontrarás docenas más. Pero estas cuatro precauciones tienen que ver directamente con las cuatro cualidades centrales de los estados alterados, las que conforman las siglas AIAR. No son negociables. Si no sigues estas directrices y tienes problemas, no podrás culpar a nadie excepto a ti mismo. Como escribió Hunter S. Thompson:

No simpatices con el diablo. Compra el billete, da el paseo [...] y si ocasionalmente se vuelve un poco más pesado de lo que tenías en mente, bueno [...] quizá lo puedas atribuir a que has forzado la expansión de la conciencia.[18]

La ecuación del éxtasis

La cara norte de la Aiguille du Midi, un pico de casi 3.850 metros ubicado en Chamonix (Francia), ofrece uno de los retos más grandes a los esquiadores. Como escribió Hans Ludwig en la revista *Powder*:

Si la cara norte [...] no es esquí extremo, nada lo es. Cada una de sus rutas presenta centenares de metros de terreno complejo con ángulos altos en que la exposición a la muerte es constante; hay rápeles ineludibles y una capa de nieve que se adhiere débilmente al escudo colgante de hielo glacial que corona la cima.[19]

A pesar de siglos de alpinismo en la región, nadie completó un descenso hasta 1994. Más adelante, en 2001, Kristen Ulmer decidió intentarlo. Conocida por ser uno de los mejores multideportistas del mundo, Ulmer fue una gran esquiadora, practicante del esquí de travesía, alpinista, escaladora de hielo y parapentista dotada de un talento extraordinario. Con un grado de dominio que no se ve a menudo en ningún deporte, fue nombrada «Mejor esquiadora extrema del mundo» doce años consecutivos. Por supuesto, quiso ser una de las primeras mujeres en recorrer la cara norte de la Aiguille du Midi esquiando.

Dos noches antes del descenso de Ulmer, cayó más de un metro de nieve. A la mañana siguiente, empezó más tarde de lo previsto. Cuando el sol empezó a ascender, la nieve se fue suavizando y deslizando. Como nos contó ella misma, «quedamos atrapados en una cara de setenta grados, de pie sobre una franja de hielo de unos centímetros, mientras avalanchas de siete pisos caían sobre nuestras mochilas, durante tres horas. Cuando todo acabó, enviaron una tripulación en helicóptero para recuperar nuestros cuerpos. Se sorprendieron bastante de encontrarnos con vida. Yo también estaba bastante sorprendida de estar viva».[20]

Esto habría sido una llamada de atención para muchos, pero Ulmer no podía vivir sin el subidón. «Cada vez que sentía ese grado de miedo era cuando me sentía más viva. Estaba totalmente en la zona. Y era adicta a esa sensación; no podía prescindir de ella».

Así que no lo hizo. Fue a esquiar al día siguiente y, de nuevo, estuvo a punto de morir. «A eso le siguieron otras tres experiencias cercanas a la muerte —nos explicó—. Tuve cinco en cinco meses. Estaba bastante claro que el universo me estaba gritando que dejara de hacer lo que estaba haciendo; y pensé que, si lo dejaba, lo pertinente era que me lo tomara lo mejor posible. Pero ser una deportista profesional era mi salvación, mi identidad y mi carrera. Había trabajado durante décadas en ello. Dejarlo me parecía ridículo».

Encontrándose en medio de su crisis, Ulmer fue a Burning Man por primera vez. «Me quedé asombrada. Obtuve exactamente la misma sensación que me proporcionaban los deportes. La obtuve del arte interactivo y también del *flow* grupal. Y eso fue todo; puse fin a mi carrera de golpe y me alejé de todo». O, como explicó el *Ski Journal*, «en la década de 1990, Kristen Ulmer puso patas arriba el mundillo del *freeski* al ser, realmente, la primera esquiadora extrema. [...] luego, desapareció».

Ulmer se dio cuenta de que se puede acceder al éxtasis a través de actividades muy diferentes. Y esa comprensión, como nos dijo, «me salvó la vida». Desde que hizo ese descubrimiento, ha diseñado y construido algunos de los vehículos artísticos más famosos de Burning Man (incluido el que Tony Hsieh llevó a su Downtown Project, en Las Vegas). También se formó como monitora de meditación y rendimiento, y actualmente dirige campamentos de esquí zen. Hace años que no tiene que arriesgar su vida para emocionarse.

«Sigo midiendo la calidad de mi vida por la cantidad de veces que entro en la zona —nos contó Ulmer—. Si paso dos semanas en Burning Man y solo obtengo esta experiencia unas cuantas veces, me siento decepcionada; no valió la pena. Pero ahora puedo probar cosas diferentes. Este es el verdadero cambio. Ahora sé que tengo opciones y que puedo comparar unas con otras».

Saber que hay opciones es importante para muchas personas además de Ulmer. Los SEAL hablan en voz baja de este mismo asunto, de lo difícil que les resulta accionar el interruptor cuando vuelven del despliegue. Y hemos oído relatos similares en mecas de los deportes de acción como Squaw Valley y Jackson Hole. Constantemente se nos acercan deportistas y seres queridos suyos en busca de formas de correr menos riesgos, porque como Ulmer en Chamonix, no han descubierto otra forma de sentirse tan vivos.

Invariablemente, en estas conversaciones, siempre hay alguien que pregunta cuál es la *mejor* manera de entrar en «la zona», a lo que respondemos: depende. Depende de tu tolerancia al riesgo y de lo mucho o poco que estés dispuesto a aproximarte al abismo. Depende de tu sensación de urgencia y de si tus objetivos se pueden alcanzar en minutos o en décadas. Y depende de la medida en que puedas confiar en tu opción preferida para que te brinde una información y unas revelaciones procesables.

Esos tres parámetros (el riesgo, el tiempo y la recompensa) proporcionan una forma de comparar los estados no ordinarios. Esta escala variable nos permite evaluar métodos que de otro modo no estarían relacionados, desde la meditación hasta los psicodélicos, pasando por los deportes de acción y cualquier otro. Y podemos poner estas variables en una ecuación:

$$\text{Valor} = \text{Tiempo} \times \text{Recompensa}/\text{Riesgo}$$

En esta ecuación, el *tiempo* hace referencia a la curva de aprendizaje, o a la cantidad de tiempo que necesitamos invertir en una técnica en particular hasta que pueda producir de manera confiable la experiencia de las cualidades AIAR. La *recompensa* se refiere a lo bien que conservamos las ideas que surgen y a la consistencia con la que impulsan un cambio positivo. El *riesgo* son los peligros potenciales. Si existe la posibilidad de perder la vida o la cabeza, es algo que debe tenerse en cuenta con mucha anticipación. Si consideramos todos estos factores en conjunto, obtenemos un *valor* aproximado para cada búsqueda.

Este cálculo se refleja en los distintos tratamientos para el trastorno por estrés postraumático que examinamos en el capítulo dedicado a la psicología. Una sesión de un día con la MDMA da lugar a una disminución notoria de los síntomas, pero uno debe estar dispuesto a ingerir una anfetamina para experimentar dicha mitigación. Con cinco semanas de surf, potencialmente menos arriesgadas que una intervención farmacológica, se logra un resultado similar, pero hay que aprender un nuevo deporte en un entorno desconocido y, a veces, peligroso. Por su parte, la meditación, que es una actividad a la vez más simple y segura que el surf, requiere doce semanas y ofrece un beneficio ligeramente menor. Estos tres enfoques brindan una recompensa similar (el alivio del trauma), pero están asociados a grados de riesgo e inversiones de tiempo diferentes.

El orden en que clasificamos cada posibilidad es muy subjetivo; está en función de nuestras habilidades, responsabilidades y ambiciones. Pero el análisis final es simple: ¿merece alguna de estas actividades que le dediquemos el tiempo, el esfuerzo y el dinero necesarios? ¿Tenemos más energía y somos personas más empáticas y éticas después? En caso de que no, son solo distracciones o desviaciones de nuestra vida. «No me importa un ápice la religión de un hombre —bromeó Abraham Lincoln— a menos que su perro sea mejor a causa de eso».

Podemos decir esto mismo, y con mayor motivo, en relación con las técnicas del éxtasis.

El calendario hedónico

En 1991, la Associates for Research into the Science of Enjoyment (ARISE, 'asociados para la investigación de la ciencia del disfrute'), que incluía representantes de las compañías alimentarias y tabaqueras más grandes del mundo, se reunieron en Venecia (Italia). La reunión se dedicó a resistir los «ataques calvinistas contra las personas que obtienen placer sin dañar a otras».[21] El tema de debate: el *punto de la felicidad*.

El punto de la felicidad, como lo describe el periodista ganador del Premio Pulitzer Michael Moss en su libro *Adictos a la comida basura* es «la cantidad precisa de azúcar [o sal o grasa] —no más y tampoco menos— que hace que los alimentos y las bebidas sean máximamente agradables». No es sorprendente que ARISE estuviera profundamente interesada en «piratear» el punto de la felicidad. Explica Moss:

> [La sal, el azúcar y la grasa] fueron los tres pilares de los alimentos procesados, los creadores de las ansias. También fueron los ingredientes que, más que ningún otro, fueron directamente responsables de la epidemia de obesidad. [...] [La] sal, que se procesó de docenas de maneras para maximizar la sacudida que sentirían las papilas gustativas con el primer bocado [...] las grasas, que proporcionaban la mayor carga de calorías e inducían con mayor sutileza a las personas a comer en exceso, y [...] el azúcar, cuyo poder bruto para excitar el cerebro lo convirtió quizá en el ingrediente más formidable de todos.

Durante casi toda la historia evolutiva, las sales, los azúcares y las grasas fueron valiosos y poco frecuentes. Solo conseguíamos el dulzor en las pocas semanas de la temporada de bayas o si teníamos la suerte de encontrar un panal. La expresión inglesa *worth his salt* (literalmente, 'vale su sal', cuyo significado es 'que se precie' o 'digno de serlo') tiene su origen en tiempos del Imperio romano, cuando se pagaba a los soldados con este mineral esencial. Y las grasas —unas calorías concentradas y deliciosas— solo estaban disponibles en los frutos secos, los aceites y las carnes. Es por eso por lo que perdemos la cabeza cuando nos encontramos con una hamburguesa con queso y beicon y dos dónuts rellenos de crema.

Desde que tuvo lugar esa reunión en Venecia, la industria alimentaria ha sido tan hábil a la hora de manipular estos impulsos evolutivos que hemos comido lo inapropiado hasta entrar en coma. Según los Institutos Nacionales de la Salud, el setenta y cuatro por ciento de los hombres estadounidenses y el treinta y tres por ciento de los niños tienen sobrepeso u obesidad. Nuestro punto de la felicidad fue pirateado y esto nos está matando.

Sin embargo, la sal, el azúcar y la grasa proporcionan una parte de la gratificación del éxtasis. En ese estado, tenemos acceso a toda la neuroquímica cerebral que nos hace sentir bien de inmediato. Durante la mayor parte de la historia evolutiva, los estados no ordinarios fueron experiencias valiosas y poco frecuentes. A la hora de tomar en consideración lo fácilmente accesibles que son hoy gracias a las cuatro fuerzas, es importante recordar que estamos jugando con impulsos que están aquí desde hace millones de años. Si el deseo de salir de nuestras cabezas es, como postula Ron Siegel, de la Universidad de California en Los Ángeles (UCLA), un «cuarto impulso evolutivo»,[22] justo después de la comida, el agua y el sexo, el acceso casi ilimitado al éxtasis debe contar con algunos controles y equilibrios propios. De lo contrario, nuestro punto de la felicidad puede convertirse en el desencadenante de un descalabro.

Entonces, ¿cómo seguir este camino sin quedar enganchado en el subidón? Si usamos la ecuación del éxtasis para ayudarnos a responder la pregunta de cuál es la mejor manera de entrar en la zona, debemos tener en cuenta un concepto adicional, el calendario hedónico, que nos ayudará a determinar con qué frecuencia deberíamos entrar en la zona.

El calendario hedónico nos proporciona una manera de piratear el camino del éxtasis sin desmoronarnos. Nos brinda un método para integrar los enfoques duros y rápidos como el esquí extremo y los psicodélicos con los caminos lentos y constantes como la meditación y el yoga. Nos proporciona una forma de convertir el éxtasis en una práctica sostenible a largo plazo.

Primer paso. Enumera todo lo que te gusta hacer (o que te gustaría hacer) que te saque de la cabeza: los deportes de acción, el yoga, la música en directo, el sexo, la estimulación cerebral, la meditación, los talleres de crecimiento personal, los viajes de aventura, etc. Esto puede parecer simple, pero si tenemos en cuenta el amplio alcance de la economía de los estados alterados y el hecho de que tendemos a dividir en compartimentos las muy diversas formas en que modulamos la conciencia, ponerlo todo en un solo lugar puede aportarnos una nueva perspectiva.

Segundo paso. Usa la ecuación del éxtasis (tiempo x recompensa/riesgo) para clasificar los elementos de tu lista según su valor. Piensa en los saludos diarios al sol (una secuencia de posturas de yoga) en comparación con un ultramaratón anual, o en una meditación de diez minutos frente a un viaje para ver a un chamán peruano.

Tercer paso. Clasifica tus actividades ubicando cada una en uno de estos cinco grupos: diaria, semanal, mensual, estacional y anual. Las experiencias más intensas suelen proporcionar más información, pero el grado de riesgo es mayor. Por lo tanto, tiene sentido que te concedas mucho tiempo para recuperarte e integrar lo vivido entre estas sesiones a la vez que te comprometes a realizar prácticas de apoyo con mayor frecuencia.

¿Cómo sabrás si has puesto las actividades correctas en la categoría apropiada? Te sentirás ligeramente decepcionado por la frecuencia con la que aplicas una técnica en particular. Si combinas deliberadamente las prácticas del éxtasis, generas un impulso con una rapidez sorprendente y es fácil que sientas que estás perdiendo el control. Es mucho mejor comenzar un poco más despacio que salirse de la pista en la primera curva.

Cuarto paso. Las investigaciones muestran que es más probable que mantengamos los hábitos que están vinculados a hitos culturales.[23] Por lo tanto, conectar las prácticas con tradiciones preexistentes puede hacer que nos sea más fácil seguirlas. Las prácticas diarias puedes vincularlas al amanecer o al ocaso, a la cena o a la hora de acostarte. Las prácticas semanales pueden constituir tu particular «misa de los domingos». Las prácticas mensuales puedes conectarlas al ciclo lunar o al primer o último día del calendario. En cuanto a las prácticas estacionales, puedes vincularlas a los solsticios, los equinoccios, Navidad, Pascua, el 4 de julio (el día de la fiesta nacional estadounidense) y Halloween; además, muchas veces estas celebraciones tienen días de vacaciones asociados. Y en cuanto a las prácticas anuales puedes elegir el día de un cumpleaños o un aniversario, el día de Año Nuevo o aquel en el que empieza el curso en la universidad; cualquiera que sea importante para ti.

Con las prácticas diarias se trata de crear unos rituales que tengan su propia inercia; la idea es que los realices con la frecuencia suficiente como para que te proporcionen una base sólida. Al vincularlos a unos intervalos de tiempo y unos lugares determinados, se automatiza el comportamiento positivo, de manera que no tienes que recurrir a las «reservas limitadas» de fuerza de voluntad de las que dispones. En el caso de las prácticas semanales, mensuales y anuales, más exigentes (y probablemente más divertidas), pones «amortiguadores» para asegurarte de no hacerlas demasiado.

Quinto paso. Por último, recuerda que estás jugando con una neuroquímica adictiva y unas motivaciones evolutivas muy arraigadas. Entonces, cuando tus prácticas comiencen a ganar impulso, ¿cómo podrás saber si estás siguiendo ese camino a propósito o si estás convirtiéndote en un adicto a la dicha? La respuesta corta es que no podrás saberlo.

La respuesta larga es esta: una vez al año, deja de lado tus indulgencias, prescinde totalmente de ellas durante treinta días y utiliza este tiempo para «reajustarte». Haz coincidir este paréntesis con un período tradicional vinculado a la paciencia (la Cuaresma, el Yom Kippur o el Ramadán, por ejemplo) o impón el tuyo.

Cuando retomes tus prácticas, tendrás una perspectiva de cómo se pueden complicar las cosas y más información para ajustar tu calendario. Si alguna actividad te resulta problemática, hazla con menor frecuencia: si realizarla a diario fue excesivo, hazla semanalmente; si una práctica trimestral te deja tambaleante, conviértela en un evento anual. Cambia la postura moral de «debería o no debería» por la lógica de «más o menos a menudo».

Los estados alterados son una «tecnología de la información» y lo que buscamos son datos de calidad. Si te pasas todo el tiempo enajenado en un estado de dicha o de semitrance, borracho, drogado, excitado sexualmente, etc., se ha perdido todo el contraste que inicialmente hizo que esas experiencias fueran tan ricas, que constituyesen una «alteración». Si equilibras el abandono en la ebriedad con la sobriedad propia de un monje, la sexualidad impúdica con el celibato introspectivo y la asunción de riesgos extremos con la vida doméstica confortable, crearás un mayor contraste y detectarás antes los patrones.

«El camino del exceso conduce al palacio de la sabiduría», escribió William Blake.[24] El calendario hedónico añade barandillas a ese camino. Al prescindir de los «tendría que» y los «debería» del enfoque ortodoxo y al evitar, a la vez, las trampas del «si te hace sentir bien, hazlo» propias de la mera búsqueda de sensaciones, tenemos más posibilidades de llegar a nuestro destino de una pieza.*

Hay una grieta en todo

Si podemos recordar los inconvenientes conocidos de las cualidades AIAR, emplear la ecuación del éxtasis para equilibrar el riesgo y la recompensa, y usar el calendario hedónico para evitar quemarnos, no deberíamos tener ningún problema, ¿no?

Tal vez.

---

* N. de los A.: Esta observación general conduce a la idea de que hay una vía «de la izquierda» y una vía «de la derecha» hacia el conocimiento. La vía de la derecha son los caminos ortodoxos, marcados por las bases comunes mínimas; nos dicen profusamente lo que debemos y lo que no debemos hacer. Imagina unas técnicas de éxtasis diseñadas por abogados y burócratas. La vía de la izquierda (uno de cuyos exponentes más conocidos es el tantra, si bien incluye también la magia sexual occidental, etc.) busca abarcar todas las actividades distractoras y adictivas (entre ellas, el sexo, las drogas y el *rock*) para llegar a la realización en menos tiempo. La vía de la izquierda es, posiblemente, la más rápida hacia el despertar radical, pero también es la que completan menos personas. Es por eso por lo que abogamos, aquí, por una *vía intermedia* que incluya el permiso para explorar los estados del éxtasis con el apoyo de las «estructuras liberadoras», flexibles, que integramos en el calendario hedónico. Hasta donde sabemos, no hemos visto que nadie haya ofrecido este tipo de síntesis, y esperamos que sea útil para los exploradores actuales.

Hay una advertencia final que vale la pena tener en cuenta: no se puede escapar de la condición humana. Nacemos y morimos, y el descubrimiento de lo que hay entre estos dos puntos puede ser brutal. Como nos recuerda Hemingway, «el mundo rompe *a todos*».[25]

Sin embargo, muchas tradiciones del éxtasis han prometido derogar esta ley fundamental. Si podemos descubrir el secreto, dicen, tendremos todo lo que queramos sin vernos obligados a experimentar el sufrimiento. Pero, paradójicamente, el intento de evitar el sufrimiento suele dar lugar a más, y nos deja vulnerables ante la trampa más predecible de todas: la *desviación espiritual*, que, según John Welwood, el psicólogo que acuñó esta denominación, «[es] la tendencia generalizada de usar ideas y prácticas espirituales para sortear o evitar afrontar problemas emocionales no resueltos, heridas psicológicas y tareas de desarrollo personal inacabadas».[26]

Por lo general, lo que se «sortea» en el camino del éxtasis son las insatisfacciones mundanas de la vida cotidiana. Si estas insatisfacciones son demasiado intensas, los estados no ordinarios pueden ofrecer una huida tentadora. Pero en lugar de evitar estos desafíos, podemos aceptarlos e incluso obtener poder de ellos.

Esta respuesta tiene un nombre paradójico: *fuerza vulnerable*. Brené Brown, cuyos libros y charlas TED sobre el tema han resonado en un público muy numeroso, explica así este concepto:

> Abrazar nuestras vulnerabilidades es arriesgado pero no tan peligroso como renunciar al amor, la pertenencia y la alegría, las experiencias que nos hacen más vulnerables. Solo cuando seamos lo suficientemente valientes como para explorar la oscuridad descubriremos el poder infinito de nuestra luz.[27]

Equilibrar las luces brillantes del camino del éxtasis con la oscuridad de la condición humana es esencial. De lo contrario, nos volvemos inestables y muy pesados; nuestras raíces son demasiado superficiales para sostenernos. El filósofo indio Nisargadatta resumió bien esta cuestión: «El amor me dice que soy todo. La sabiduría me dice que no soy nada. Y el río de mi vida fluye entre estas dos orillas».[28] Si correlacionamos esta idea con lo que sabemos sobre los estados no ordinarios, entonces la dialéctica de todo y nada de Nisargadatta no es mera sabiduría florida, sino un resultado de la neurobiología del éxtasis.

El amor que «me dice que soy todo» surge del asombro y la conexión que solemos experimentar en estos estados. Las endorfinas, la oxitocina y la serotonina alivian nuestros centros de alerta. Nos sentimos fuertes, seguros y protegidos. Es un alivio bienvenido y una sanación para quienes no suelen sentirse así.

La sabiduría que «me dice que no soy nada» surge de la riqueza de información. La dopamina, la anandamida y la noradrenalina convierten el «flujo de bits» de la conciencia en una inundación. Los filtros fundamentales están depuestos y el reconocimiento de patrones está acrecentado. Establecemos conexiones con mayor rapidez de lo que es habitual en nosotros. Pero dentro de toda esta sabiduría existe la tendencia, muy habitual, de vernos confrontados por las duras verdades que hemos tratado de ignorar. «[El éxtasis] es absolutamente despiadado y muy indiferente –escribió John Lilly–. Enseña sus lecciones, nos gusten o no».*

Cada vez que echamos un vistazo por encima de las nubes tomamos conciencia de que aún nos queda trabajo por hacer en

---

* N. de los A.: John Lilly (1977), *Dyadic Cyclone: The Autobiograpghy of a Couple* (Nueva York, EUA: Pocket). Esta es, hasta donde alcanza nuestro conocimiento, la fuente original de una cita de Lilly que ha sido muy divulgada. Nos hemos tomado la pequeña libertad de reemplazar el «amor cósmico» de Lilly por la palabra *éxtasis* aquí, a partir de la proximidad existente entre ambos términos, pues creemos que ambos hacen referencia a unas experiencias comparables de riqueza de información vinculada a la ausencia del yo que tienen lugar en ciertos estados alterados.

el nivel del suelo. Esta es la resolución de la paradoja de la fuerza vulnerable: el éxtasis no nos absuelve de nuestra humanidad; nos conecta a ella. Es en nuestra fragilidad, no a pesar de nuestra fragilidad, donde descubrimos lo que es posible.

Los japoneses llegan a esta misma idea con el concepto de *wabi sabi*, o la capacidad de encontrar belleza en la imperfección.[29] Si un florero se rompe accidentalmente, por ejemplo, no tiran las piezas ni tratan de arreglarlo para ocultar el accidente. En lugar de ello, utilizando cola dorada vuelven a unir minuciosamente los trozos, con la idea de que los defectos únicos de la pieza hagan que sea más hermosa.

El fallecido poeta y músico Leonard Cohen pudo haber sido nuestro mayor comentarista contemporáneo sobre este tema. En su canción *Anthem*, canta: «Toca las campanas que aún pueden sonar; olvida tu ofrenda perfecta. Hay una grieta, una grieta en *todo*. Por ahí es por donde entra la luz».[30]

El éxtasis siempre vendrá acompañado del dolor; esta es la condición humana. Nada de lo que hagamos nos librará de la belleza de este viaje derivada de las roturas. Por lo tanto, habrá grietas. Afortunadamente, siempre habrá grietas. Porque, como nos recuerda Cohen, por ellas es por donde entra la luz.

Conclusión

¿Remar o volar en el bote?

En 2013, lo que quería Larry Ellison, más allá de toda razón, era ganar. Por lo tanto, el fundador del gigante de *software* Oracle y uno de los hombres más ricos del mundo gastó más de diez millones de dólares en la construcción del yate más rápido para competir en la Copa América.[1] El catamarán *Oracle* estaba equipado con unas hidroalas futuristas que lo levantaban enteramente fuera del agua, lo que le permitía alcanzar velocidades de hasta 55 nudos (102 km/h). Con esto desafiaba todos los límites anteriores de las embarcaciones impulsadas por el viento.

Pero esta tecnología no ayudó al equipo del *Oracle* a vencer al yate de Nueva Zelanda en las primeras seis carreras de la final. A pesar de contar con un grupo de ingenieros de *software* para diseñar y planificar cada detalle, el equipo de Ellison estaba a un solo paso de ser derrotado por unos advenedizos. Ocurría que las carreras no transcurrían como preveían sus complejos modelos informáticos.

De hecho, toda esa tecnología costosa eclipsaba lo que el patrón, Jimmy Spithill, sabía en sus entrañas: la embarcación de Nueva Zelanda los estaba venciendo al seguir un rumbo radicalmente diferente. Una de las cosas más difíciles de hacer eficientemente en el ámbito de la navegación es ir contra el viento. Es fácil avanzar a favor del viento; cualquier persona que tenga una canoa y una bolsa de basura grande puede hacerlo. Pero dirigirse contra el viento requiere equilibrar con precisión la fuerza en las velas contra la resistencia proporcionada por las orzas (las grandes aletas que hay debajo del bote).

En lugar del zigzag convencional «alto y lento» del equipo del *Oracle*, que los hacía navegar unos cuarenta y cinco grados hacia el viento, los *kiwis* (el equipo neozelandés) habían roto con la convención y navegaban «bajo y rápido», a cincuenta o incluso sesenta grados de la dirección del viento. Al hacer eso, su embarcación podía saltar sobre sus hidroalas e ir casi un treinta por ciento más rápido que sus competidores. Tenían que recorrer una distancia un poco mayor, pero lo hacían a gran velocidad.

Con seis carreras de desventaja y sin nada que perder, Spithill desafió a Ellison y despidió a su táctico. Durante el resto de la final, sacrificó un valioso avance a favor del viento para aprovechar la eficiencia que proporcionaban las hidroalas. Cuando dejó de lado las viejas convenciones y se adaptó al verdadero potencial de su embarcación, capitaneó al *Oracle* hasta la obtención de ocho victorias consecutivas, en la que fue la mayor remontada en el evento deportivo internacional más antiguo de la historia.

Actualmente nos encontramos frente a una elección similar. Así como la adición de hidroalas a las embarcaciones de la Copa cambió lo que era posible en el agua (y encima de esta), el acceso sin precedentes al éxtasis ha cambiado lo que es posible en nuestra vida. Experimentar la ausencia del yo, la intemporalidad, la ausencia de esfuerzo y la riqueza asociadas a los estados de conciencia no ordinarios puede acelerar el aprendizaje, facilitar la curación y proporcionar un impacto medible en nuestra vida y nuestro trabajo.

Pero tenemos que revisar nuestras tácticas y cambiar la convención para sacar el máximo partido a estas ventajas.

De la misma manera que el viejo arte de la navegación favorecía el enfoque «alto y lento» (que significa que se encaraba la embarcación lo más cerca posible del destino final cuando el viento soplaba en contra), estamos inmersos en una cultura «alta y lenta» que nos incita a fijarnos unos objetivos implacables y a avanzar hacia ellos en línea recta. Es por eso por lo que, en los Estados Unidos, no se reclaman más de la mitad de los días de vacaciones pagadas y nos jactamos absurdamente de trabajar entre sesenta y ochenta horas semanales (aunque nuestra efectividad disminuye después de las cincuenta horas). Valoramos el sufrimiento y el sacrificio, incluso cuando las victorias que nos proporcionan no nos producen satisfacción.

A primera vista, renunciar a este esfuerzo y este empeño para perseguir estados no ordinarios puede parecer irresponsable o, como mínimo, profundamente ilógico. Pero Spithill se dio cuenta de que las ventajas que proporcionaban las hidroalas eran tan pronunciadas que si no cambiaba la forma en que navegaba, perdería ante quienes sí la habían cambiado.

Lo mismo es aplicable al éxtasis. Las investigaciones muestran que estas experiencias nos elevan por encima de la conciencia normal y nos propulsan a mayor velocidad. Gran parte de nuestra educación convencional, nuestro desarrollo personal y nuestra formación profesional siguen calculando mal este hecho. Es difícil saber hasta qué punto podemos ir más deprisa, hasta qué punto podemos cubrir más terreno, si solo somos capaces de apreciar el elevado desempeño según la forma que tenemos de verlo actualmente.

Una reflexión final

Si bien la mayoría de los niños en edad escolar pueden recordar los principales aspectos de la historia de Prometeo (que robó el fuego de los dioses y fue encadenado a una roca), pocos de nosotros sabemos por qué lo hizo, qué ocurrió después o qué puede decirnos ese mito sobre el camino que tenemos por delante.

Si examinamos la prehistoria mítica, veremos que Zeus no siempre había reinado. Había tenido que luchar contra una raza de gigantes, los titanes, para reclamar su trono en el Olimpo. Cuando ganó, los desterró a todos, excepto a dos hermanos jóvenes, Prometeo y Epimeteo, a quienes les encargó hacer todas las criaturas vivientes del planeta.

Epimeteo, cuyo nombre significa 'que reflexiona más tarde', comenzó a hacer animales con arcilla de río y les otorgó todas las cualidades que Zeus había concedido: fuerza, velocidad, colmillos y pelaje. Pero trabajó tan apresuradamente que cuando Prometeo terminó de moldear los humanos a semejanza de los dioses no había más ventajas para otorgar. Fue entonces cuando Prometeo, cuyo nombre significa 'previsión' o 'prospección', se compadeció de los hombres, que estaban temblando e indefensos en la oscuridad, y le preguntó a Zeus si podía darles fuego para compensar su desventaja. Zeus le dijo que no, Prometeo robó el fuego de todos modos, y fue castigado.[2] Esta es la parte que todos recordamos. Pero Zeus no había terminado con los humanos ni con los dos hermanos.

Quiso asegurarse de que nadie desafiaría su poder nunca más. Entonces hizo una mujer, Pandora, cuyo nombre significa 'la que da todo', y le entregó una caja llena de las tragedias de la vida para que se desataran en el mundo. Prometeo, fiel a su nombre, receló de aceptar un regalo de Zeus, pero Epimeteo, más impulsivo, se enamoró de la hermosa joven y se casaron.

Finalmente, como Zeus sabía que ocurriría, Pandora no pudo contener su curiosidad y abrió la caja. Cuando lo hizo, todos los flagelos de la existencia (las guerras, las epidemias, el hambre, la avaricia) volaron para atormentar a la humanidad. Sin embargo, en el último momento, Pandora logró cerrar la tapa, y quedó una cosa dentro: la esperanza. El fabulista griego Esopo explicó que «es por eso por lo que todavía hay esperanza entre la gente, la cual nos promete que nos otorgará a cada uno de nosotros lo bueno que se ha ido».[3]

Pero ocurre que, ahora, nuestra esperanza no es tan ciega como antes. No tenemos que seguir haciendo sacrificios a poderes que no entendemos o seguir esperando que nos rescaten de nuestra difícil situación. Hoy, una serie de Prometeos modernos han tomado la antorcha. En lugar de depender de un solo emisario, podemos obtener información e inspiración de una red global de pioneros e innovadores. Y esto aumenta nuestras probabilidades considerablemente. Desde las impresoras químicas en 3D que nos permiten explorar nuestra mente hasta una sexualidad de espectro completo que nos permite perdernos el uno en el otro, pasando por unas tecnologías transformadoras que nos empujan a gozar de una autoconciencia más clara y por unos encuentros masivos que nos permiten saborear la *communitas*, las cuatro fuerzas han abierto las puertas del Olimpo. Y esto puede ofrecernos la mayor esperanza de todas: ya no dependemos de que alguien robe el fuego por nosotros.

Finalmente, podemos encender esa llama nosotros mismos.

Si este libro ha encendido un fuego en ti y estás interesado en aprender más, únete al movimiento. Disponemos de herramientas gratuitas para que puedas calcular tu economía de los estados alterados, planificar tu calendario hedónico y descubrir tu perfil *flow*. También ofrecemos formaciones intensivas para fomentar el alto desempeño personal y organizacional. Y si solo deseas comunicarte, compartir tus historias, hacer preguntas o decirnos en qué aspectos crees que estamos totalmente equivocados, eso también es genial.

www.stealingfirebook.com

Agradecimientos

Este libro se ha visto enormemente beneficiado por la perspicacia y la generosidad de muchas personas: nuestro agente, Paul Bresnick; nuestra editora Julia Cheiffetz y el gran equipo de Dey Street y Harper Collins. Michael Wharton era un guerrero incansable. También debemos dar las gracias a muchos otros amigos y colegas: Jason Silva, Salim Ismail, David Eagleman, Judson Brewer, Andrew Newberg, Bill Tai, Susi Mai, Jeff Rosenthal y toda la Cumbre Crew, Kristen Ulmer, Dean Potter, Matt Reardon y el grupo del Squaw Valley, todos los que asistieron a cualquiera de los eventos Stealing Fire en Esalen, el increíble personal de Esalen, nuestro asistente *ninja* Lucas Cohen, Dave Asprey, el gran equipo de Google, pero especialmente Adam Leonard y Anthony Slater, Tim Ferriss, Michael McCullough y la Brain-Mind Conference de Stanford, el U.S. Naval War College, los líderes del DEVGRU, Mark Divine (el fundador de SEALFit), Marian Goodell (la directora ejecutiva de Burning Man), James Hanusa, Android Jones y toda la comunidad global de los *burners*, Chip Conley, Mike Gervais, Ken Jordan y Evolver, Rick Doblin y su organización MAPS, Nicole Daedone, Neil Strauss, Laird y Gabby Hamilton, Jimmy Chin, Hollis Carter, Michael Lovitch y la gente de Baby Bathwater, Colin Guinn y el equipo de Hangar, Mikey Siegel y la tribu Transformative Tech, James Valentine, Richard Branson por alojarnos en

Necker, Serguéi Brin, Larry Page, Astro Teller, Bob Kegan, Robin Carhart-Harris, Skip Risso y el Instituto de Tecnologías Creativas de la USC, Gordon y Courtney Gould de Smarty Pants, Lashaun Dale, Claudia Welss, Chris Berka y su equipo de Advanced Brain Monitoring, Laura Anne Edwards, Shahar Arzy, Molly Crockett, Andrew Hessel y Bob Coyne por su portada del libro (en la versión original, en inglés). Y, lo más importante, damos las gracias a nuestras esposas y familias, que han hecho posible todo esto.

Comentarios breves sobre los entresijos técnicos

En esta obra hemos intentado hilvanar un largo hilo argumental, que se ha extendido a una gran variedad de disciplinas. Por lo tanto, hemos tenido que tomar decisiones constantemente en cuanto a la profundidad con la que sumergirnos en cada subcampo y cómo extraer los hallazgos más relevantes.

En consecuencia, nos hemos alejado deliberadamente de los entresijos técnicos, es decir, de esos detalles, discusiones y disputas en que están siempre enfrascados los especialistas y que confunden innecesariamente a los generalistas. Donde deja de haber consenso en cierto campo de estudio, hemos tratado de centrar el debate en la última base sólida. Cuando no hemos encontrado dicha base, hemos elegido ofrecer la información que hemos considerado más creíble o interesante.

Sigue a continuación una lista de algunos de los debates más manifiestos que hemos evitado. Si te apasiona una o más de estas áreas, puede ser que nuestro abordaje te haya desilusionado; también estamos expuestos a recibir críticas por parte de los expertos. Esperamos, de todos modos, que el conjunto de la historia que hemos presentado te haya sorprendido y que, en general, la hayas encontrado satisfactoria.

Aquí están los debates en cuestión, que procedemos a exponer siguiendo, más o menos, el orden en que aparecen en el libro:

Los ingredientes del ciceón.

El cornezuelo del centeno es una solución final menos que satisfactoria en lo que respecta al ciceón, pero aún no hay otro favorito claro que lo haya reemplazado definitivamente. Sabemos que el ciceón debía diluirse en una proporción de «diez partes a una con vino normal», lo cual permite inferir que era potente, y sabemos que era lo suficientemente agradable como para robarlo con el fin de llevarlo a una fiesta. Más allá de esto, es muy difícil separar todo el entorno del ritual de Eleusis, muy influido por factores culturales, del impacto específico de la sustancia en sí. Como en el caso del *soma* hindú, se requeriría todo un capítulo centrado en la historia religiosa y social, que sería fascinante sin lugar a dudas, para relacionar determinados compuestos químicos con la filosofía, el arte y la política que inspiraron.

Los SEAL y el efecto halo.

En los últimos quince años, las fuerzas de operaciones especiales estadounidenses en general y los Navy SEAL en particular han soportado una carga desproporcionada doble: por una parte, la responsabilidad táctica en guerras de múltiples frentes y, por otra, el escrutinio de los medios de comunicación nacionales. En consecuencia, han disfrutado tanto de la adulación incondicional como de evaluaciones cada vez más críticas (*The New York Times*, en particular, ha publicado varias investigaciones extensas sobre temas serios relacionados con el DEVGRU). En este libro, hemos informado sobre los equipos en sí y la experiencia que hemos tenido con ellos, su filosofía y sus métodos de entrenamiento. Podrían abordarse otros temas, por ejemplo la forma en que se despliegan los equipos y determinados errores de juicio o en la ejecución, pero nos atenemos al respeto que tenemos por lo que hacen y cómo lo hacen.

La fiabilidad de la imagen por resonancia magnética funcional (IRMf).

En junio de 2016, *Proceedings of the National Academy of Sciences*[*] publicó un artículo que señalaba fallos graves en los algoritmos de *software* más utilizados para descodificar los datos recogidos por las IRMf, y afirmaba que estos algoritmos podrían haber dado lugar a falsos positivos hasta el setenta por ciento de las veces. En caso de que esto sea cierto, prácticamente no serían válidos la mayoría de los estudios realizados antes de 2015, incluidos varios que mencionamos en este libro. Además, hay investigadores que creen que la IRMf se ha usado en exceso y cuestionan la correlación entre el flujo sanguíneo a una región del cerebro (que es lo que la IRMf mide con mayor facilidad) y el pensamiento o la actividad que hay en esa región (sobre todo porque los niños más pequeños pueden mostrar actividad mental sin que acuda un flujo de sangre a las regiones supuestamente implicadas). Por lo tanto, cabe esperar que se vuelvan a realizar una gran cantidad de estudios y que muchos de los ya realizados sean sometidos a revisión en los próximos años. Si bien los detalles están sujetos a revisión constante, creemos que la argumentación fundamental que exponemos en cuanto a la forma en que afectan a nuestra experiencia psicológica los «mandos y palancas» neurobiológicos no hará más que consolidarse con el tiempo.

---

[*] N. del T.: *Proceedings of the National Academy of Sciences of the United States of America*, también conocida por sus siglas *PNAS*, es una revista científica, la publicación oficial de la Academia Nacional de Ciencias de los Estados Unidos. Fuente: Wikipedia.

La hipofrontalidad transitoria y la ausencia del yo.

Al escribir este libro, nos propusimos sintetizar todas las teorías actuales sobre la ausencia del yo en un metaargumento coherente. Sin embargo, a pesar de entrevistar a muchos de los principales actores en este campo, no pudimos llegar a «la simplicidad que se encuentra al otro lado de la complejidad». Por lo tanto, por ahora, los principales candidatos para explicar cómo nuestro yo consciente y despierto se apaga de tal manera que entramos en estados no ordinarios son los siguientes: la hipofrontalidad transitoria, la hiperconectividad transitoria, la interrupción de la red del modo predeterminado y el bloqueo corticotalámico (idea original de Henri Bergson, que Aldous Huxley popularizó en *Las puertas de la percepción*). Sospechamos que varias de estas acciones pueden tener lugar de forma secuencial o conjunta, o que pueden generar experiencias similares de ausencia del yo a través de distintos mecanismos de acción, y que algunas pueden ser refutadas o revisadas significativamente. También sospechamos que cuando los dispositivos de medición sean más sofisticados y puedan registrar la actividad diacrónica en tiempo real (en lugar de producir instantáneas estáticas) obtendremos una imagen mucho más completa que integrará la neuroanatomía, la neuroelectricidad y las interacciones neuroquímicas en un modelo coherente de la ausencia del yo. Hasta que llegue ese momento, hemos presentado algunos de los hallazgos que parecen más creíbles y relevantes para nuestro estudio del éxtasis, dejando mucho espacio para las actualizaciones. (Los investigadores interesados en avanzar en esta investigación pueden escribirnos a info@flowgenomeproject.com).

Los ISRS y otros medicamentos destinados a tratar trastornos psicológicos.

En general, apoyamos el uso apropiado y selectivo de psicofármacos bajo la supervisión de profesionales médicos y reconocemos que pueden cambiar la vida de las personas si se administran en las condiciones adecuadas. Por otra parte, somos críticos respecto a la prescripción excesiva, la falta de supervisión y los usos generalizados no aprobados que muestran que, al parecer, la fuerza del mercado está triunfando sobre intervenciones más efectivas, a menudo no farmacológicas.

Los peligros de la pornografía.

En los últimos años han proliferado, cada vez más, los comentarios sociales contra los aspectos negativos de la pornografía en línea: los problemas matrimoniales, el modelo sexual que ofrece a los adolescentes, la disfunción eréctil, la adicción... Más recientemente, se han realizado estudios que refutan algunas de esas afirmaciones; podría ser que estos efectos adversos no estén tan extendidos y que la mayoría de los espectadores estén experimentando una mayor intimidad y excitación en las relaciones sexuales presenciales. No esperamos que se llegue a conclusiones definitivas a corto plazo, por lo que hemos optado por centrarnos en la mera observación de que muchas personas están consumiendo porno y, por lo tanto, vale la pena tener en cuenta la pornografía como uno de los indicadores de las tendencias sociales actuales y de la economía de los estados alterados.

El renacimiento psicodélico.

En los últimos años se ha hablado exhaustivamente de las nuevas series de estudios dedicados a la psilocibina, el LSD, la MDMA, la marihuana y la ayahuasca. En este libro, no hemos intentado ofrecer un análisis como los existentes, pues no lo hemos creído oportuno en una obra de estas características. En lugar de ello, hemos optado por contextualizar esta investigación dentro de la temática más amplia que es el éxtasis, los beneficios medibles de la ausencia del yo momentánea y los estudios de casos que esta investigación proporciona.

La ausencia del yo en quienes practican deportes extremos. Siempre que muere alguien que practica deportes extremos, como Shane McConkey o Dean Potter, o cualquiera de las docenas de figuras de los deportes al aire libre que perecen anualmente, la gente comenta, invariablemente, lo egoístas que fueron al arriesgar su vida para realizar unas actividades que ellos mismos eligieron. Las personas críticas se preguntan cómo han podido dejar atrás a cónyuges e hijos afligidos, e incluso a mascotas (como en el caso de Whisper, el perro de Dean). Al igual que con el tratamiento que hemos realizado de la pornografía y los psicodélicos, hemos optado por evitar efectuar juicios morales sobre las elecciones de los demás y por centrarnos en el simple hecho de que los deportistas continúan arriesgando su vida, lo cual hacen, presumiblemente, por una serie de razones más o menos meditadas. Queremos acercarnos lo máximo posible a comprender estas razones y conectarlas con el atractivo que tienen y el beneficio que ofrecen los estados de éxtasis. En cualquier caso, creemos que corren un riesgo comparable, si bien mucho menos espectacular, los individuos que viven, como urbanitas, una vida de desesperación silenciosa y mueren prematuramente de una enfermedad provocada por su estilo de vida sin haber probado ni una sola vez lo que estos deportistas viven continuamente (y que solo los mata en ocasiones).

La publicidad excesiva de la tecnología de sensores.

En varios lugares, destacamos que los sensores inteligentes y los dispositivos portátiles son cada vez más capaces de proporcionarnos más información sobre nuestro cuerpo y nuestra mente. En los últimos años, el bombo publicitario al respecto se ha cobrado varias víctimas de alto perfil, pues la Comisión Federal de Comercio y la Administración de Alimentos y Medicamentos estadounidenses y resoluciones judiciales dictadas en respuesta a demandas colectivas se han pronunciado contra Nike, Apple y Lumosity por proclamar unos beneficios o una precisión que no eran reales. En nuestra investigación, por lo general hemos dividido la tecnología portátil en tres categorías. La primera, las herramientas innovadoras de nivel DARPA cuya producción cuesta entre decenas de miles de dólares y millones de dólares, no están aprobadas por el Gobierno federal de los Estados Unidos y, por lo general, necesitan la supervisión de un médico en el contexto de un estudio formal para ser utilizadas. La segunda categoría corresponde a los dispositivos de nivel *prosumidor** que cuestan entre miles y decenas de miles de dólares, proporcionan datos cuya precisión permitiría, casi, usarlos en investigación, y pueden ser utilizados por profesionales cualificados o *biohackers* bien financiados. Finalmente, están las herramientas de nivel consumidor, disponibles por menos de mil dólares y, a menudo, por poco más de lo que cuesta una aplicación más un dispositivo periférico. Permiten al usuario, más que nada, acceder a un entretenimiento educativo, y, como parecen inferir las demandas judiciales y las intervenciones federales, no siempre son tan buenas como parece. Dicho esto, incluso estas herramientas de nivel básico están mejorando cada año, y probablemente seguirán

---

* N. del T.: La palabra *prosumidor* es un acrónimo formado por la fusión de las palabras *productor* y *consumidor*. En síntesis, designa al consumidor de un producto o un servicio que al mismo tiempo participa en su producción.

las tendencias de la ley de Moore que vemos en la mayoría de los campos tecnológicos.

Psicología óptima.

Como ocurre con el renacimiento psicodélico, este es un campo que otros investigadores tratan amplia y estupendamente. Pero si bien celebramos el avance en el estudio de la completitud y la felicidad, la mayor parte de este campo está dedicado al avance gradual con el fin de que lleguemos a ser «un diez por ciento más felices». Dado que, en el caso del éxtasis, el incremento porcentual oscila entre el doscientos y el quinientos por ciento, estamos más interesados en estas opciones de mayor impacto (a la vez que apoyamos todos los esfuerzos dedicados a construir vías de acceso a estas experiencias).

El elitismo de Burning Man.

Sí. Es un festival muy elitista; cada vez más, probablemente. Pero creemos que hay muchos aspectos que vale la pena tener en cuenta y poner en contexto más allá de la «lucha de clases». Después de todo, Aspen, en Colorado, nació como un pueblo minero, posteriormente se convirtió en un refugio contracultural y ha acabado por ser un anejo de Los Ángeles y Nueva York. Sin embargo, este hecho no quita hermosura a las montañas. Para nosotros, lo más interesante del evento es que lo vemos como una especie de campo de pruebas para el futuro, en el que podemos detectar muchas de las fuerzas del éxtasis fuera del laboratorio, en su hábitat natural. Cuando hablamos de la influencia de la cultura de Burning Man en la élite social, estamos más interesados en lo que es diferente y novedoso actualmente, que son tres cosas: la influencia desproporcionada que tienen los asistentes al festival en los medios de comunicación y los mercados, cómo los miembros de Burning

Man se están extendiendo a algunas de las organizaciones más convencionales y poderosas del mundo, y cómo están apareciendo innovaciones prácticas en todo el planeta.

Nuestros propios entresijos.

A lo largo de este libro, hemos contado la historia de líderes en diversos campos. Hemos llegado a conocer a muchos de ellos en el curso de nuestra investigación, y nos han gustado. Son innovadores en los dominios que nos fascinan, y a menudo compartimos orientaciones similares. Algunos se han convertido en colegas amigables; es el caso de Rich Davis, comandante del DEVGRU, y Chris Berka, directora ejecutiva de Advanced Brain Monitoring, con quienes intercambiamos notas e ideas varias veces al año. A otros les hemos pedido que formen parte, como voluntarios, del consejo asesor del Flow Genome Project para que nos ayuden a avanzar en la misión de divulgar la ciencia del máximo rendimiento. Este ha sido el caso del filósofo Jason Silva, Andy Walshe de Red Bull, los *kitesurfistas* Bill Tai y Susi Mai, el cineasta Jimmy Chin, el neurocientífico Andy Newberg, el saltador de salto base Dean Potter (fallecido) y la esquiadora Kristen Ulmer. Las posiciones que ocupan en nuestra organización (la posición que *ocupaba*, en el caso de Dean Potter) están precedidas por sus extraordinarios logros, los cuales continuarán mucho más allá de la finalización de su servicio como asesores del Flow Genome Project. Estamos agradecidos por haberlos conocido y contar (haber contado) con su apoyo.

Notas

Introducción

1. E. F. Benson y Craig Peterson (2010), *The Life of Alcibiades* (no consta el lugar de la publicación: CreateSpace Independent Publishing Platform), pp. 127-138. Ver también Robert Strassler, ed. (1996), *The Landmark Thucydides: A Comprehensive Guide to the Peloponnesian War* (Nueva York, EUA: Free Press).

2. Plutarco. (2010). *Vidas paralelas: Coriolano —Alcibíades*. Barcelona, España: Gredos.

3. Plutarco, *On the Soul*, citado en Stobaeus, IV, traducido al inglés por George E. Mylonas (1961), *Eleusis and the Eleusinian Mysteries* (Princeton [Nueva Jersey], EUA: Princeton University Press), pp. 246-265. Ver también Edith Hamilton (1993), *The Greek Way* (Nueva York, EUA: Norton), p. 179.

4. Will Durant (1997), *The Life of Greece* (Nueva York, EUA: Fine Communications), pp. 188-193. Además, el blog IO9 publicó un artículo corto pero genial sobre los misterios. Ver https://io9.gizmodo.com/the-psychedelic-cult-that-thrived-for-nearly-2000-years-5883394.

5. Platón (1987), *Phaedo*, traducido al inglés por F. J. Church (Londres, RU: Pearson), p. 69.

6. Cicerón (1928), *On the Laws,* traducido al inglés por C. W. Keyes (Cambridge [Massachusetts], EUA: Harvard University Press), p. 14.

7. R. Gordon Wasson, Albert Hofmann y Carl Ruck. (2013). *El camino a Eleusis*. San Diego (California), EUA: Fondo de Cultura Económica USA.

8. Ibíd.

9. Robert Graves. (2012). *Los mitos griegos*. Barcelona, España: Ariel.

10. Para un análisis completo de la ciencia del *flow*, ver Steven Kotler (2014), *The Rise of Superman* (Boston, EUA: New Harvest).

Primera parte: El caso del éxtasis

1. David Foster Wallace (2009). *This Is Water*. Nueva York, EUA: Little, Brown, p. 123.

Capítulo 1: ¿Qué es este fuego?

1. Entrevista de los autores con Rich Davis en 2013.

2. Keith Sawyer (2008). *Group Genius*. Basic Books, p. 4.

3. Ver Diana Olick (21 de octubre de 2002), «An Army of One Carries a High Price», NBCNews.com, recuperado de http://www.nbcnews.com/id/3072945/t/army-onecarries-high-price/#.V-0OhDKZO50. Ver también Jared Hansbrough (2000), «An Activity-Based Cost Analysis of Recruit Training Operations at Marine Corps Recruit Depot, San Diego, California», Naval Postgraduate School, Monterrey (California), EUA.

4. Stephanie Gaskell (14 de abril de 2009). «Three Navy SEALs Freed Capt. Phillips from Pirates with Simultaneous Shots from 100 Feet Away». *New York Daily News*. Recuperado de http://www.nydailynews.com/news/world/navy-sealsfreed-capt-phillips-pirates-simultaneous-shots-100-feet-article-1.360392.

5. Thomas Smith (23 de abril de 2008). «Money for American Commandos». *Human Events*.

6. Recuperado de https://www.sealswcc.com/navy-seals-benefits.html.

7. T. J. Murphy (16 de diciembre de 2014). «The World's Most Intense Fitness Program». *Outside*.

8. Richard Marcinko (1993). *Rogue Warrior*. Nueva York, EUA: Pocket Books, p. 8.

9. Publicado por Mark Divine (2016), «The Navy Seal Code», NavySeals.com.

10. Gregory Fernstein (27 de agosto de 2013). «How CEOs Do Burning Man». *Fast Company*.

11. John Markoff (13 de abril de 2003). «In Searching the Web, Google Finds Riches». *The New York Times*.

12. Para una visión completa de la participación de Google en Burning Man, consulta Fred Turner (2009), «Burning Man at Google», *New Media & Society*, *11*, 73-94.

13. Gregory Ferenstein (27 de agosto de 2013), «How CEOs Do Burning Man», *Fast Company*; John Markoff (13 de abril de 2003), «In Searching the Web, Google Finds Riches», *The New York Times*; y la cita original, de 2002, en http://doc.weblogs.com/2002/12/10.

14. Turner. «Burning Man at Google».

15. Entrevista de los autores con Molly Crockett en 2016.

16. Para un análisis completo de la neuroquímica del *flow*, consulta Kotler (2013), *The Rise of Superman* (Boston, EUA: New Harvest), pp. 65-69.

17. Entrevista de los autores con Salim Ismail en 2016.

18. Markoff, «In Searching the Web, Google Finds Riches»; Quentin Hardy (26 de mayo de 2003), «All Eyes on Google», *Forbes*.

19. Entrevista de Walter Mead a Stanislav Grof, «The Healing Potential of Non-Ordinary States of Consciousness»; recuperada de http://www.stanislavgrof.com/wp-content/uploads/2015/02/Healing-Potential-of-NOS_Grof.pdf.

20. Para echar un vistazo a los aspectos básicos absolutos de la conciencia, consulta Christof Koch, Marcello Massimini, Melanie Boly y Giulio Tononi (2016), «Neural Correlates of Consciousness: Progress and Problems», *Nature Reviews Neuroscience*, *17*, 307-321. Consulta también Angela Clow, Frank

Hucklebridge, Tobias Stadler, Phil Evans y Lisa Thorn (2010), «The Cortisol Awakening Response: More than a Measure of HPA», *Neuroscience and Biobehavioral Reviews* (doi:10.1016/j.neubiorev.2009.12.011).

21. Evidentemente, hay mucha información disponible al respecto, pero estas fuentes son especialmente relevantes: Arne Dietrich (12 de junio de 2003), «Functional Neuroanatomy of Altered States of Consciousness», *Conscious Cognition,* pp. 231-256; Matthieu Ricard y Richard Davidson (1 de noviembre de 2014), «Neuroscience Reveals the Secret of Meditation's Benefit», *Scientific American*; J. Allan Hobson (2003), *La farmacia de los sueños* (Barcelona, España: Ariel); Kotler, *The Rise of Superman*; y C. Robert Cloninger (2004), *Feeling Good* (Oxford, RU: Oxford University Press). Ver también la excelente charla TED de Arne Dietrich, «Surfing the Stream of Consciousness» (https://www.youtube.com/watch?v=syfalikXBLA).

22. Consulta www.flowgenomeproject.com/stealingfiretools.

23. Entrevista de los autores con Rich Davis y otros líderes del equipo DEVGRU que han querido permanecer en el anonimato, mantenida el año 2013.

24. Hay muchas historias sobre los tanques de privación sensorial, pero para leer la de John Lilly consulta John Lilly (1996), *The Scientist* (Berkeley [California], EUA: Ronin), pp. 98-108.

25. Entrevista de los autores con Adam Leonard en 2013.

26. Turner. «Burning Man at Google», p. 78.

27. A la hora de decidir qué elementos incluir, utilizamos los «mandos y palancas» del éxtasis como guía. Incluíamos un elemento en particular si expulsaba las ondas cerebrales de la banda beta normal de la conciencia de vigilia; si desencadenaba la liberación, al menos, de dos de las seis principales sustancias neuroquímicas que inducen el cambio de estado de conciencia (la dopamina, la noradrenalina, la anandamida, la serotonina, las endorfinas y la oxitocina), o si desactivaba/hiperactivaba la corteza prefrontal o la red del modo predeterminado para generar la experiencia de las cualidades AIAR.

Decidimos centrar nuestra atención en cuatro categorías principales: drogas, terapia, medios audiovisuales y elementos recreativos. Al reunir nuestros números, también tomamos los datos más recientes disponibles, pero no intentamos traducir esas cifras al dólar de 2016. Esto significa que la mayor parte de nuestros números globales son probablemente más bajos de lo que serían hoy. Del mismo modo, en relación con algunos elementos solo pudimos acceder a los números relativos a los Estados Unidos. En esos casos, tomamos solo los números de los Estados Unidos y no intentamos extrapolarlos al resto del mundo, porque hay elementos que están presentes de forma muy asimétrica según el lugar, especialmente el crecimiento personal, los deportes de acción, etc. (a menos que se indique lo contrario, todos los números reflejan cantidades globales). Eso hace que esta estimación sea inicial y aproximada, a la manera de las estimaciones aproximadas de Enrico Fermi. Alentamos a los académicos que quieran realizar unos cálculos más afinados a que lo hagan; los animamos a actualizar la economía de los estados alterados a unos números globales en dólares ajustados al año en que efectúen el cálculo y nos hagan llegar los resultados a flowgenomeproject.com/contact.

En nuestro cálculo, partimos del supuesto de que el precio del éxtasis debía incluir todos los fármacos psicoactivos. No tuvimos en cuenta los medicamentos destinados a tratar afecciones fisiológicas, como la presión arterial o el colesterol; solo aquellos que apuntaban específicamente a cambiar el estado de conciencia del usuario. Por lo tanto, incluimos los medicamentos recetados para el dolor, la depresión, la ansiedad, el déficit de atención y el insomnio, junto con los fármacos para a un público más específico destinados a controlar trastornos mentales más graves. El total fue de 182.200 millones de dólares.

En cuanto a los medicamentos para la salud mental, consulta esta fuente: BCC Research (enero de 2011), «Drugs for Treating Mental Disorders: Technologies and Global Markets», PM074A. En cuanto a los fármacos recetados para controlar el dolor, consulta BCC Research (enero de 2013), «The Global Market for Pain Management Drugs and Devices», HLCO26D. En cuanto a las ayudas para dormir, consulta BCC Research (junio de 2014), «Sleep Aids: Technological and Global Markets», HLCO81B.

También incluimos todas las sustancias legales e ilegales que ayudaban a la gente a salir de su cabeza, desde el alcohol, el tabaco y la marihuana en el lado legal hasta la cocaína, la heroína, las metanfetaminas y la marihuana en el lado ilegal. Además, incluimos todos los medicamentos recetados de los que se abusa (como el Ritalin y el OxyContin), que se consumen con frecuencia sin receta o se revenden en los mercados gris y negro. También nos centramos exclusivamente en la producción y el consumo de estas sustancias y no tuvimos en cuenta ningún coste colateral, como las intervenciones de las fuerzas de seguridad, los encarcelamientos, las presiones políticas y los procesos judiciales. El total fue de unos 2,3 billones de dólares.

En cuanto a las drogas ilegales, consulta la Oficina de las Naciones Unidas contra la Droga y el Delito, «Informe Mundial sobre las Drogas 2005», vol. 1, *Análisis*. En cuanto a la marihuana, consulta Arcview Market Research (2016), «The State of Legal Marijuana Markets», 4.ª ed. En cuanto a las bebidas alcohólicas, consulta «Alcohol: Research and Markets, Global Alcoholic Beverage Industry-Forecast to 2018» (21 de febrero de 2014). En cuanto al café, consulta Wevio (29 de mayo de 2015), «Global Coffee Industry Facts & Statistics of 2014-2015». En cuanto al té, consulta Transparency Market Research (3 de marzo de 2015), «Tea Market-Global Industry Analysis, Trend, Size, Share and Forecast 2014-2020». En cuanto a las bebidas energéticas, consulta «Global Energy Drinks Market: Size, Trends & Forecasts (2017-2021)» (abril de 2017) (www.researchandmarkets.com/reports/4215106/global-energy-drinks-market-size-trends-and#rela0-3161745) [N. del T.: Los autores dan como referencia una versión anterior de este informe, no disponible en línea actualmente, de 2015]. En cuanto al tabaco, consulta

Euromonitor International (junio de 2014), «Global Tobacco: Findings Part 1-Tobacco Overview, Cigarettes and the Future».

A continuación ampliamos nuestra red e intentamos incluir todos esos bienes y servicios expresamente dedicados a resolver esta cuestión: cómo salir del estado de conciencia habitual, cómo sacudir una experiencia vital que es entre insatisfactoria e insufrible. Aquí entramos en una categoría que incluía la neurotecnología, la psicología, la psiquiatría, el asesoramiento y la autoayuda.

Quisimos incluir todas las terapias, el ámbito del desarrollo personal, la venta de libros, los talleres y los cursos informativos (no tuvimos en cuenta los que estaban orientados hacia la adquisición de habilidades profesionales, sino que solo nos centramos en los que prometían algún cambio de perspectiva existencial, como los cursos de felicidad). Desafortunadamente, la mayoría de estos números no están disponibles. Pudimos obtener estos: 3.650 millones de dólares en neuromodulación (una técnica diseñada para cambiar de estado), los 11.000 millones que los estadounidenses gastan en autoayuda cada año, los 869 millones que gastan en *coaches* de vida, los 2.000 millones que gastan en *coaches* empresariales (contamos solamente el cincuenta por ciento del total, suponiendo que la otra mitad estaba relacionada con la adquisición de habilidades) y los 15.000 millones que gastan en terapia y asesoramiento. El total son 31.519 millones de dólares, una cantidad que, por supuesto, es significativamente inferior a la del tamaño del mercado global.

En cuanto a la neuromodulación, consulta «Markets and Markets, Neuromodulation Market by Technology, by Application-Trends and Global Forecasts to 2020». En cuanto a la autoayuda, consulta Marketdata Enterprises (noviembre de 2010), «The U. S. Market for Self-Improvement Products & Services». En cuanto a los *coaches* personales, consulta IBISWorld (febrero de 2016), «Life Coaches in the US: Market Research Report». En cuanto a la psicología y el asesoramiento, consulta IBISWorld (febrero de 2016), «Psychologists, Social Workers & Marriage Counselors in the US: Market Research Report». En cuanto a los *coaches* empresariales, consulta «Inside the Coaching Industry», en *Success* (30 de junio de 2015).

Seguidamente, dirigimos nuestra atención a los medios audiovisuales. Comenzamos con el sector de los videojuegos. La combinación de pantallas grandes y tramas cada vez más complejas ha hecho que los videojuegos sean tan envolventes que este sector ha pasado a ser más grande, en tamaño y valor, que la industria del cine. Más específicamente, para nuestros propósitos, los juegos se basan en una serie de factores desencadenantes del *flow* primordiales, como la novedad, la complejidad, la imprevisibilidad y relaciones entre desafío y recompensa muy precisas. Añadamos otros 99.600 millones de dólares. Consulta Newzoo (21 de abril de 2016), «Global Games Market Report».

La realidad virtual, que está diseñada específicamente para ser mucho más envolvente que los videojuegos, también cuenta. De hecho, la inmersión más contundente hace que la realidad virtual sea excepcionalmente buena para activar más desencadenantes del *flow*. Por lo tanto, añadamos otros 12.100 millones de dólares a nuestro total. Consulta «Virtual Reality Market Size Worldwide 2016-2020» (2016), https://www.statista.com/statistics/528779/virtual-reality-market-size-worldwide/.

También tuvimos en cuenta el mercado de las redes sociales, estimado en 17,2 millones de dólares en 2015 (http://trade.gov/topmarkets/pdf/Media_and_Entertainment_Top_Markets_Report.pdf).

En cuanto a las películas y la televisión, se puede argumentar que, con la excepción de los documentales (con los que, tal vez, podemos tratar de aprender algo), prácticamente todas las narraciones visuales tienen por objetivo proporcionar un escape. Y hay una razón para ello. A nuestro cerebro se le da muy mal distinguir lo físico de lo filmado. Durante el 99,9 % del tiempo de la evolución humana, si veíamos algo con nuestros ojos, eso significaba que estaba en nuestro mundo físico. Las regiones del cerebro encargadas del miedo, el amor y el movimiento, junto con nuestras neuronas espejo, aumentan nuestra capacidad de imaginarnos ahí, con los héroes que aparecen en la pantalla. El efecto es, literalmente, embriagador.

Pero, de nuevo, quisimos pecar de conservadores. Por lo tanto, limitamos nuestro cómputo a dos categorías de visión en pantalla que son especial y deliberadamente escapistas: las películas proyectadas en IMAX o en 3D (*Avatar*, que batió un récord, constituye un ejemplo) y la observación compulsiva de series emitidas en *streaming* (como la paradigmática *House of Cards*, de Netflix). De este modo, obtenemos una buena muestra del consumo vinculado a los medios diseñado específicamente para provocar una pérdida de la identidad. En el caso del IMAX, los ingresos alcanzaron los mil millones de dólares. Consulta «IMAX Corporation Reports Fourth Quarter and Full Year 2015 Financial Results», en Imax.com (24 de febrero de 2016), http://www.imax.com/content/imax-corporation-reports-fourth-quarter-and-full-year-2015-financial-results.

Añadamos a esto el fenómeno más reciente de ver atracones de temporadas de series de televisión enteras de una sola vez, donde la magia de la dopamina del «qué pasará» hace que parejas que son juiciosas en todos los demás ámbitos permanezcan levantadas hasta mucho más allá de la que sería su hora normal de acostarse. Es difícil obtener este número, pero según un estudio de Deloitte publicado recientemente, el setenta por ciento del consumo televisivo es del tipo atracón, por lo que tomaremos el setenta por ciento del tamaño del mercado de transmisión digital, lo cual nos da 21.200 millones de dólares.

En cuanto al consumo compulsivo de contenidos televisivos, consulta Claire Gordon (24 de marzo de 2016), «Binge Watching Is the New Normal», en *Fortune*. También la «Digital Democracy Survey», encuesta llevada a cabo en 2014, https://www2.deloitte.com/content/dam/Deloitte/global/Documents/Technology-Media-Telecommunications/gx-tmt-deloitte-democracy-survey.pdf. En cuanto al tamaño del mercado de las reproducciones de contenidos alojados en plataformas de Internet, nos basamos en «Markets and Markets, Video Streaming Market by Streaming Type (Live Video Streaming and Non-Linear Video Streaming), by Solution, by Service, by Platform, by User Type, by Deployment Type, by Revenue Model, by Industry, and by Region –Global Forecast to 2021» (mayo de 2016), http://www.marketsandmarkets.com/Market-Reports/video-streaming-market-181135120.html. También añadimos los 6.200 millones del sector de la música de baile electrónica y los 97.000 millones del sector de la pornografía. En cuanto a la música de baile electrónica, consulta Kevin Watson, «A Study of the Regional Electronic Music Industry», en *IMS Business Report 2015: North America Edition,* p. 12. En cuanto a la pornografía, consulta Chris Morrow (20 de enero de 2015), «Things Are Looking Up in America's Porn Industry», CNBC.

También existe el ámbito recreativo; esos pasatiempos, deportes y actividades cuya función central es sacarnos de nosotros mismos. Ciertamente, aquí tienen cabida las actividades que requieren pocas habilidades pero que suscitan emociones intensas, como el *puenting* y las montañas rusas, pues en esos momentos de terror autoinfligido definitivamente no estamos preocupados por nuestros impuestos o por nuestra última ruptura. También tienen cabida aquí los deportes de acción y aventura, en los que el subidón es lo que impulsa a las personas a volver por más. No incluimos en esta categoría los deportes que se juegan con una pelota ni los deportes de equipo y nos enfocamos en los deportes de riesgo como el esquí, la escalada o andar en bicicleta de montaña por terrenos difíciles (factores desencadenantes clásicos que conducen a lo que los investigadores llaman el profundo ahora). También incluimos el sector del yoga, que mueve 27.000 millones de dólares, y el de la meditación, que mueve 1.000 millones. Por último, incluimos la categoría de los *viajes de aventura*, en que las dificultades están casi garantizadas para sacarnos de la cabeza. La suma es de 319.400 millones.

En cuanto a los 44.300 millones de dólares de los parques de atracciones y temáticos, consulta Global Industry Analysts (noviembre de 2015), «The Global Theme/Amusement Parks Market: Trends, Drivers & Projections». En cuanto a los 12.100 millones en ventas al detalle de productos de deportes de acción en los Estados Unidos, consulta Active Marketing Group (2007), «The Action Sports Market». En cuanto a los 263.000 millones gastados en viajes de aventura, consulta Adventure Travel Trade Association (17 de febrero de 2015), «Adventure Travel: A Growing but Untapped Market for Agents», http://www.travelmarketreport.com/articles/Adventure-Travel-A-Growing-But-Untapped-Market-for-Agents. En cuanto a la meditación, consulta Jan Wieczner (12 de marzo de 2016), «Meditation Has Become a Billion-Dollar Business», en *Fortune.* En cuanto al yoga, consulta «2014 Outlook for the Pilates and yoga studios industry», en *SNews* (16 de diciembre de 2013), http://www.snewsnet.com/news/2014-yoga-pilates-studios.

Finalmente, añadimos los juegos de casino. Sin duda, se podría argumentar que gran parte de este sector está motivado por los fuertes picos de dopamina producidos por los juegos de azar, pero tuvimos que excluir las apuestas de-portivas y algunas otras categorías en las que hay otras razones (las ganancias) para apostar. Sin embargo, todo lo que tiene que ver con los casinos, desde la falta de relojes hasta el oxígeno que se bombea en ellos, está diseñado para sacarnos de nuestra cabeza y sumergirnos en el juego. Esto supuso añadir 159.710 millones de dólares más. (Fuente: Statistica [2015], «Statistics and Facts About the Casino Industry», https://www.statista.com/topics/1053/casinos/).

Por lo tanto, la suma total es de 3,99 billones de dólares.

28. Henry Fountain (17 de octubre de 2016). «Two Trillion Galaxies, at the Very Least». *The New York Times.*

Capítulo 2: Por qué es importante

1. «You Are a Receiver»: https://vimeo.com/27668695.
2. Ross Anderson (12 de abril de 2012). «A Timothy Leary for the Viral Video Age». *Atlantic.*
3. Puedes ver brevemente a Silva en Current en https://vimeo.com/6950613.
4. Hay muchos análisis diferentes por considerar, pero al elaborar el nuestro, estos fueron clave [en el caso de las obras que existen en español, se pone la referencia en esta lengua]: Charles Tart (1990), *Altered States of Consciousness* (Nueva York, EUA: Harper); William James (2017), *Variedades de la experiencia religiosa* (Madrid, España: Trotta); Mihaly Csikszentmihalyi (2008), *Flow* (Nueva York, EUA: Harper Perennial), pp. 43-93 [en español: (2011) *Fluir (Flow)* (España: Debolsillo)]; Bruce Greyson (1983), The Near-Death Experience Scale, *Journal of Nervous and Mental Disease*, *171* (6), 369-374; Erich Studerus, Alex Gamma y Franz Vollenweider (31 de agosto de 2010), «Psychometric Evaluation of the Altered States of Consciousness», *PLoS One*; Ronald Pekala (1991), *Quantifying Consciousness* (Boston, EUA: Springer). Véase también Rick Strassman (1995), «Hallucinogenic Drugs in Psychiatric Research and Treatment», *Journal of Nervous and Mental Disease*, *183* (3), 127-138; Padma Sambhava (traducción y comentarios de Robert Thurman) (1994), *El libro tibetano de los muertos* (Barcelona, España: Kairós).
5. Mark Leary (2007). *The Curse of the Self.* Oxford, RU: Oxford University Press, p. 21.
6. Arne Dietrich (12 de junio de 2003). «Functional Neuroanatomy of Altered States of Consciousness». *Conscious Cognition,* pp. 231-256.
7. Ver Robert Kegan (2003), *Desbordados* (Bilbao, España: Desclée de Brouwer).
8. Frank Newport (31 de diciembre de 2015). «Americans' Perceived Time Crunch No Worse Than Past». Gallup.com. Recuperado de http://www.gallup.com/poll/187982/americans-perceived-time-crunch-no-worse-past.aspx.
9. Maria Konnikova (13 de junio de 2014). «No Money, No Time». *The New York Times.*

10. Gran parte de la información sobre la intemporalidad procede de una entrevista de los autores con David Eagleman en 2012. Ver también David Eagleman (2011), *Incognito* (Nueva York, EUA: Pantheon Books), pp. 51-54.
11. Philip Zimbardo (2009). *The Time Paradox*. Nueva York, EUA: Atria, p. 261. (Publicado en castellano por Ediciones Paidós con el título *La paradoja del tiempo*).
12. Melanie Rudd, Kathleen Vohs y Jennifer Aaker (2011). «Awe Expands People's Perception of Time, Alters Decision Making, and Enhances Well-Being». *Psychological Science*, *23* (10), 1130-1136.
13. Elizabeth Loftus *et al.* (2013). «False Memories in Highly Superior Autobiographical Memory Individuals». *PNAS*, *110* (52), 20947-20952.
14. National Institutes of Diabetes and Digestive and Kidney Diseases. Recuperado de https://www.niddk.nih.gov/health-information/health-statistics/Pages/overweight-obesity-statistics.aspx.
15. Diálogo confidencial de los autores con el vicepresidente ejecutivo superior de Lifetime Fitness, en junio de 2015.
16. Robert Kegan (2009). *Immunity to Change: How to Overcome It and Unlock the Potential in Yourself and Your Organization*. Boston, EUA: Harvard Business Press, p. 1.
17. Steven Kotler (2013). *The Rise of Superman*. Boston, EUA: New Harvest. Ver también www.flowgenomeproject.com/stealingfiretools.
18. Mihaly Csikszentmihalyi (2008). *Flow*. Nueva York, EUA: Harper Perennial, p. 69. (Publicado en castellano por DEBOLSILLO con el título *Fluir*).
19. Abraham Maslow (1994). *Religion, Values, and Peak Experiences*. Nueva York, EUA: Penguin, p. 62. (Publicado en castellano por La Llave con el título *Religiones, valores y experiencias cumbre*).
20. Mihály Csíkszentmihályi (2000). *Beyond Boredom and Anxiety*. San Francisco, EUA: Jossey-Bass, p. 197.
21. Entrevista de los autores con John Hagel en 2014.
22. https://vimeo.com/27668695.
23. William James (2009). *The Varieties of Religious Experience*. Nueva York, EUA: Create Space, p. 374.
24. Esta descripción general está destinada principalmente a explicar lo que sucede en el cerebro cuando entramos en el estado de *flow*. En otros casos de éxtasis, como el inducido por la meditación, puede obtenerse una disminución de la respuesta corticoadrenal y un incremento de la DHEA, el GABA y otras sustancias neuroquímicas en una secuencia diferente a la que describimos aquí. Dicho esto, como dejan claro las notas siguientes, hay una superposición considerable entre lo que sucede en el contexto del *flow* asociado a la meditación y el asociado a los estados místicos y psicodélicos. Para una descripción general sólida sobre cómo este estado cambia el cerebro, dirigida a legos en la materia, consulta Herbert Benson y William Proctor (2003), *The Breakout Principle* (Nueva York, EUA: Scribner, 203), pp. 46-58. Para un enfoque un poco más técnico, consulta Dieter Vaitl *et al.* (2005), Psychobiology of Altered

States of Consciousness, *Psychological Bulletin*, *131* (1), 98-127, y M. Bujatti (septiembre de 1976), «Serotonin, Noradrenaline, Dopamine Metabolites in Transcendental Meditation-Technique», *Journal of Neural Transmission*, *39* (3), 257-267. Debemos remarcar que lo que aquí exponemos es una visión general; quedan muchas preguntas por responder, y se irá avanzando a medida que las herramientas de medición vayan mejorando y cuando se realicen estudios comparativos entre distintas técnicas encaminadas a inducir el éxtasis.

25. Raja Parasuraman (2000), *The Attentive Brain* (Cambridge [Massachusetts], EUA: A Bradford Book/MIT Press), pp. 34-44. Se puede encontrar una visión de carácter general sobre la noradrenalina y la dopamina en Helen Fisher (2005), *Por qué amamos: naturaleza y química del amor romántico* (Madrid, España: Debolsillo [Punto de Lectura]). Para una magnífica exposición sobre el papel de la dopamina en el *flow*, consulta Gregory Burns (2005), *Satisfaction: The Science of Finding True Fulfillment* (Nueva York, EUA: Henry Holt), pp. 146-174.

26. P. Krummenacher, C. Mohr, H. Haker y P. Brugger (2010), «Dopamine, Paranormal Belief, and the Detection of Meaningful Stimuli», *Journal of Cognitive Neuroscience*, *22* (8), 1670-1681; Georg Winterer y Donald Weinberger (noviembre de 2004), «Genes, Dopamine, and Cortical Signal-to-Noise Ration in Schizophrenia», *Trends in Neuroscience*, *27* (11); y S. Kroener, L. J. Chandler, P. Phillips y Jeremy Seamans, «Dopamine Modulates Persistent Synaptic Activity and Enhances the Signal to Noise Ratio in the Prefrontal Cortex», *PLoS One*, *4* (8): e6507. Ver también la magnífica charla de Michael Sherman sobre cómo el efecto de la dopamina en el reconocimiento de patrones condujo a extrañas creencias: http://www.ted.com/talks/michael_shermer_on_believing_strange_things?language=en.

27. Hay una considerable cantidad de literatura que trata el tema de los estados alterados de conciencia en relación con las ondas cerebrales. Para una visión general sobre la función de las ondas cerebrales, consulta Ned Herrmann (22 de diciembre de 1997), «What Is The Function of Various Brainwaves», en ScientificAmerican.com (https://www.scientificamerican.com/article/what-is-the-function-oft-1997-12-22/). Para una buena visión de conjunto de la actividad cerebral durante el *flow*, consulta Sally Adee (13 de febrero de 2012), «Zapping the Brain to Get into Flow», en *The Washington Post*. También Steven Kotler (2013), *The Rise of Superman* (Boston, EUA: New Harvest), pp. 32-41. Finalmente, un documento que aún no ha sido revisado por pares pero que contiene hallazgos interesantes es Jan Van Looy *et al.*, «Being in the Zone: Using Behavioral and EEG Recording for the Indirect Assessment of Flow», recuperado de https://peerj.com/preprints/2482.pdf. En cuanto a los psicodélicos: E. Hoffmann, J. M. Keppel Hesselink y Yatra-W.M. da Silveria Barbosa (primavera de 2001), «Effects of a Psychedelics, Tropical Tea, Ayahuasca, on the EEG Activity of the Human Brain during a Shamanic Ritual», en *MAPS Magazine*. Para prácticas contemplativas y espirituales: Yuji Wada *et al.* (febrero de 2005), «Changes in EEG and Autonomic Nervous

Activity During Meditation and Their Association with Personality Traits», en *International Journal of Psychophysiology*, 55 (2), 199-207. También J. Polichj y B. R. Cahn (2006), «Meditation States and Traits», en *Psychological Bulletin*, *132* (2), 180-211.

28. En cuanto a los psicodélicos, consulta R. L. Carhart-Harris *et al.* (2012), «Neural Correlates of the Psychedelic State as Determined by fMRI Studies with Psilocybin», en *PNAS* (doi/10.1073/pnas.1119598109). En cuanto al *flow*: Arne Dietrich (12 de junio de 2003), «Functional Neuroanatomy of Altered States of Consciousness», en *Conscious Cognition,* pp. 231-256. En cuanto a la meditación: Judson Brewer *et al.* (2011), «Meditation Experience Is Associated with Difference in Default Mode Network Activity and Connectivity», en *PNAS, 108* (50), 20254-20259. Judson Brewer también impartió una buena charla TED sobre su trabajo; ver https://www.youtube.com/watch?v=jE1j5Om7g0U.
Para una revisión exhaustiva de los aspectos neurobiológicos de las experiencias fuera del cuerpo y otros fenómenos «místicos», consulta Andra Smith y Claude Messier (10 de febrero de 2014), «Voluntary Out-of-Body Experience: An fMRI Study», en *Frontiers of Human Neuroscience*. Y este es un magnífico libro sobre las primeras investigaciones llevadas a cabo sobre los cambios neuroanatómicos desencadenados por las experiencias espirituales: Andrew Newberg y Eugene D'Aquilli (2002), *Why God Won't Go Away* (Nueva York, EUA: Ballantine Books).

29. La literatura sobre la neuroquímica en relación con los estados alterados es considerable, pero para una buena visión de conjunto consulta J. Allan Hobson (2003), *La farmacia de los sueños* (Barcelona, España: Ariel), y Dean Hamer (2006), *El gen de Dios* (Madrid, España: La Esfera de los Libros). En cuanto a las endorfinas, consulta James Henry (1982), «Possible Involvement of Endorphins in Altered States of Consciousness», en *Ethos, 10*, 394-408; Henning Boecker *et al.* (2008), «The Runner's High: Opiodergic Mechanisms in the Human Brain», en *Cerebral Cortex, 18* (11), 2523-2531; A. Dietrich y W. F. McDaniel (2004), «Endocannabinoids and Exercise», en *British Journal of Sports Medicine*, *38*, 536-544.
Ver también Etzel Cardena y Michael Winkelman (2011), *Altering Consciousness* (Santa Bárbara [California], EUA: Praeger), p. 171. Una buena visión general de las distintas plantas psicodélicas y su impacto en la neuroquímica y la experiencia espiritual se puede encontrar en el artículo de Elaine Perry y Valerie Laws, de 2010, titulado «Plant Gods and Shamanic Journeys», publicado en *New Horizons in the Neuroscience of Consciousness* (Filadelfia, EUA: John Benjamins), pp. 309-324. Finalmente, ver Boecker, «Brain Imaging Explores the Myth of Runner's High».

30. S. Hao, Y. Avraham, R. Mechoulam y E. Barry (31 de marzo de 2000). «Low Dose Anandamide Affects Food Intake, Cognitive Function, Neurotransmitter and Corticosterone Levels in Diet-Restricted Mice». *European Journal of Pharmacology*, *392* (3), 147-156.

31. Lars Farde *et al.* (2003), «The Serotonin System and Spiritual Experiences», *American Journal of Psychiatry*, *160*, 1965-1969; Umit Sayin (2011), «Altered States of Consciousness Occurring During Expanded Sexual Response in the Human Female», *NeuroQuantology*, *9* (4); N. Goodman (2002), «The Serotonergic System and Mysticism», *Journal of Psychoactive Drugs*, *34* (3), 263-272. También, John Ratey y Eric Hagerman (2008), *Spark: The Revolutionary New Science of Exercise and the Brain* (Nueva York, EUA: Little, Brown).

32. Mihaly Csikszentmihalyi (2008), *Flow* (Nueva York, EUA: Harper Perennial), pp. 28-30. Además, uno de los mejores libros sobre esta materia es el de Tor Norretranders, de 1990, *The User Illusion: Cutting Consciousness Down to Size* (Nueva York, EUA: Penguin).

33. David Eagleman, neurocientífico de Stanford, proporciona una magnífica explicación detallada de la neurociencia de nuestro *umwelt* en «Can we create new senses for humans?», su charla TED de 2015: https://www.ted.com/talks/david_eagleman_can_we_create_new_senses_for_humans?language=en.

34. Jon Kolko (marzo de 2012), «Wicked Problems: Problems Worth Solving», *Stanford Social Innovation Review*. También John Camillus (mayo de 2008), «Strategy as a Wicked Problem», *Harvard Business Review*.

35. Roger Martin (2009). *The Opposable Mind: Winning Through Integrative Thinking.* Boston, EUA: Harvard Business School Press, p. 15.

36. Kathy Gilsinan (4 de julio de 2015). «The Buddhist and the Neuroscientist». *The Atlantic.*

37. John Kounios y Mark Beeman (2009). «The Cognitive Neuroscience of Insight». *Annual Review of Psychology*, *65*, 71-93.

38. Fadel Zeidan, Susan Johnson, Bruce Diamond y Paula Goolkasian (2010), «Mindfulness Meditation Improves Cognition: Evidence of Brief Mental Training», *Consciousness and Cognition*; Lorenza S. Colzato, Ayca Szapora, Dominique Lippelt y Bernhard Hommel (2014), «Prior Meditation Practice Modulates Performance and Strategy Use in Convergent-and Divergent-Thinking Problems», *Mindfulness* (doi:10.1007/s12671-014-0352-9).

39. Fadel Zeidan *et al.* (19 de abril de 2010). «Brief Meditative Exercise Helps Cognition». *Science Daily*. Recuperado de https://www.sciencedaily.com/releases/2010/04/100414184220.htm.

40. Richard Chi y Allan Snyder (2012). «Brain Stimulation Enables Solution to Inherently Difficult Problem». *Neuroscience Letters*, *515*, 121-124.

41. Chris Berka, la directora ejecutiva de Advanced Brain Monitoring, dio una charla TED muy buena sobre esta investigación: https://www.youtube.com/watch?v=rBt7LMrIkxg. Ver, además, «9-Volt Nirvana», en Radiolab (junio de 2014), y Sally Adee (1 de febrero de 2012), «Zap Your Brain into the Zone», *New Scientist*.

42. James Fadiman (2011). *The Psychedelic Explorer's Guide: Safe, Therapeutic, and Sacred Journeys*. Rochester (Vermont), EUA: Park Street Press, p. 133.

43. Entrevista de los autores con Tim Ferriss, en 2016.

44. «Can LSD Make You a Billionaire?», en la CNN, el 25 de enero de 2015. Ver https://www.youtube.com/watch?v=jz9yZFtRJjk.
45. Susie Cranston y Scott Keller (enero de 2013). «Increasing the "Meaning Quotient" of Work». *McKinsey Quarterly*.

Capítulo 3: Por qué lo perdimos

1. Hay muchas referencias posibles, pero en este caso Wikipedia ha publicado un trabajo realmente consistente: https://en.wikipedia.org/wiki/The_Pale.
2. Entrevista de los autores con James Valentine, en 2015 y 2016.
3. Sobre Juana de Arco, puedes leer Mark Twain (2016), *Juana de Arco* (Madrid, España: Palabra) y George Bernard Shaw (2019), *Santa Juana* (Barcelona, España: Plataforma).
4. Regine Pernoud (1962). *Joan of Arc by Herself and Her Witnesses,* trad. al inglés por Edward Hyams (Nueva York, EUA: Stein & Day), p. 184.
5. Andy Clark (2004). *Natural-Born Cyborgs: Minds, Technologies, and the Future of Intelligence*. Nueva York, EUA: Oxford University Press, p. 5.
6. American Academy of Pediatrics (1 de mayo de 2014). Ver EurekaAlert: https://www.eurekalert.org/pub_releases/2014-05/aaop-mil042514.php.
7. Nita Farahany (3 de noviembre de 2015), «Colleges Should Allow Students to Take Smart Drugs», *The Washington Post*. Ver también «Monitoring the Future 2013 Survey Results: College and Adults», National Institute of Drug Abuse (https://www.drugabuse.gov/related-topics/trends-statistics/infographics/monitoring-future-2013-survey-results-college-adults).
8. Karen Weintraub (3 de mayo de 2014), «Some Students Don't See ADHD Drug Use as Cheating», *USA Today*; Princess Ojiaku (3 de noviembre de 2015), «Smart Drugs» Are Here –Should College Students Be Allowed to Use Them?», *The Washington Post*; «Is Taking Smart Drugs Cheating?», *Newsy* (17 de noviembre de 2015); Matt Tinoco (14 de abril de 2016), «Are You a Cheater If You're Using Smart Drugs to Get Ahead?», *Vice*.
9. Mircea Eliade (2001). *El chamanismo y las técnicas arcaicas del éxtasis*. Madrid, España: Fondo de Cultura Económica de España.
10. Mircea Eliade (2004). *Shamanism: Archaic Techniques of Ecstasy*. Bollingen Series. Princeton (Nueva Jersey), EUA: Princeton University Press, p. 401. (Publicado en castellano por Fondo de Cultura Económica con el título *El chamanismo y las técnicas arcaicas del éxtasis*).
11. Sam Harris (2015). *Waking Up*. Nueva York, EUA: Simon & Schuster, p. 124. (Publicado en castellano por Kairós con el título *Despertar*).
12. Para un buen examen del experimento, consulta John Horgan (2004), *Rational Mysticism* (Boston, EUA: Mariner Books).
13. Ibíd., p. 27.
14. Rick Doblin (1991), «Pahnke's "Good Friday Experiment": A Long Term Follow-Up and Methodological Critique», *Journal of Transpersonal Psychology*, *23* (1); Roland Griffiths *et al.* (2006), «Psilocybin Can Occasion Mystical-Type Experiences Having Substantial and Sustained Personal Meaning and

Spiritual Significance», *Psychopharmacology*, *187* (doi:10.1007/s00213-006-0457-5).

15. Michael Pollan (9 de febrero de 2015). «The Trip Treatment». *The New Yorker*.
16. Jack Hitt (1 de noviembre de 1999). «This Is Your Brain on God». *Wired*.
17. Entrevista de los autores con Mikey Siegel (asesor de la empresa) en 2015.
18. Para ver la historia completa del écuasis y el éxtasis, lee David Nutt (2012), *Drugs —Without the Hot Air* (Cambridge, RU: UIT Cambridge), pp. 1-30.
19. Por ejemplo, Christopher Hope (7 de febrero de 2009), «Ecstasy No More Dangerous than Horse Riding», *The Telegraph*.
20. Nutt. *Drugs —Without the Hot Air,* p. 20.
21. Ibíd, pp. 20-21.
22. Jack Doyle (29 de octubre de 2009). «Alcohol More Dangerous than LSD, Says Drug Advisor». *The Independent*.
23. Alexander Zaitchik (30 de junio de 2014). «The Speed of Hypocrisy». *Vice*.
24. Fuente: Los datos de 2012 del National Institute of Drug Abuse estadounidense (https://www.drugabuse.gov/publications/research-reports/methamphetamine/letter-director).
25. Melissa Gregg (15 de octubre de 2015). «The Neverending Workday». *The Atlantic*.
26. La ciudad de Hamelín cuenta con una web fantástica en la que se cuenta en detalle la historia del flautista de Hamelín (en alemán): https://www.hameln.de/de/
27. Fuente: Ancient Origins (14 de agosto de 2014). Recuperado de http://www.ancient-origins.net/myths-legends/disturbing-true-story-pied-piper-hamelin-001969?nopaging=1.
28. Stanislav Grof (1988). *The Adventure of Self-Discovery*. Albany, EUA: State University of New York Press, p. 30.
29. Jesse Bogan (26 de junio de 2009), «America's Biggest Megachurches», *Forbes*; C. Kirk Hadaway y P. L. Marler (6 de mayo de 1998), «Did You Really Go to Church This Week? Behind the Poll Data», *Christian Century*.
30. Victor Turner (1969). *The Ritual Process: Structure and Anti-Structure*. Chicago, EUA: Aldine, pp. 94-113.
31. Ibíd., p. 129.
32. «The Triumph of Hitler», en History Place, recuperado de http://www.historyplace.com/worldwar2/triumph/tr-will.htm.
33. Peter Conradi (2004). *Hitler's Piano Player: The Rise and Fall of Ernst Hansfstaengl, Confidant of Hitler, Ally of FDR*. Nueva York, EUA: Carroll & Graff, p. 45.

Capítulo 4: Psicología
1. John Tillotson (1674). *Sermons Preached on a Number of Occasions*. Londres, RU: impreso por Edw. Gellibrand.
2. Jesse McKinley (23 de marzo de 2008). «The Wisdom of the Ages, for Now Anyway». *The New York Times*.

3.   Oliver Burkeman (10 de abril de 2009), «The Bedsit Epiphany», *The Guardian*; Jennifer Fermino (25 de septiembre de 2005), «Pope Francis Tells Crowd of 20,000 "God Is Living in Our Cities" at Madison Square Garden Mass, Closing Out NYC Visit», *New York Daily News*; Alice Philipson (19 de enero de 2015), «The Ten Largest Gatherings in History», *The Telegraph*.

4.   «Eckhart Tolle Biography», *The New York Times*, Times Topics (5 de marzo de 2008); Eckhart Tolle (2007), *El poder del ahora* (6.ª ed.) (Móstoles [Madrid], España: Gaia).

5.   Sloan Wilson (2009). *El hombre del traje gris*. Barcelona, España: Libros del Asteroide.

6.   Jack Kerouac (marzo de 1958). «Aftermath: The Philosophy of the Beat Generation». *Esquire*.

7.   Allen Ginsberg (2006). *Aullido*. Barcelona, España: Anagrama.

8.   Gregory Dicum (7 de enero de 2007). «Big Sur without the Crowds». *The New York Times*.

9.   Emily Nussbaum (18 de mayo de 2015). «The Original Existentially Brilliant "Mad Men" Finale». *The New Yorker*.

10. Jeffrey Kripal (2008). *Esalen: America and the Religion of No Religion*. Chicago, EUA: University of Chicago Press, p. 69.

11. Lee Gilmore, Mark Van Proyen (2005). *AfterBurn: Reflections on Burning Man*. Albuquerque: University of New Mexico Press, p. 23.

12. Kripal, *Esalen*, p. 9.

13. Steven Pressman (1993), *Outrageous Betrayal: The Dark Journey of Werner Erhard from est to Exile* (Nueva York, EUA: St. Martin's Press); William Bartley (1988), *Werner Erhard: The Transformation of a Man* (Nueva York, EUA: Clarkson Potter).

14. Peter Haldemannov (28 de noviembre de 2015). «The Return of Werner Erhard, Father of Self-Help». *The New York Times*.

15. Patricia Leigh Brown y Carol Pogash (13 de marzo de 2009). «The Pleasure Principle». *The New York Times*.

16. «Women Working 1800-1930». Harvard University Library Open Collections Program. Recuperado de http://ocp.hul.harvard.edu/ww/sanger.html.

17. Anjan Chatterjee (2013). *The Aesthetic Brain: How We Evolved to Desire Beauty and Enjoy Art*. Nueva York, EUA: Oxford University Press, p. 88.

18. Jenny Wade (2004). *Transcendent Sex: When Lovemaking Opens the Veil*. Nueva York, EUA: Gallery Books.

19. Antoine Mazieres, Mathieu Trachman, Jean-Philippe Cointet, Baptiste Coulmont y Christophe Prieur (2014). «Deep Tags: Toward a Quantitative Analysis of Online Pornography». *Porn Studies*, *1* (1-2), 80-95.

20. Meriss Nathan Gerson (13 de enero de 2015). «BDSM vs. the DSM». *The Atlantic Monthly*.

21. Anita Singh (7 de agosto de 2012). «50 Shades of Grey is Bestselling Book of All Time». *The Telegraph*.

22. Anish Sheth y Josh Richman (2007). *What's Your Poo Telling You?* San Francisco, EUA: Chronicle Books.

23. A. A. J. Wismeijer y M. A. L. M. Van Assen (agosto de 2013). «Psychological Characteristics of BDSM Practitioners». *Journal of Sexual Medicine*, pp. 1943-1952.

24. Gretel C. Kovachnov (23 de noviembre de 2008). «Pastor's Advice for Better Marriage: More Sex». *The New York Times*.

25. Willoughby Britton y Richard Bootzin (abril de 2004), «Near-Death Experiences and the Temporal Lobe», *Journal of Psychological Science*, 15 (4), 254-258. Además, la entrevista original de Steven Kotler, coautor de este libro, con Britton, tuvo lugar con vistas a la redacción de su artículo «Extreme States», publicado en la revista *Discover* en julio de 2005 (https://www.discover-magazine.com/mind/extreme-states).

26. Katherine A. MacLean, Matthew W. Johnson y Roland R. Griffiths (noviembre de 2011), «Mystical Experiences Occasioned by the Hallucinogen Psilocybin Lead to Increases in the Personality Domain of Openness», *Journal of Psychopharmacology*, 25 (11), 1453-1461; R. Griffiths, W. Richards, U. McCann y R. Jesse (2006), «Psilocybin Can Occasion Mystical Experiences Having Substantial and Sustained Personal Meaning and Spiritual Significance», *Psychopharmacology*, 187, 268-283. Ver también Lauren Slater (20 de abril de 2012), «How Psychedelic Drugs Can Help Patients Face Death», *The New York Times*; Steven Kotler (abril de 2011), «The Psychedelic Renaissance», *Playboy*.

27. Michael C. Mithoefer, Mark T. Wagner, Ann T. Mithoefer, Lisa Jerome y Rick Doblin (abril de 2011). «The Safety and Efficacy of ±3,4-methylene-dioxymethamphetamine-Assisted Psychotherapy in Subjects with Chronic, Treatment-Resistant Posttraumatic Stress Disorder: The First Randomized Controlled Pilot Study». *Journal of Psychopharmacology*, 25 (4), 439-452.

28. Sharon Begley (2007). *Train Your Mind, Change Your Brain*. Nueva York, EUA: Ballantine Books, p. 250. (Publicado en castellano por Ediciones Granica con el título *Entrena tu mente, cambia tu cerebro*).

29. Rob Hirtz (enero/febrero 1999). «Martin Seligman's Journey from Learned Helplessness to Learned Happiness». *Pennsylvania Gazette*.

30. Martin Seligman (enero de 1990). «Building Human Strength: Psychology's Forgotten Mission». *American Psychological Association Newsletter*, 29 (1).

31. Robert Kegan (1994), *In Over Our Heads* (Cambridge [Massachusetts], EUA: Harvard University Press). Junto con la coautora Lisa Lahey y otros, también ha escrito *Immunity to Change* [Inmunidad al cambio] y *How the Way We Talk Can Change the Way We Work* [Cómo la forma en que hablamos puede cambiar la forma en que trabajamos] (entre muchos otros trabajos académicos y monografías). Hemos simplificado deliberadamente sus categorías del desarrollo superior del adulto para el lector lego; con este fin hemos juntado la autoautoría y la autotransformación, o lo que su colega Bill Torbert llama las etapas del estratega y el alquimista, en ese cinco por ciento selecto al que hacemos referencia. Para modelos adicionales del desarrollo de los adultos, lee acerca de la idea del liderazgo técnico frente al adaptativo de Ron Heifetz, de la Harvard Business School, y a Chris Argyris, Susanne Cook-Greuter, Bill

Torbert y otros. Para una inmersión actual en los conocimientos y los debates dentro de este campo, puedes empezar por leer Angela H. Pfaffenberger,
ed. (2011), *The Postconventional Personality* (Albany, EUA: State University of
New York Press).
32. Entrevista de los autores con Susanne Cook-Greuter en marzo de 2009. La
información que sigue a continuación procede, literalmente, de notas de pie
de página incluidas en uno de los primeros estudios realizados sobre las etapas avanzadas del desarrollo del adulto (el 0,01 % que, según los informes,
habían estabilizado la conciencia posconvencional). Como el tamaño de la
muestra era pequeño (menos de diez personas), estos informes solo pueden
tomarse en consideración de forma anecdótica, pero son interesantes de todos modos. Consulta Paul Marko, «Exploring Facilitative Agents That Allow
Ego Development to Occur», en Pfaffenberger, ed., *The Postconventional Personality*, p. 99. Encontrarás otra encuesta sobre el papel de los estados cumbre
en relación con el desarrollo avanzado en Allan Badiner y Alex Grey (2002),
Zig Zag Zen: Buddhism and Psychedelics (San Francisco, EUA: Chronicle Books).
33. Abraham H. Maslow. (1973). *Hombre autorrealizado: hacia una psicología del ser*.
Barcelona, España: Kairós.
34. Este estudio aparece mencionado en Pfaffenberger, ed. *The Postconventional
Personality*, p. 27. Citas principales: S. Harung, F. Travis, A. M. Pensgaard, R.
Boes, S. Cook-Greuter y K. Daley (febrero de 2011), «Higher Psycho-Phy-
siological Refinement in World-Class Norwegian Athletes: Brain Measures of
Performance Capacity», *Scandinavian Journal of Medicine and Science in Sports*, *21*
(1): 32-41. Ver también Susanne Cook-Greuter (2004), «Making the Case
for a Developmental Perspective», *Industrial and Commercial Training*, *36* (7),
275-281; H. S. Harung y F. Travis (2012), «Higher Mind-Brain Development
in Successful Leaders: Testing a Unified Theory of Performance», *Journal of
Cognitive Processing*, *13*: 171-181. Ver también Robert Panzarella (1977), «The
Phenomenology of Aesthetic Peak Experiences» (tesis doctoral, City University of New York), para leer un estudio en el que participaron músicos y
artistas que mostró que existe una relación entre la frecuencia de los estados
cumbre y la «autorrealización» general.
35. David Rooke y William Torbert (abril de 2005). «Seven Transformations of
Leadership». *Harvard Business Review*, p. 7.

Capítulo 5: Neurobiología
1. Raff Viton y Michael Maddock (29 de julio de 2008). «Innovating Outside
the Jar». *Bloomberg*.
2. Julia Neel (1 de marzo de 2011). «The Oscars 2011». *Vogue*.
3. Lenny Bernstein (7 de mayo de 2014). «Using Botox to Treat Depression.
Seriously». *The Washington Post*.
4. Pamela Paul (17 de junio de 2011). «With Botox, Looking Good and Feeling
Less». *The New York Times*.
5. Paul Ekman (2007). *Emotions Revealed*. Nueva York, EUA: Holt, pp. 1-16.

6. Jack Meserve (19 de noviembre de 2015). «Your Brain and Your Body Are One and the Same». *New York*.
7. Esta obra ofrece uno de los mejores análisis sobre la cognición encarnada: Guy Claxton (2016), *Inteligencia corporal* (Barcelona, España: Plataforma). Consulta también Samuel McNerney (4 de noviembre de 2011), «A Brief Guide to Embodied Cognition», *Scientific American*.
8. Lawrence Williams y John Bargh (24 de octubre de 2008). «Experiencing Physical Warmth Promotes Interpersonal Warmth». *Science*, pp. 606-607.
9. https://www.ted.com/talks/amy_cuddy_your_body_language_shapes_who_you_are?language=enhot y Amy Cuddy (2016), *El poder de la presencia* (Barcelona, España: Urano).
10. Entrevista de los autores con Jimmy Chin, en 2013.
11. Peter Strick *et al.* (2016). «Motor, Cognitive, and Affective Areas of Cerebral Cortex Influence the Adrenal Medulla». *PNAS, 113* (35), 9922-9927.
12. Puedes ver a Ellie en acción en https://www.youtube.com/watch?v= ejczM-s6b1Q4.
13. Entrevista de los autores con Skip Rizzo en 2015.
14. Tanya Abrams (9 de julio de 2014). «Virtual Humans Inspire Patients to Open Up, USC Study Suggests». *USC News*.
15. «Inside *Minority Report*'s Idea Summit, Visionaries Saw The Future». Wired. com (6 de junio de 2012; recuperado de https://www.wired.com/2012/06/minorityreport-idea-summit/).
16. Entrevista de los autores con Chris Berka en 2015.
17. Entrevista de los autores con Chris Berka en 2015. En el momento de la publicación de esta obra en inglés por lo menos, ESADE aún no había publicado los resultados de este estudio, pero Thomas Maak, profesor de administración de recursos humanos en ESADE, dio una charla TED en 2013 sobre el mismo: https://www.youtube.com/watch?v=CvOLbYChYcw&spfreload=5.
18. Entrevista de los autores con Andrew Newberg en 2015 y 2016. Consulta también Steven Kotler (16 de septiembre de 2009), «The Neurology of Spiritual Experience», *HPlus*. Si tienes curiosidad acerca de las primeras investigaciones en el campo de la neuroteología y quieres una exposición menos técnica, consulta Andrew Newberg y Mark Waldman (2010), *How God Changes the Brain* (Nueva York, EUA: Ballantine Books). Más técnico es el libro de Andrew Newberg, también de 2010, *Principles of Neurotheology* (Burlington [Vermont], EUA: Ashgate).
19. Entrevista de los autores con Shahar Arzy en 2016. Ver también Shahar Arzy y Moshe Idel (2015), *Kabbalah: A Neurocognitive Approach to Mystical Experiences* (New Haven [Connecticut], EUA: Yale University Press). Además, para un trabajo más general sobre la capacidad del cerebro de producir fenómenos autoscópicos (experiencias fuera del cuerpo, experiencias *doppelgänger*), consulta Anil Ananthaswamy (2015), *The Man Who Wasn't There: Investigations into the Strange New Science of the Self* (Nueva York, EUA: Dutton).

20. Abulafia es una de las figuras más interesantes del misticismo judío. Se ha escrito mucho sobre él, pero una buena obra por la que empezar es Moshe Idel (1987), *The Mystical Experience in Abraham Abulafia* (Albany, EUA: State University of New York Press).
21. Este experimento fue, en realidad, una variación sobre un trabajo anterior realizado por Olaf Blanke, director de la tesis doctoral de Arzy. Consulta Olaf Blanke, Bigna Lenggenhager y Jane Aspel (5 de agosto de 2009), «Keeping in Touch with One's Self: Multisensory Mechanisms of Self Consciousness», *PloS One* (http://dx.doi.org/10.1371/journal.pone.0006488).
22. Abraham Maslow (2004). *The Psychology of Science: A Reconnaissance*. Chapel Hill (Carolina del Norte), EUA: Maurice Bassett, p. 15.
23. «Total Number of People Taking Psychiatric Drugs in the United States». *CCHR International*. Recuperado de https://www.cchrint.org/psychiatric-drugs/people-taking-psychiatric-drugs/.
24. Sally Curtin, Margaret Warner y Holly Hedegaard (abril de 2016). «Increases in Suicide in the United States, 1999-2014». NCHS Data Brief n.º 241. Recuperado de http://www.cdc.gov/nchs/products/databriefs/db241.htm.
25. Los datos al respecto son abrumadores. Para un examen sólido, consulta John Ratey y Eric Hagerman (2013), *Spark: The Revolutionary New Science of Exercise and the Brain* (Nueva York, EUA: Little, Brown).
26. Michael Holick (2007). «Vitamin D Deficiency». *The New England Journal of Medicine*, *357*, 266-281.
27. Jennifer Haythornthwaite *et al.* (2014). «Meditation Programs for Psychological Stress and Well-being: A Systematic Review and Meta-analysis». *JAMA Internal Medicine*, *174* (3), 357-368.
28. Judson Brewer *et al.* (13 de diciembre de 2011). «Meditation Experience Is Associated with Difference in Default Mode Network Activity and Connectivity». *PNAS*, *108* (50), 20254-20259.
29. Esta información procede de un trabajo realizado por Chris Berka y su equipo en Advanced Brain Monitoring, sobre el que Berka impartió una magnífica charla TED (https://www.youtube.com/watch?v=rBt7LMrIkxg).
30. Entrevista de los autores con Michael Gervais en 2016. Psicólogo sobre el alto rendimiento, Gervais estaba describiendo unas investigaciones realizadas con surfistas de Red Bull.
31. Ron Heifetz, Marty Linsky y Alexander Gradshow (2009). *The Practice of Adaptive Leadership*. Boston, EUA: Harvard Business Press, p. 7.

Capítulo 6: Farmacología
1. Fiona Keating (29 de diciembre de 2013). «Dolphins Get High on a Diet of Toxic Fish». *International Business Times*.
2. Christie Wilcox (30 de diciembre de 2013). «Do Stoned Dolphins Give «Puff Puff Pass» a Whole New Meaning?». *Discover*. Recuperado de http://blogs.discovermagazine.com/science-sushi/2013/12/30/stoned-dolphins-give-puff-puff-passwhole-new-meaning/#.V_FInTKZNyo.

3. Ronald K. Siegel (1989). *Intoxication: The Universal Drive for Mind-Altering Substances*. Rochester (Vermont), EUA: Park Street Press, p. 11.
4. Ibíd., p. 99.
5. Ibíd., p. 251.
6. Giorgio Samorini (2002). *Animals and Psychedelics: The Natural World and the Instinct to Alter Consciousness*. Rochester (Vermont), EUA: Park Street Press, p. 86. (Publicado en castellano por Cáñamo Ediciones con el título *Animales que se drogan*).
7. Michael Pollan (2002). «Cannabis, Forgetting and the Botany of Desire». *Occasional Papers of the Doreen B. Townsend Center for the Humanities*, *27*.
8. Ibíd.
9. Daniel Gade (2015). *Spell of the Urubamba: Anthropogeographical Essays on an Andean Valley in Space and Time*. Cham, Suiza: Springer, p. 208.
10. Michael Pollan (2001). *The Botany of Desire*. Nueva York, EUA: Random House, p. 9.
11. Ethan Brown (1 de septiembre de 2002). «Professor X». *Wired*.
12. Drake Bennett (30 de enero de 2005). «Dr. Ecstasy». *The New York Times*.
13. Brian Vastag (3 de junio de 2014). «Chemist Alexander Shulgin, Popularizer of the Drug Ecstasy, Dies at 88». *The Washington Post*.
14. Para una magnífica introducción a la vida de Shulgin, mira el documental *Dirty Pictures*, de Etienne Sauret (2010).
15. James Oroc (2014). «The Second Psychedelic Revolution Part Two: Alexander "Sasha" Shulgin, The Psychedelic Godfather». Reality Sandwich. Recuperado de http://realitysandwich.com/217250/second-psychedelic-revolution-part-two/.
16. Ibíd.
17. Consulta https://en.wikipedia.org/wiki/Shulgin_Rating_Scale.
18. Alexander Shulgin y Ann Shulgin (1991). *PiHKAL: A Chemical Love Story*. Berkeley (California), EUA: Transform Press, p. 560.
19. Bennett, «Dr. Ecstasy».
20. Teafaire (28 de febrero de 2013). «No Retirement Plan for Wizards». Teafaire.org. Recuperado de http://teafaerie.org/2013/02/456/.
21. Entrevista de los autores con Robin Carhart-Harris, en 2016.
22. R. L. Carhart-Harris *et al.* (2012). «Implications for a Psychedelic-Assisted Therapy: A Functional Magnetic Resonance Imaging Study with Psilocybin». *British Journal of Psychiatry*, *200*, 238-244.
23. Robin Carhart-Harris *et al.* (2016). «Neural Correlates of the LSD Experience Revealed by Multimodal Imaging». *PNAS*, *113* (17), 4853-4858.
24. Ian Sample (11 de abril de 2016). «LSD's Impact on the Brain Revealed in Groundbreaking Images». *The Guardian*.
25. Esta es una magnífica biografía de Joseph Smith: Richard Bushman (2007). *Joseph Smith: Rough Stone Rolling*. Nueva York, EUA: Vintage.
26. Oliver Sacks (27 de agosto de 2012). «Altered States: Self-Experiments in Chemistry». *The New Yorker*.

27. Erik Davis (29 de abril de 2004). «Don't Get High Without It». *LA Weekly*.
28. Rick Strassman (2014). *DMT: la molécula del espíritu*. Rochester [Vermont], EUA: Inner Traditions.
29. Alex Tsakiris (25 de marzo de 2016). «Dr. Rick Strassman on Whether Psychedelic Drugs Prove We Are More than Our Brain». Skeptico.com. Recuperado de http://skeptiko.com/rick-strassman-psychedelic-drugs-prove-we-are-more-than-our-brain/.
30. Entrevista de los autores con Lee Cronin en 2016.
31. Lexi Pandell (13 de agosto de 2015). «Don't Try This at Home: Scientists Brew Opiates with Yeast». *Wired*.
32. Tracey Lindeman (29 de junio de 2015), «HyaSynth Bio Working to Mimic Medical Effects of Pot in Yeast», *Montreal Gazette*. Ver también http://hyasynth-bio.com.
33. Entrevista de los autores con Andrew Hessel en 2016.

Capítulo 7: Tecnología

1. Para conocer más en detalle el último vuelo de Dean, consulta Daniel Duane, «The Last Flight of Dean Potter», en Mensjournal.com (http://www.mensjournal.com/adventure/outdoor/the-last-flight-of-dean-potter-20150522). También Grayson Schaffer (17 de mayo de 2015), Dean Potter Killed in BASE-Jumping Accident, *Outside*.
2. Si quieres ver toda la serie de videos, que consta de seis partes, visita https://www.youtube.com/playlist?list=PLYRiJE4vbzkUtqCSpN_rnUBV1u-5jVkJdL.
3. Todas las entrevistas con Dean se realizaron entre 2012 y 2015. Hubo muchas.
4. Steph escribió una entrada de blog muy potente sobre la muerte de su primer marido y su regreso a la actividad de volar; consulta http://stephdavis.co/blog/dealing-with-death/.
5. Entrevista de los autores con Alan Metni en 2016.
6. Para una muy buena visión de conjunto de la vida de Andrew y su trabajo con el sonido en relación con la conciencia, concedió una larga entrevista a *Mondo dr* que está disponible en PDF en Funktionone.com: http://www.funktion-one.com/dl/files/Tony%20Interview.pdf.
7. Tony Andrews, «Audio and Consciousness», una entrevista en directo realizada en PLASA (Londres) en 2015, que puede verse en https://www.youtube.com/watch?v=D3RPJ8njrCY.
8. Ibíd.
9. Steven Johnson (2015), *How We Got to Now: Six Innovations That Changed the Modern World* (Nueva York, EUA: Riverhead) y (12 de noviembre de 2014), Sound, *PBS: How We Got to Now*.
10. Ibíd., p. 88.
11. Para una introducción a este trabajo, consulta Josh Jones (9 de marzo de 2016), «Mapping the Sounds of Greek Byzantine Churches: How Researchers Are Creating 'Museums of Lost Sound», en Openculture.com.

12. Kurt Blaukopf. (1982). *Musical Life in a Changing Society: Aspects of Music Sociology*. Portland (Oregón), EUA: Amadeus Press, pp. 180-182.

13. Oliver Sacks (25 de septiembre de 2006). «The Power of Music». *Brain*, pp. 2528-2532. Recuperado de http://brain.oxfordjournals.org/content/129/10/2528.

14. Hay muchísima buena información al respecto; estas son tres obras consistentes por las que empezar: Robert Jourdain (2008), *Music, the Brain, and Ecstasy: How Music Captures Our Imagination* (Nueva York, EUA: William Morrow); Daniel Levitin (2007), *This Is Your Brain on Music* (Nueva York, EUA: Plume/Penguin); Jonah Lehrer (19 de enero de 2011), «The Neuroscience of Music», *Wired*.

15. *Fast Company* publicó una excelente visión general sobre esta investigación: John Paul Titlow (10 de febrero de 2016), «How Music Changes Your Behavior at Home», *Fast Company*. Ver también Mikey Campbell (10 de febrero de 2016), «Apple Music and Sonos Launch a Collaborative Ad Campaign Touting the Benefits of Music», Appleinsider.com.

16. Tony Andrews (8 de mayo de 2014). Boom Festival. Recuperado de https://www.youtube.com/watch?v=q8xh6iZzMbk.

17. Esto nos lo dijo Android Jones en 2016.

18. La mayor parte del contenido de este apartado procede de una serie de entrevistas realizadas por los autores en 2016. Si quieres leer una buena biografía, empieza por la web de Jones: http://androidjones.com/about/bio/. Si quieres profundizar más, Jones ha concedido varias entrevistas interesantes, como esta: «An Interview with Android Jones, the Digital Alchemist», Fractal Enlightenment, https://fractalenlightenment.com/35635/artwork/an-interview-with-android-jones-the-digital-alchemist.

19. Puedes ver un video del espectáculo completo en https://www.youtube.com/watch?v=e_ClOq0Wtkg.

20. Entrevista de los autores con Mikey Siegel en 2016. Además, si estás interesado en una introducción a su trabajo, mira Mikey Siegel (1 de mayo de 2014), «Enlightenment Engineering», TEDx Santa Cruz: https://www.youtube.com/watch?v=nG_chQK9iGc.

21. Ver http://www.cohack.org. Ver también Noah Nelson (3 de marzo de 2015), Silicon Valley's Next Big Hack? Consciousness Itself, *The Huffington Post*.

22. Consulta Angela Swartz (5 de octubre de 2015), «Meet the Transformative Technology Companies That Want to Help You Relax», Bizjournals.com.

23. Nellie Bowles (23 de junio de 2015). «An evening with the Consciousness Hackers». *The New Yorker*. https://www.newyorker.com/business/currency/an-evening-with-the-consciousness-hackers.

Capítulo 8: Atrapa un fuego

1. Lee Gilmore y Mark Van Proyen, eds. (2005). *AfterBurn: Reflections on Burning Man*. Albuquerque (Nuevo México), EUA: University of New Mexico Press.

2. Debate sobre el papel de Burning Man en la cultura de Silicon Valley en el San Mateo City Innovation Week Panel, en 2014. Puedes ver una parte en https://vimeo.com/164357369.

3. Nellie Bowles (3 de abril de 2014). «At HBO's "Silicon Valley" Premiere, Elon Musk Has Some Notes». *ReCode*.

4. Vanessa Hua (20 de agosto de 2000). «Burning Man». *SFGate*.

5. @JPBarlow, Twitter.

6. Cena de la White House Correspondents Association, el 30 de abril de 2016. Recuperado de https://www.c-span.org/video/?c4591479/obama-drops-burning-man-joke.

7. Entrevista de los autores el 12 de mayo de 2016 y Census Team (16 de mayo de 2016), «Researchers Share First Findings on Burners' Transformative Experiences», *The Burning Man Journal* (recuperado de http://journal.burning-man.org/2016/05/black-rock-city/survive-and-thrive/researchers-share-first-findings-on-burners-transformative-experiences).

8. Hakim Bey, «The Temporary Autonomous Zone, Ontological Anarchy, Poetic Terrorism», recuperado de http://hermetic.com/bey/taz_cont.html, anticopyright, 1985, 1991.

9. Will Oremus (15 de mayo de 2013). «Google CEO Is Tired of Rivals, Laws, Wants to Start His Own Country». *Slate*.

10. Gregory Ferenstein (3 de septiembre de 2013). «Burning Man Founder Is Cool with Capitalism, and Silicon Valley Billionaires». *TechCrunch*.

11. Sarah Buhr (4 de septiembre de 2004), «Elon Musk Is Right, Burning Man Is Silicon Valley», *TechCrunch*; Ferenstein, «Burning Man Founder Is Cool with Capitalism, and Silicon Valley Billionaires».

12. David Hochman (abril de 2014). «Playboy Interview: Tony Hsieh». *Playboy*.

13. Zack Guzman (9 de agosto de 2016), «Zappos CEO Tony Hsieh Shares What He Would Have Changed About his $350M Downtown Las Vegas Project», *CNBC*; Jennifer Reingold (4 de marzo de 2016), «How a Radical Shift Left Zappos Reeling», *Fortune*.

14. Nellie Bowles (30 de agosto de 2015). «Is Burning Man on the Cusp of Becoming a Permanent Utopian Community?». *New York*.

15. Burning Man Project (10 de junio de 2016). «We Bought Fly Ranch». *The Burning Man Journal*.

16. Mitigation Assessment Team Report, Federal Emergency Management Agency, https://www.fema.gov/media-library-data/20130726-1909-25045-8823/isaac_mat_ch1.pdf, p. 4.

17. Entrevista a Bruce Damer, *podcast* en The Joe Rogan Experience, episodio 561 (14 de octubre de 2014).

18. Daniel Terdiman (24 de marzo de 2008), «Burn on the Bayou Showcases Burning Man Participants' post-Katrina Relief Efforts», *CNET*. Son recursos adicionales el documental de 2008 *Burn on the Bayou* (Black Rock City LLC) y el sitio web de la organización, www.burnerswithoutborders.org.

19. Brian Calvert (1 de julio de 2013), «The Merry Pranksters Who Hacked the Afghan War», *Pacific Standard*. Ver también Andreas Tzortzis (agosto de 2014), «Learning Man», *Red Bull Bulletin*.

20. Ibíd.

21. Peter Hirshberg (2014). *From Bitcoin to Burning Man and Beyond*. (No consta lugar de publicación: Off the Common Books).

22. Entrevista de los autores con Rosie von Lila, el 25 de julio de 2016.

23. «Washoe Tribe installing solar panels at seven sites», 8 de junio de 2015, en *Record-Courier*; «Stained Glass "Space Whale" to Blow Minds at Burning Man», 13 de noviembre de 2015, en *Reno-Gazette Journal*; «How a Chat App for Burning Man Turned into a Tool for Revolution», 25 de marzo de 2015, en *AdWeek*.

24. Hirshberg, *From Bitcoin to Burning Man and Beyond*.

25. Jonathon Green (2002). *Cannabis*. Nueva York, EUA: Pavilion Press.

26. Lois Palken Rudnick (1998). *Utopian Vistas: The Mabel Dodge Luhan House and the American Counterculture*. Albuquerque (Nuevo México), EUA: University of New Mexico Press.

27. Jeffrey Kripal (2008). *Esalen: America and the Religion of No Religion*. Chicago, EUA: University of Chicago Press.

28. Entrevista de los autores con Jeff Rosenthal, el 21 de junio de 2016.

29. Andy Isaacson (27 de febrero de 2012), «Summit Series: TED Meets Burning Man», *Wired*; Steven Bertoni (26 de enero de 2012), «Summit Series Basecamp: The Hipper Davos», *Forbes*.

30. Entrevista de los autores, el 22 de agosto de 2016.

31. Entrevista de los autores con Susi Mai, el 15 de agosto de 2016.

32. Richard Godwin (18 de junio de 2016), «How to Network like the One Percent», *Sunday Times*; Kim McNichols (7 de diciembre de 2011), «Kiteboarding Techies Generate $7 Billion in Market Value», *Forbes*.

33. Jamie Wheal (25 de marzo de 2014). «Five Surprising Ways Richard Branson Harnessed Flow to Build a Multi-Billion Dollar Empire». *Forbes*.

34. Wheal, «Five Surprising Ways».

35. Geoffrey Moore (2015), *Cruzando el abismo* (España: Ediciones Gestión 2000); Everett Rogers (2003), *Diffusion of Innovation* (Nueva York, EUA: Free Press).

36. T. C. Clarke *et al.* (2015), «Trends in the Use of Complementary Health Approaches Among Adults: United States, 2002-2012», *National Health Statistics*, núm. 79, Hyattsville, MD, National Center for Health Statistics; «Uses of Complementary Health Approaches in the U.S.», National Center for Complementary and Integrative Health.

37. «Corporate Mindfulness Programs Grow in Popularity», National Business Group on Health and Fidelity (14 de julio de 2016).

38. Joe Pinsker (10 de marzo de 2015). «Corporations' Newest Productivity Hack: Meditation». *The Atlantic*.

39. Jan Wieczner (12 de marzo de 2016). «Meditation Has Become a Billion-Dollar Business». *Fortune*.

40. Craig Lambert (enero-febrero de 2007). «The Science of Happiness». *Harvard Magazine*.

41. Pfaffenberger, ed., *The Postconventional Personality*, p. 60.

42. N. P. Gothe y E. McAuley (septiembre de 2015), «Yoga and Cognition: A Meta-Analysis of Chronic and Acute Effects», *Psychosomatic Medicine*, 77 (7), 784-797; N. R. Okonta (mayo-junio de 2012), «Does Yoga Therapy Reduce Blood Pressure in Patients with Hypertension? An integrative Review», *Holistic Nursing Practitioner*, *26* (3), 137-141.

43. Marlynn Wei (15 de junio de 2016). «New Survey Reveals the Rapid Rise of Yoga —and Why Some People Still Haven't Tried It». *Harvard Health Publication*.

44. «2016 Yoga in America Study Conducted by Yoga Journal and Yoga Alliance». *Yoga Journal*. Recuperado de http://www.yogajournal.com/page/yogainamericastudy/.

45. Entrevista de los autores con Dave Asprey, en 2015.

46. Will Yakowicz (27 de enero de 2015). «Legal Marijuana Blooms into the Fastest Growing Industry in America». *Inc.*

47. *The State of Legal Marijuana Markets,* 4.ª ed., Arcview Market Research, 2016.

48. Eliott McLaughlin (30 de agosto de 2013). «As Haze Clears, Are Americans' Opinions on Marijuana Reaching a Tipping Point?». *CNN*.

49. T. S. Krebs y P. Ø. Johansen (13 de agosto de 2013). «Psychedelics and Mental Health: A Population Study». *PloS One*.

50. Ibíd.

51. «New Gold Rush for US Patents: Brain Technologies», *TRTWorld* (7 de mayo de 2015).

52. Harold Bloom (1992), *The American Religion* (Nueva York, EUA: Touchstone, 1992), p. 59. El libro de Bloom (que también está publicado con el título *La religión americana*, en España, por Taurus, año 2008) pone en contexto la religiosidad estadounidense de forma fascinante, poniendo el acento en seguir la pista de la evolución de las tradiciones directas y experienciales. Si quieres ver, además, otras evaluaciones académicas, consulta Jon Butler (1990), *Awash in a Sea of Faith* (Cambridge [Massachusetts], EUA: Harvard University Press) y Nathan Hatch (1989), *Democratization of American Christianity* (New Haven [Connecticut], EUA: Yale University Press).

Capítulo 9: Quemando la casa

1. Annie Jacobsen. (2015). *The Pentagon's Brain*. Nueva York, EUA: Little, Brown, p. 103.

2. Ibíd., p. 104.

3. Ibíd., p. 105.

4. John Lilly. (1988). *The Scientist*. Berkeley (California), EUA: Ronin, p. 90.

5. Ibíd., pp. 87-88.

6. Ibíd., p. 90.

7. Ibíd., p. 91.

8. Ibíd., p. 92.

9. Ibíd., p. 93.
10. Ibíd., p. 96.
11. Tim Wu. (2010). *The Master Switch*. Nueva York, EUA: Knopf, p. 6. (Publicado en castellano por Fondo de Cultura Económica con el título *El interruptor principal*).
12. Ibíd., p. 37; *Bradford Science and Technology Report*, 8 (agosto de 2007).
13. Ibíd., p. 13.
14. Matt Slater (12 de noviembre de 2014). «Has the Biological Passport Delivered Clean or Confused Sport?». *BBC Sport*.
15. Fabian Escalante (2006). *Executive Action: 634 Ways to Kill Fidel Castro*. Ocean Press.
16. Jay Stevens (1998). *Storming Heaven: LSD and the American Dream*. Nueva York, EUA: Grove Press, p. 82.
17. James Rissenov (26 de noviembre de 2012). «Suit Planned Over Death of Man C.I.A. Drugged». *The New York Times*.
18. Jackson J. Benson (1996). *Wallace Stegner: His Life and Work*. Lincoln (Nebraska), EUA: University of Nebraska Press, p. 253.
19. Joshua Fried (enero/febrero de 2002). «What a Trip». *Stanford Alumni Magazine*.
20. Tom Wolfe (1968). *The Electric Kool-Aid Acid Test*. Nueva York, EUA: Farrar, Straus & Giroux, p. 45. (Publicado en castellano por Anagrama con el título *Ponche de ácido lisérgico*).
21. Ibíd., p. 46; Richard Strozzi-Heckler (2007), *In Search of the Warrior Spirit: Teaching Awareness Disciplines to the Green Berets* (Berkeley [California], EUA: Blue Snake Books), p. 17.
22. John Markoff (2005). *What the Doormouse Said*. Nueva York, EUA: Viking, p. 122.
23. Frank Rose (8 de octubre de 1990). «A New Age for Business?». *Fortune*.
24. Jim Channon, entrevista (2009). *Goats Declassified: The Real Men of the First Earth Battalion*. Anchor Bay Entertainment.
25. Jim Channon (2009). *First Earth Battalion Operations Manual*. (No consta el lugar de publicación: CreateSpace), p. 64.
26. John Alexander (diciembre de 1980). «Beam Me Up Spock: The New Mental Battlefield». *Military Review*.
27. Channon (2009). *First Earth Battalion Operations Manual*. CreateSpace, p. 66.
28. Adam Piore (19 de mayo de 2003), «PSYOPS: Cruel and Unusual», *Newsweek*; Alex Ross (4 de julio de 2016), «When Music Is Violence», *The New Yorker*.
29. Seth Richardson (4 de septiembre de 2015), «Vegas FBI Investigated Burning Man in 2010», *Reno-Gazette Journal*. Muckrock es la organización que publicó originalmente los hallazgos; consulta https://www.muckrock.com/news/archives/2015/sep/01/burning-man-fbi-file/.
30. David Cunningham (2004). *There's Something Happening Here: The New Left, the Klan, and FBI Counterintelligence*. Berkeley, EUA: University of California Press.

31. Sarah Maslin Ner (11 de septiembre de 2015), «Burning Man Ends, and an Event for Law Enforcement Begins», *The New York Times*. La cita original, en el *Reno Gazette-Journal*, ya no está disponible; citado en https://burners.me/2013/08/23/pershing-county-cops-and-federal-agents-integrated-and-synchronized/.

32. Martin Lindstrom (2010). *Buyology: The Truth and Lies About Why We Buy*. Nueva York, EUA: Crown Business, p. 12.

33. Ibíd., p. 14.

34. Ibíd., p. 126.

35. Alvin Toffler (1984). *Future Shock*. Nueva York, EUA: Bantam, p. 221.

36. Matthew Dollinger (11 de junio de 2008). «Starbucks, "The Third Place", and Creating the Ultimate Customer Experience». *Fast Company*.

37. B. Joseph Pine II y James H. Gilmore (2011). *The Experience Economy*. Boston, EUA: Harvard Business Review Press, p. 255.

38. Thu-Huong Ha (13 de enero de 2016). «New Ads from Equinox Show Gymgoers at Peak Absurdity». *Quartz*.

39. Para una visión fascinante de las «marcas inversas» como CrossFit e Ikea, que prescinden de presuntas comodidades a cambio de dar respuesta a un conjunto diferente de deseos de los consumidores, lee Youngme Moon (2010), *Different: Escaping the Competitive Herd* (Nueva York, EUA: Crown Business).

40. Presentación en la Advertising Research Foundation por parte de la agencia Omnicom, responsable de la campaña. Encontrarás más detalles en http://media.fcanorthamerica.com/newsrelease.do?id=1919&mid=46.

41. Seth Ferranti (6 de agosto de 2016). «How Screen Addiction Is Damaging Kids' Brains». *Vice*.

42. Entrevista de los autores con Chris Berka, de Advanced Brain Monitoring, la empresa responsable de llevar a cabo el estudio, el día 27 de enero de 2015.

43. Kevin Kelly (mayo de 2016). «The Untold Story of Magic Leap, the World's Most Secretive Startup». *Wired*.

44. Ibíd.

45. Aldous Huxley (1932). *Brave New World*. Londres, RU: Chatto & Windus, p. 54.

46. Neil Postman (2005). *Amusing Ourselves to Death*. Nueva York, EUA: Penguin, p. viii.

47. Tim Wu (2010). *The Master Switch*. Nueva York, EUA: Knopf, p. 310.

48. Ibíd., p. 20.

Capítulo 10: Ingeniería hedónica

1. *Dirty Pictures*.

2. Yair Bar-El *et al.* (2000). «Jerusalem Syndrome», *The British Journal of Psychiatry*, *176*, 86-90.

3. Este ensayo es uno de los artículos más divulgados y entretenidos sobre la «descompresión» o regreso a la vida normal después de asistir a Burning Man, escrito por «El Coronel» del Arctic Monkey Camp: «Do Not Divorce Your Parakeet Yet» [No te deshagas aún de tu periquito], aparecido en la *New York*

Burners Guide (se desconocen la fecha original y el lugar de publicación originales). En el primer párrafo pone esto: «No efectúes cambios en tu vida durante las tres semanas siguientes a tu regreso de Burning Man por lo menos. »No dejes tu empleo. No te divorcies de tu esposa, marido, hermana, perro o periquito. No vendas todas tus posesiones y te vayas al Tíbet para hacerte monje. No te deshagas de tu coche y te pongas a viajar por el mundo. No fundes un Campamento Hobbit. No planees traer un zepelín gigante al festival del año siguiente. No te vayas de casa, rompas con tu novia o novio, te cases, traigas a vivir a casa a tu amante de la playa, vendas tu coche, abandones a tus amigos o tomes otras decisiones precipitadas al regresar a tu hogar. Esto es importante, porque el festival todavía estará en tu cerebro, y estarás un poco atontado. Para ti tendrá todo el sentido del mundo hacer un trío con tu pareja y alguien vestido con un enorme disfraz de conejo que habrás visto en el festival; en realidad, las orejas quedan atrapadas en el ventilador del techo. Asegúrate de que si tienes que tomar decisiones importantes en tu vida, las tomas DESPUÉS de haberte instalado y de que esos efectos se hayan desvanecido. Las emociones y el estrés seguirán en ti por algún tiempo; no permitas que influyan indebidamente en tu vida».

4. Peter Brugger, Christine Mohr, Peter Krummenacher y Helene Haker. (2010). «Dopamine, Paranormal Belief, and the Detection of Meaningful Stimuli». *Journal of Cognitive Neuroscience*, *22* (8), 1670-1681.
5. Julie A. Alvarez y Eugene Emory (marzo de 2006). «Executive Function and the Frontal Lobes: A Meta-Analytic Review». *Neuropsychology Review*, *16* (1).
6. Jack Kornfield (2001). *Después del éxtasis, la colada: cómo crece la sabiduría del corazón en la vía espiritual* (2.ª ed.). Barcelona, España: La Liebre de Marzo.
7. Zebulon Pike (2003). *Account of Expeditions (1806-1807)*. Madison, EUA: Wisconsin Historical Society.
8. Burkhard Bilger (25 de abril de 2011). «The Possibilian». *The New Yorker*.
9. Leon Festinger (2019). *Cuando las profecías fallan*. Alicante, España: Reediciones Anómalas.
10. https://wiki.dmt-nexus.me/Hyperspace_lexicon#Eschatothesia.
11. Bill Gates (1995), *The Road Ahead* (Nueva York, EUA: Viking Press), p. 316. Esta es la fuente documentada más cercana que hemos podido encontrar para la versión más popular que citamos.
12. Ryan Holiday (2014). *The Obstacle Is the Way: The Timeless Art of Turning Trials into Triumph*. Nueva York, EUA: Portfolio, p. XIV. (Publicado en castellano por Océano con el título *El obstáculo es el camino*).
13. Adam Skolnick (17 de noviembre de 2003). «A Deep-Water Diver From Brooklyn Dies After Trying for a Record». *The New York Times*.
14. Nick Mevoli. «How I Got to 91 Meters». Freediveblog.com. Recuperado de http://www.freediveblog.com/2012/06/11/how-i-got-to-91-meters-by-nick-mevoli/.
15. «Blue Hole, Black Hole», en *The Economist* (27 de febrero de 2016).
16. Skolnick, ibíd.

17. Lilly, *The Scientist*, p. 158. Toda la información que sigue en este apartado está extraída de este libro y de otros informes autobiográficos.
18. Hunter S. Thompson (1998). *Fear and Loathing in Las Vegas*. Nueva York, EUA: Vintage, p. 89.
19. Hans Ludwig (diciembre de 2010). «The Return of the Extreme Skier». *Powder*.
20. Entrevistas de los autores con Kristen Ulmer, entre el 15 y el 21 de junio de 2016. Toda la información que sigue en este apartado procede de la misma fuente.
21. Michael Moss (2014), *Salt Sugar Fat: How the Food Giants Hooked Us* (Nueva York, EUA: Random House), p. 10. (Publicado en castellano por Deusto con el título *Adictos a la comida basura*). Todas las citas que siguen relativas a este tema proceden de esta fuente.
22. Siegel, *Intoxication*, p. 209.
23. Katherine Milkman (24 de diciembre de 2013). «The Fresh Start Effect: Temporal Landmarks Motivate Aspirational Behavior». *Wharton School Research Paper* núm. 51.
24. William Blake (2010). *The Marriage of Heaven and Hell*. Benedictine Classics, p. 11.
25. Ernest Hemingway (2014). *A Farewell to Arms*. Nueva York, EUA: Scribner, p. 318.
26. John Welwood (2002). *Toward a Psychology of Awakening*. Boston: Shambhala, p. 5.
27. Brené Brown (junio de 2010). «Power of Vulnerability». *TEDx Houston*.
28. Nisagardatta (2012), *I Am That* (Durham [Carolina del Norte], EUA: Acorn Press). Existen muchas versiones de esta cita; hemos elegido la que parecía más descriptiva.
29. Leonard Koren (1994). *Wabi-Sabi for Artists, Designers, Poets and Philosophers*. Berkeley [California], EUA: Stone Bridge Press, p. 67.
30. Leonard Cohen (1992). «Anthem». *The Future*. Sony Music.

Conclusión

1. Stu Woo (28 de febrero de 2014), «Against the Wind: One of the Greatest Comebacks in Sports History», *Wall Street Journal*. Todos los datos relativos a la carrera que se incluyen en este apartado proceden de esta fuente y de una conversación de los autores con James Spithill en la Red Bull's Glimpses Conference, que tuvo lugar en junio de 2014.
2. Robert Graves (1993). *The Greek Myths*. Nueva York, EUA: Penguin, p. 148.
3. Aesop, Laura Gibbs (2008). *Aesop's Fables*. Oxford, RU: Oxford University Press, p. 242.

Índice temático

A

Aaker, Jennifer 67, 333
Abulafia, Abraham 159, 160, 343
Ácido lisérgico 16
Acoso infantil 275
Acústica 199, 201
Adderall 53, 90, 91, 99, 100
Adicto(s)
  a la dicha 286, 287, 291, 300
Administración de Veteranos de los Estados Unidos 263
Administración para el Control de Drogas estadounidense 173
Advanced Brain Monitoring 49, 80, 152, 153, 314, 336, 343, 351
Adventure of Self-Discovery 104, 338
Advertising Research Foundation 271, 272, 275, 351
Aesthetic Brain 124, 339
Aetna 245
Afganistán, guerra 25, 32, 232, 251
AfterBurn 118, 339, 346
Aftermath 116, 339
Agencia Mundial Antidopaje 260
AIAR (ausencia del yo, intemporalidad, ausencia de esfuerzo, riqueza) 61, 75, 115, 128, 223, 281, 282, 291, 294, 301, 327
Aiguille du Midi, cara norte de la 291, 292
Aislamiento sensorial 19, 49
Akashic Book 187
Alcibíades 13, 14, 15, 16, 262, 263, 325
Alcohol 53, 98, 100, 101, 250, 277, 328
Alexander, John 265, 350
Alguien voló sobre el nido del cuco 263

Alimentos procesados 296
Alucinógenos 81, 98, 168
Al-Wazu 25, 26, 27, 29, 30, 34, 36, 37, 45, 48
Amígdala 67, 256
Anamnesis 72
Anandamida 41, 46, 70, 74, 303, 327
Andrews, Tony 198, 199, 200, 202, 203, 221, 345, 346
Anfetamina 100, 295
Anthem (canción de Leonard Cohen) 304, 353
Anuncios 116, 274
Apofenia 283
Apple 81, 202, 234, 236, 248, 270, 271, 346
Applewhite, Marshall 105
Aprendizaje 47, 50, 82, 212, 241, 294, 306
Arcy-sur-Cure 200
ARISE (Associates for Research into the Science of Enjoyment) 296
Armada de los Estados Unidos 25, 153
Arte 16, 204, 205, 206, 211, 222, 227, 232, 234, 237, 238, 266, 293, 307
Arzy, Sahar 159, 160, 314, 342, 343
Asesoramiento psicológico 53
Asprey, Dave 246, 313, 349
Atención plena 50, 51, 82, 245, 266
Atlantic (revista) 58, 101, 123, 332, 336, 338, 339, 348, 367
AT&T 259
Aullido 339
Ausencia
  de esfuerzo 61, 70, 72, 73, 115, 223, 260, 269, 279, 282, 286, 306

N

O

P

Sobre los autores

STEVEN KOTLER, autor superventas según la lista de *The New York Times*, periodista galardonado y cofundador y director de investigación del Flow Genome Project. Es autor de los libros *Tomorrowland* [La tierra del mañana], *Bold* [Audaz], *The Rise of Superman* [El ascenso de Superman], *Abundance*, *A Small Furry Prayer* [Una pequeña oración peluda], *West of Jesus* [Al oeste de Jesús] y *The Angle Quickest for Flight* [El ángulo más rápido para volar]. Su trabajo ha sido traducido a cuarenta idiomas y sus artículos han aparecido en más de ochenta publicaciones, entre ellas *The New York Times Magazine*, *The Atlantic Monthly*, *Wired*, *Forbes* y *Time*. Steven es orador y asesor sobre tecnología, innovación y rendimiento máximo. Puedes encontrarlo en línea en www.stevenkotler.com.

JAMIE WHEAL es un experto de prestigio mundial en rendimiento máximo y liderazgo, especializado en los aspectos neurológicos de los estados de *flow* y la aplicación de estos. Ha asesorado a todos, desde la Academia Naval y el Mando de Operaciones Especiales de los Estados Unidos hasta los deportistas de Red Bull y los ejecutivos de Google, Deloitte y la Organización de Jóvenes Presidentes, pasando por los propietarios de los mejores equipos deportivos profesionales de los Estados Unidos y Europa. Jamie es un orador muy solicitado y asesor de los principales representantes del máximo empeño en muchas disciplinas. Su trabajo ha aparecido en antologías y revistas académicas revisadas por pares.